韧性时代

重新思考人类的发展和进化

[美] 杰里米·里夫金（JEREMY RIFKIN）／著

郑挺颖 阮南捷／译

THE AGE OF RESILIENCE

Reimagining
Existence on a Rewilding Earth
JEREMY RIFKIN

中信出版集团｜北京

图书在版编目（CIP）数据

韧性时代 /（美）杰里米·里夫金著；郑挺颖，阮南捷译 . -- 北京：中信出版社，2022.12（2023.2重印）
书名原文：The Age of Resilience: Reimagining Existence on a Rewilding Earth
ISBN 978–7–5217–4643–3

Ⅰ . ①韧… Ⅱ . ①杰… ②郑… ③阮… Ⅲ . ①世界经济－经济发展趋势－研究 Ⅳ . ① F113.4

中国版本图书馆 CIP 数据核字 (2022) 第 146920 号

THE AGE OF RESILIENCE
Copyright © 2022 by Jeremy Rifkin
Published by arrangement with Hodgman Literary LLC, through The Grayhawk Agency Ltd.
Simplified Chinese translation copyright © 2022 by CITIC Press Corporation.
All rights reserved.

韧性时代
著者： [美]杰里米·里夫金
译者： 郑挺颖 阮南捷
出版发行：中信出版集团股份有限公司
（北京市朝阳区东三环北路 27 号嘉铭中心 邮编 100020）
承印者： 北京诚信伟业印刷有限公司

开本：787mm×1092mm 1/16 印张：21.5 字数：298 千字
版次：2022 年 12 月第 1 版 印次：2023 年 2 月第 2 次印刷
京权图字：01-2022-5033 书号：ISBN 978–7–5217–4643–3
定价：79.00 元

版权所有·侵权必究
如有印刷、装订问题，本公司负责调换。
服务热线：400-600-8099
投稿邮箱：author@citicpub.com

献给

替万物生灵发声的
卡萝尔·格鲁内瓦尔德

对本书的赞誉

《韧性时代》呼唤一个伟大的转变，即从让自然适应我们人类这个物种到让我们这个物种适应自然的转变。正如杰里米·里夫金所说，这需要"对我们的世界观进行全面的重新思考"。其中面临的最大挑战是我们的教育系统，如果我们要实现从进步时代到韧性时代的转变，就需要构想和创造新的教学方法。鉴于里夫金往往一语成谶，人们不应该忽视这本新书所传达的信息。《韧性时代》确实是一本令人敬畏的大作，值得一读，最重要的是，人们应该付诸行动。

——杰里·温德（Jerry Wind）
沃顿商学院名誉教授、沃顿商学院 EMBA 项目创始人

我们所面临的经济、社会和生态等多方面的全球危机最显著的特征是，任何主要问题都不是孤立的。它们相互关联、相互依赖，我们需要相应的系统解决方案。在应世界各国政府和商业组织的要求，为其经济和技术问题设计有效的系统解决方案方面，杰里米·里夫金有着 40 多年的经验。在这本书中，他想用自己丰富的经验来解决人类的认知危机，而这种认知危机正威胁着我们人类这个物种的未来。这是一本具有挑战性、发人深省但又充满希望的书。我衷心地向所有关心人类未来的人推荐它。

——弗里乔夫·卡普拉（Fritjof Capra）
理论物理学家、《生命的系统观》（*The Systems View of Life*）
作者之一

杰里米·里夫金的《韧性时代》带我们经历了人类自我幻想的漫长历史，这一幻想在进步时代达到顶峰，从这时开始，我们不仅认为自己与自然是相互分离的，而且自认为是地球的主人。作者要求我们重新思考人类对无限增长和高效率的痴迷——我们曾用它们来衡量进步，思考这种痴迷如何破坏了生命之网，并将人类和其他物种带到了大规模灭绝的边缘。里夫金试图唤醒我们，人类是生机勃勃的大自然的一部分，希望我们能重新加入地球这个不可分割的进化大家庭。在这个令人绝望的时代，里夫金为人们指点出再生、繁荣、韧性和对未来的希望。

——纨妲娜·希瓦（Vandana Shiva）博士
女权主义者、生态学家、发展中国家活动家

人类对"效率"的痴迷正将我们引向丧失生物多样性和灾难性气候变化的深渊，在此危急时刻，杰里米·里夫金指引我们走向另一个由韧性时代的预言所描绘的未来。人类应对气候变化的机会之窗正在迅速缩小。考虑到这一点，里夫金呼吁大家对人类与自然的关系进行深入的反思，以加强我们与地球家园的联系。这是建设一个具有韧性的世界，准备好迎接21世纪挑战的唯一途径。

——阿尼·达斯古普塔（Ani Dasgupta）
世界资源研究所总裁兼首席执行官

杰里米·里夫金给了我们一个未来的愿景，它可以激励所有想要成为变革推动者的人。他希望我们超越"进步"的概念，接纳我们与地球是一个整体的生态概念。在新的时代，同理心和亲生命意识是我们与自然重新连接在一起的中心舞台。

——卡洛·彼得里尼（Carlo Petrini）
国际慢食组织创始人兼总裁

目　录

中文版序	V
前言	IX

第一部分
效率 vs 熵：现代性的辩证法 　　001

第一章　口罩、呼吸机和卫生纸：适应性如何胜过效率　　003
　　　　对效率的公开批判　　006
　　　　工业资本主义的瓦解　　010

第二章　泰勒主义和热力学定律　　014
　　　　效率至上信条　　015
　　　　对世界运行方式的误读：受人尊敬的头脑如何将人类引入歧途　　020
　　　　热力学定律：游戏规则　　024

第三章　真实世界：自然资本　　036
　　　　曾经的远大愿景：农业的绿色革命　　037
　　　　小心"协同蔓延"　　041
　　　　我们是"化石燃料人"　　046

第二部分
地球财产化和劳动力贫困化 　051

第四章　大颠覆：地球的时空闭合 　053
　　机械时钟和艺术中的线性透视法：不经意间改变了历史 　054
　　沉默交流：一种新的社会化方法 　060
　　采煤和放蒸汽 　063
　　世界时间的标准化 　064

第五章　终极掠夺：商品化地球各圈、基因库和电磁频谱 　066
　　地球各圈的财产化 　066
　　岩石圈：我们行走的土地 　068
　　水圈：把水私有化 　071
　　基因库的市场化 　077
　　驾驭电磁波：全球定位系统，地球的大脑和神经系统 　084
　　重新连接人类大脑 　089
　　算法治理：已知的已知、已知的未知，以及未知的未知 　092
　　防患于未然 　095

第六章　资本主义的第22条军规：提高了效率，减少了工人，消费者负债累累 　099
　　消费危机 　099
　　郊区的亚瑟王宫 　104
　　工作的终结 　106
　　抵押未来 　108
　　效率游戏失控 　110
　　终局之战 　113
　　游戏化：让奴役变得有趣 　116

第三部分　　　　　　　　　　　　　　　　123
我们如何到达这里：重新思考地球上的进化

第七章　生态自我：我们每个人都是一种耗散模式　　125
　　成为人类　　125
　　对存在的反思：从对象和结构到过程和模式　　130
　　我们都是生态系统　　134

第八章　一个新的起源故事：生物钟和电磁场助力同步和塑造生命　　145
　　生物钟：编导生命之舞　　145
　　生命的建筑师：电磁场和生物模式　　153

第九章　超越科学方法：复杂适应性社会/生态系统建模　　165
　　一种研究再野化地球的新科学　　166
　　从预测到适应　　175
　　智人的思维：为适应而生　　179

第四部分　　　　　　　　　　　　　　　　183
韧性时代：工业时代的没落

第十章　韧性革命的基础设施建设　　185
　　基础设施变革的社会学　　185
　　改变以超越资本主义　　188
　　美国的滩头堡　　197

第十一章　生物区域治理的优越　　206
　　脱离热　　207
　　反向移民：重返农村社区　　208
　　生物区域治理的到来　　213
　　先行者：卡斯凯迪亚和五大湖生物区　　217

第十二章　代议制民主让位于分布式同行治理制度　224

重新定义自由：自治 VS 包容性　225

同行治理思想的内涵　228

参与式预算：治理的演变　230

学校的社区控制　233

同行治理制度与社区警务监督　235

分布式治理与去中心化治理的区别　239

两种同行治理的方法：英国和法国在气候变化问题上的分歧　242

启动一场治理变革　244

第十三章　亲生命意识的兴起　247

安慰宝宝：足够好的育儿方式　247

同理心和依恋：我们成为人的原因　250

重新融入自然　258

重新思考幸福　262

大自然的教室　265

解决同理心悖论　272

我参与，所以我存在　275

回家　280

致谢　285

后记　287

注释　291

中文版序

　　一场伟大的世界性变革即将来临，中国很可能是先行者之一。西方文明所打造的进步时代延续了近 200 年的辉煌即将落幕，没落已成定局。无论人类在短期内取得怎样的进步，很大程度上都是以全球变暖和许多物种灭绝为代价的。现在，中国正在改变历史的走向，她洞察到了韧性时代和生态文明的来临。

　　2022 年，中国宣布"到 2035 年基本建成气候适应型社会"。这一史无前例的宏伟举措由生态环境部牵头，另有 16 个部委参与。这为中国的经济和文化优先发展事项的系统性转变大胆地指出了方向，将极大提升中国"适应气候变化"的能力并加强其对"减缓全球变暖排放"的现有承诺，让社会认识到此二者的结合为建设生态文明提供了基本的框架。韧性时代规划是全面且深思熟虑的，它开辟了一个全新的经济、社会和政治实践场所，显示了新的治理水平（这个规划划定了 8 个生态区），使中国成为世界上最早把政府决策进行跨生物区域扩展的国家之一。中国也是最早把复杂适应性社会/生态系统模型引入科学研究的国家之一。该模型适合于从文化与自然被割裂回归生态文明，能让人类认识到自己只是众生之一，而地球是一个自我组织和不断发展的星球。

令人欣慰的是，中国决心拥抱韧性时代和生态文明，这意味着其古老文化根源的回归。长期以来，西方和东方文明之间的鸿沟围绕着两种截然不同的宗教、文化传统和哲学不断扩大。在西方世界，亚伯拉罕传统催生了犹太教及其分支——基督教和伊斯兰教。长期以来，它一直与上帝在伊甸园中给亚当和夏娃馈赠的故事结合在一起。上帝告诉亚当，他和他的后代将被赋予统治地球上的所有生物，甚至统治整个地球的权力，成为自然的主人。

相较之下，东方的宗教和哲学——道教、佛教、印度教和儒学——认为人类并非脱离自然的，也不是自然的主人，而是密切地融合在地球的生命体系中。和其他生物一样，人类不断适应自然的变化。与自然和谐相处是亚洲人的世界观和文化的核心。

诚然，东方的伟大帝国经常迷失并放弃他们的宗教和哲学根基，但成为自然的一部分这一概念仍然是他们文化的基因，一次又一次地把他们带回与所有生物的深刻不可分割的联系中。如果说东方和西方之间有一条跨越千年的分界线，那就是统治自然和与自然和谐相处这两种观念的差别。因此，中国抛弃以掠夺、破坏自然资源为代价的对经济的狂热追求，也就不足为奇了。中国在韧性时代踏上了新的征程，她要找回与大自然和谐相处的文化根基并参与到地球万物之间的亲密关系中。

应该说，西方世界在 19 世纪的浪漫主义时代以及最近的"环境运动"和"绿色文化"政治实践的浪潮中，也开始从统治自然转向治理地球。

"中国梦"里的高品质生活将随着韧性时代的兴起而到来。在这个时代，追求物质增长的"拜物主义"将被摒弃，学习如何与其他生物共同蓬勃发展将成为一种生活方式。

不论是东方还是西方，都将迎接韧性时代的到来。千百年来，人类一直试图让自然屈从我们的欲望，现在，我们的观念才刚刚开始转变。我们将再次像远古的祖先或其他生物那样，重新学习如何使我们这个物种适应自我组织和不断进化的地球。人类在地球上既不特殊也不应该有特权，而应该与其他生命共存，大家共同构成了地球生命进化的大家庭。

前　言

病毒还在肆虐，气候持续变暖……地球随时会展现出它狰狞的一面。我们一直以为人类可以驱使大自然适应我们这个物种，然而现实是我们不得不面对人类要适应不可预测的自然世界这种未期命运。我们这个物种尚未对大自然逐渐显现的紊乱做好准备。

众所周知，人类是地球上最年轻的哺乳动物，只有 20 万年的历史。在这段历史的大部分时间里（95% 以上），我们的生活几乎跟我们的灵长类同伴或其他哺乳动物一样——在这片大地上觅食、捕猎、适应季节的变化，在地球上留下微不足道的印记。[1] 是什么发生了改变？我们怎么就变成了几乎让大自然屈服的掠夺者？又让大自然回过头来咆哮着要将我们驱逐？

让我们回头看一眼有关人类这个有着特殊命运的物种的陈年往事。在 1794 年法国大革命的黑暗时期，哲学家孔多塞（Marie Caritat de Condorcet）提出了对未来的宏伟愿景。其时，他正因"串通暴徒夺取法国政权"的罪名等着被送上断头台。他在笔记中这样写道："人类的才能可以无限提升……人绝对可以不断地完善自己……这种对完美性的追求，从此将冲破一切阻碍它的力量，再也没有什么可以束缚它，它将与天地同在。"[2]

孔多塞的断言为后来的所谓"进步时代"提供了本体论的基础。在今天看来,孔多塞对人类未来的展望显得幼稚,甚至可笑。其实,"进步"只不过是"人类是万物之灵"这个古老信念的更新版本罢了。虽然我们勉强承认智人也是从远古池塘中的微小生命进化而来的,但我们喜欢认为自己与众不同。

进入现代,我们已经淡化了大部分的宗教色彩,但还是保留了上帝对亚当和夏娃的应许,即他们和他们的子孙后代将"统治海中的鱼和空中的飞鸟,还有牛和土地,以及在地上爬行的所有动物"[3]。尽管我们依旧谨记这应许,却已脱离其神学之韵,这导致我们这个星球的生态系统濒临崩溃。

如果的确有什么变化是不可忽视的,那就是我们开始意识到人类从来没有真正主宰过什么,大自然的力量比我们想象的要强大得多。在"地球生命"这个更大的背景中,人类这个物种的确微不足道。

现在,世界各地的人都惶恐不安。我们开始清醒地认识到一个残酷的现实:人类这个物种对遍及地球的恐怖戕戮难辞其咎——洪涝、干旱、野火和飓风正在破坏和削弱世界各地的经济和生态系统。人们隐约感到,一些比人类更强大、难以被我们曾仰仗的传统手段征服的自然力量环伺在人类左右且挥之不去,凶兆连连。人们开始意识到,我们这个物种和其他生命正越来越接近一个环境深渊,而且无法回头。

现在,"人类活动造成的气候变化正在把地球引向第六次物种大灭绝"的警告,开始从社会边缘转变成主流声音。政府领导人、商界、金融界、学术界和广大公众开始全面质疑自己过去的生活理念。我们曾经对这些理念习以为常,也曾用它们来解释我们存在的意义,靠它们去理解安居乐业这样简单的事实。

"进步时代"已成过眼云烟,无论其意图所在和目的所期,都有待历史的评价和剖析。如今,世界各个角落都出现了越来越响亮、越来越坚定的新声音，即人类这个物种应该重新思考一切：我们的世界观、我们对经济的理解、我们的治理形式、我们的时空观念、我们人类最基本的驱动力，以及我们与地球的关系。

但到目前为止，这场讨论充其量只是刚刚开始，而且糟糕的是它很可能无疾而终。重新审视我们生活的方方面面到底意味着什么？我们有一条线索。我们以诸多不同的方式提出的问题是：我们要如何"适应"即将到来的灾难？在餐桌上，在我们工作、娱乐和生活的社区，人们都在谈论这个问题。

"韧性"已成为我们在无数场合听到的新概念。这也是在一个"兵临城下"、吉凶未卜的未来世界中我们重新定义自己的方法。"进步时代"已经让位于"韧性时代"。重新思考我们人类的本质及在地球上的位置标志着一次新旅程的开始，大自然就是我们的课堂。

从进步时代到韧性时代的巨大转变，已经触发我们在如何看待周边世界这一点上，在哲学、心理学意义上的广泛调整。这种转变的根源是我们对时空定向的全面调整。

在时间维度上左右整个进步时代的是"效率"——追求对"自然资源"的侵占、消耗和摒弃进行优化，如此一来，增加社会物质财富的速度越来越快，用时越来越短，但代价是自然资源本身的枯竭。我们个人的时间取向和社会的时间节奏无不以效率为准绳。正是效率让我们登上了地球优势物种的制高点，但也是效率让我们把自然世界推向毁灭。

最近，学术界甚至企业和政府纷纷首次发声，挑战这种一度神圣的效率至上观，这表明以效率为单一取向的价值观正在扼杀我们。那么，我们如何重新思考我们的未来？

如果说进步时代与效率如影随形，那么韧性时代对时间的要求则与"适应性"步调一致。从效率到适应性在时间维度的急速变向成为人类物种的"再入境卡"，远离对自然世界进行分割和剥削，回归到与让地球生机盎然的各种环境力量和谐相处的关系中——这标志着人类在这个越来越难以捉摸的星球上重新定位自己。

这种时间维度上的重新定位已经影响到一些我们根深蒂固的假设，比如应该如何管理、衡量和评估我们的经济和社会生活。从效率到适应性的转变伴随着经济和社会的根本变化，例如，从生产力到再生性、从追求增长到促进繁荣、从所有权到使用权、从卖方–买方市场到提供方–用户网络、从线性过程到控制论过程、从纵向整合的规模经济到横向整合的规模经济、从集中式价值链到分布式价值链、从知识产权到开源知识共享、从零和游戏到网络效应、从全球化到全球本土化、从消费主义到生态管理、从GDP（国内生产总值）到QLI（生活质量指标）、从负外部性到循环性，以及从地缘政治到生物圈政治……

最近兴起的第三次工业革命正在铺设覆盖整个地球的数字化基础设施，把人类从传统的官僚制度中解放出来，也让人类重新嵌入地球自身固有的"基础设施"——水圈、岩石圈、大气层和生物圈，这些"新型"基础设施让人类集体超越工业时代。在21世纪的后半叶和更远的时代，在新出现的经济范式中，工业时代的核心要素"金融资本"很可能将被以"生态资本"为基础的新经济秩序超越。

毫不奇怪，新的时间性（temporality）总是伴随着基本空间的重新定向。在进步时代，空间是被动的自然资源的代名词，治理则是把大自然作为财产进行管理的代名词。而在韧性时代，空间由地球的各个"圈层"组成，它们相互作用，建立起地球演化的过程、模式和流动。

我们也刚刚开始明白，人类和其他生物的生命都是以过程、模式和流动的形式存在的。处于科学探索前沿的新一代物理学家、化学家和生物学家们正在重新思考一个观念，即我们这个物种是一种"自主"的存在，彼此之间相互作用，同时也作用于自然界。他们开始发掘关于人性本质的不同故事，在此过程中也挑战我们传统上的"自主自我"信仰。

所有生物都是地球各个圈层的延伸。岩石圈中的矿物质和营养物质、水圈中的水和大气层中的氧气，都以原子和分子的形式不断地在我们体内快速流动，在我们的细胞、组织和器官中定居下来，这是由我们的 DNA（脱氧核糖核酸）决定的，只是在我们生命的不同时期不断被替代。尽管可能会让人感到意外，但构成我们身体的大部分组织和器官在我们的一生中会不断地更新换代。例如，一个人的骨骼大约每 10 年就几乎全部更新一次，人类肝脏每 300~500 天更新一次，胃内壁的细胞每 5 天更新一次，小肠腺底部的帕内特细胞每 20 天更新一次。[4] 从严格的物理角度来看，一个成熟的成年人可能只有 10 岁的年龄甚至更年轻。[5]

即便如此，我们的身体也不独属于我们自己，而是与许多其他生命形式共享，比如细菌、病毒、原生生物、古菌和真菌。事实上，人体组成中有超过一半的细胞和大部分 DNA 不属于人类，而是属于寄生于我们体内各个角落和缝隙的其他生物。关键是，地球上的所有物种和生态系统不会止步于我们体外，而是不断地流入、流出我们的身体。我们每个人都是半透膜。无论从字面上看还是打比喻，我们都属于这个星球——"人类在某种程度上与自然界分离"这样的观念应该被彻底打破。

我们与自然流动之间的密不可分甚至更加微妙和紧密。像所有其他物种一样，我们体内有大量的生物钟，以适应昼夜节律和月、季、年节律，这些节律标志着地球每天的自转和每年绕太阳公转的周期。最近，我们还了解到，内源性和外源性的电磁场在人体内纵横交错于每一个细胞、组织和器官，也穿透整个地球。这些电磁场对建立模式至关重要，基因模式、细胞排列、身体形态都由这些模式决定，同时也协助维持身体机能。

我们是地球的一员，地球是我们的命脉。就像我们重新思考时间性一样，作为一个物种，我们对扩展的空间性的新理解也迫使我们重新评估人性的本质、我们与其他生物的关系，以及我们在地球上的位置。

接下来，我们要对治理的本质和我们如何将自己视为一个社会有机体进行新的思考。在韧性时代，治理的性质已经从对自然资源的"主权"占有转变为对区域生态系统的管理。就其本身而言，生物区域治理变得更具分布性，社区承担着适应和管理地球生物层上下延伸19公里范围的责任，这里有岩石圈、水圈和大气层，也是地球上的生命绽放的区域。

长久以来，我们打破了文明与回归自然之间的壁垒，而在这个截然不同的世界，"代议制民主"一直被认为是最公平和最具包容性的治理模式，现在，它被认为越来越背离人类每个成员都必须亲近自然的要求。随着年青一代成为生态区域治理的积极参与者，"代议制民主"已经开始逐步为"分布式同行治理"让路。

在这个思潮新兴的时代，作为治理的旁观者，原本勤劳高效的公民唯一的任务是给一小群民选官员投票，让他们来代表自己的利益。如今，这些公民将部分权力交给了那些积极的、由同行领导的、致力于管理他们所居住的生物区域的公民大会。这已有先例，比如许多国家传统上都建立了公民陪审团制度，陪审员们被要求在刑事和民事案件中对同为公民的被告做出有罪或无罪的判断。

在这个人类从进步时代向韧性时代迈进的历史性转折点，这些变化只是冰山一角。随着我们重新思考人类在这个高度活跃的星球上的能动性，世界还会出现其他深不可测的变化，如果我们要生存和繁荣，就必须适应这些变化。

接下来的内容是对人类历史进程的一个回顾——从亚当和夏娃直立行走开始，到我们的祖先走出非洲大峡谷，来到开阔的大草原，然后再从那里徒步穿越各大洲。

我们这个物种是地球上伟大的旅行者,追求的不仅仅是温饱。我们内心蕴藏着更深层次、某种更加不安分的东西——这种感觉是其他生物所不具备的。无论承认与否,我们在不懈追寻的正是我们存在的意义。这就是促使我们行动与改变的东西。

但是在旅途的某个地方,我们迷失了方向。在地球上的大部分时间里,像所有其他物种一样,我们这个物种找到了不断适应更大的自然力的方法。后来,在一万年前,随着最后一个冰期的结束和温带气候的开始(这个地质世代被命名为全新世①),我们开辟了一条普罗米修斯新路,迫使大自然适应我们人类。随着 5000 年前水利农业帝国的兴起,以及离我们更近一些的中世纪晚期的原始工业和现代工业革命(我们称之为文明),对自然世界的统辖变成了人类进程的显著特征。现在,我们的成功——如果我们可以称其为成功的话——可以用一组惊人的统计数据来衡量。虽然人类只占地球总生物量的不到 1%,但到 2005 年,我们使用了来自光合作用的净初级产量的 24%。从目前的趋势看,到 2050 年我们可能会使用地球多达 44% 的净初级产量,只剩下 56% 的净初级产量供地球上的其他生命使用。[6] 这显然难以维持下去。我们整个人类已成为地球生命中的一个异类,而且正在将其他生物一道带向新兴人类世②地质年代的集体墓地。[7]

具有讽刺意味的是,与其他生物不同,我们这个物种具有罗马两面神的特征。我们既是搅局者,也是疗愈者。幸好我们的神经回路具

---

① 全新世(Holocene),是最年轻的地质年代,从 11700 年前开始。根据传统的地质学观点,全新世持续至今。全新世的气候变化与人类社会的发展有密切的关系。——译者注
② 人类世(Anthropocene),又称人新世,是一个尚未被正式认可的地质概念,用以描述地球最近的地质年代。人类世并没有准确的开始年份,可能是从 18 世纪末人类活动对气候及生态系统造成全球性影响开始。——译者注

备一种特殊品质——移情冲动——它已经显示出自身的弹性和无限延展的能力。正是这种稀有而珍贵的属性得到进化，人类才能在搅局者与疗愈者的角色转换中一次次攀上人性的顶峰。近年来，年青一代开始将移情冲动扩展到其他生物身上，它们都属于进化家族的成员。这就是生物学家所说的"亲生命意识"，即前方新征程上一个充满希望的迹象。

人类学家告诉我们，人类是地球上适应性最强的物种之一。问题是，我们是否会利用这一决定性的属性，以谦逊、正念和批判性思维重返大自然的怀抱，让人类和生物大家庭再现繁荣。从让自然适应人类到让人类适应自然的巨大转变，要求我们放弃传统的培根式的科学研究方法，这种方法强调攫取自然的秘密并视地球为人类专属消费的资源和商品。取而代之的是，我们需要掌握一种全新的科学范式——新一代科学家称之为复杂的适应性社会或生态系统思维（简称CASES）。这种新的科学观方法论把自然视为"生命之源"而不是"资源"，把地球视为一个复杂的自组织和自进化系统，我们无法提前知晓这个系统的运行轨迹，因此需要的不是先入为主，而是一种预判和保持警觉的适应性方法。

一个再野化过程中的星球将考验我们人类的集体勇气。希望在这个韧性时代，已经开启的这个旅程会引导我们前往一个新的伊甸园，但这一次我们不是作为主人，而是与其他生物同心同力，共享地球家园。

第一部分

效率 VS 熵：现代性的辩证法

第一章
口罩、呼吸机和卫生纸：
适应性如何胜过效率

亚当·斯密是第一位现代经济学家，也是现代经济学的鼻祖。他在其著作《国富论》中写了下面这段不朽的文字。这段话在商业界无人不知、无人不晓，揭示了在整个进步时代人类如何形成对自己的定义，并捕捉到"人"的定义的精髓，因此在过去的两个世纪里，这段话被人们广泛传播。

> 每个人都在不断地努力为他所能支配的资本找到最有利的用途。诚然，他所考虑的只是他自己的利益，而不是社会的利益。但是，研究他自己的利益自然而然地，或者不如说必然地使他更倾向于对社会最为有利的用途。……他所盘算的也只是他自己的利益。在这种场合下，就像在其他许多场合一样，他受到一只看不见的手的指引，去尽力达到一个并非他本意想要达到的目的。……他追求自己的利益，却常常能促进社会的利益，而且比有意这样去做更加有效。[1]

亚当·斯密将"有效"视为"经济人"孜孜以求的那种"效率"的同义词，也是社会顶礼膜拜的教条。

2021年5月14日的《纽约时报》头条新闻的标题是《没有它，你的汽车、烤面包机，甚至洗衣机都无法运转，而它正面临全球短缺》。[2] 这篇文章的作者是经济学家亚历克斯·T. 威廉斯（Alex T. Williams）。

这篇文章讲述的故事预示着一次经济崩溃即将到来，而当这种在资本主义系统核心爆发的危机达到一定规模时，足以摧毁我们在过去两个世纪所构建的经济秩序和以此为基础所建立的商业生活。文章依稀显示一种可能取代资本主义系统的新体系正在诞生。

这篇文章的开头平淡无奇，作者开门见山地指出："全球半导体供应链短缺。"这些微小的芯片被广泛应用于构成数字化智能世界的众多流程和制造产品中。半导体产业的规模达5000亿美元。为了弄清楚这个问题的严重程度，让我们来看一家《财富》500强公司——福特汽车公司。该公司宣布，由于目前用于汽车制造和加工的半导体严重短缺，公司不得不做出悲观的预测：下一年的利润将缩减25亿美元。[3] 在全球经济严重依赖半导体的情况下，这些损失会被不断放大——从医疗设备到输配电网络，我们终于开始意识到危机的严重性了。

美国总统拜登与福特汽车公司和谷歌公司的高管举行了一次高级别的秘密会晤，旨在评估半导体（大部分在美国以外制造）短缺对经济下行造成的影响和对国家安全产生的威胁。为了推动落实联邦政府紧急资助半导体研发的专项资金和联邦政府承诺的用于在美国建立半导体制造设施的基金，威瑞森通信、高通、英特尔和英伟达等行业巨头组成了一个行业联盟。该联盟希望联邦政府从当时正在草拟的基础设施规划中为这个行业留出500亿美元的巨额资金——这还只是开始，理由是存在半导体短缺可能导致美国经济停摆的安全风险。

然而，这不单纯是一个全球供应链短期中断的问题。在文章中，读者会发现定义危机本质的两个词，即"效率"和"韧性"。更深层的是，它预示了资本主义本身的一个根本矛盾，即"效率"和"韧性"之间不可避免的权衡取舍。

生产复杂的半导体产品的大型生产设备需要投入巨额资金，这会导致利润率降低，因此，只有极少数投资了所谓"精益物流及供应链"和"精益制造流程"并获得最高生产效率的公司才能成为业界翘楚。而"精益物流及供应链"和"精益制造流程"之所以能够提高生产效率，是因为它们削减了生产流程中高昂的库存成本和其他冗余费用。在一般情况下，这些库存和冗余可能是维持正常运营所必需的，目的是防止出现意外的紧急情况，例如：额外的库存储备；可立即启动的备用生产设备；可供快速部署的储备劳动力，以防生产过程中的任何环节出现中断；随时可用的替代供应链，以避免物流系统出现中断和放缓。

这些额外的开销降低了企业运营效率并减少了营业收入，使企业越来越难赚钱。鉴于此，管理层和股东都会尽量避免这种额外的费用，因为它们会蚕食利润。目前，全球的半导体市场由少数几家巨无霸企业控制着。这些市场的领军企业正是在生产过程中采用了"精益制造流程"，从而降低了运营成本，才在竞争中脱颖而出。然而，这些企业越来越"高效"的代价却是它们的"韧性"越来越差，在面临突如其来的变化时，它们也愈加脆弱。威廉斯指出了这样一个明显的缺陷，他问道："如果一场自然灾害就能迫使一家超级高效、超级精益的工厂停产，而且它生产的芯片没有备用库存供应，那么这样的工厂有什么用呢？"[4] 一切都是效率说了算，作为代价，韧性就只好被牺牲掉了。

在自然和人为破坏不断升级之后，半导体短缺并不是第一个让公众对经济缺乏韧性产生怀疑的事件。2020年春，资本主义体系的第一条裂痕出人意料地出现了。新冠肺炎的快速传播令所有国家措手不及，因为医疗系统并没有为疫情大流行做好准备，大家突然发现自己暴露在传染病的威胁之下，没有防护措施，也无法为家人提供必需品。

威廉·高尔斯顿（William Galston，曾担任比尔·克林顿总统的副助理）于2020年3月发表在《华尔街日报》上的一篇评论文章意外地引发了一场经济风暴。他在文章的导言中写道："效率并非经济活动的唯一追求。"高尔斯顿说，他一直在反思新冠肺炎疫情大流行造成的经济后果。疫情大流行导致的经济下滑已经足够令人担忧了，然而，还有一件更加让人震惊的事情：美国完全没有做好满足需求的准备。在每天晚上的新闻播报中出现的都是州长、医疗专业人士和广大民众在质问：N95口罩在哪里？个人防护用品在哪里？呼吸机在哪里？为什么抗菌肥皂甚至卫生纸等生活必需品都出现了短缺？

对效率的公开批判

令高尔斯顿感到震惊的是，在这场百年一遇的公共健康危机期间，全球经济体系竟然脆弱到连美国公众最基本的需求都无法满足。他大胆地指出隐藏在光鲜的商业成就背后的问题，正是这个肮脏的小秘密成就了现代资本主义："对效率的不懈追求在最近几十年一直主导着美国的商业思维，但是，如果它使全球经济体系在面临打击时变得更加脆弱，那我们还要继续抱残守缺吗？"[5] 高尔斯顿指出，把生活必需品的生产和服务分散到世界各地最适合的地方，那些地方能通过节约生产劳动力成本甚至放弃环境保护协议来创造最高效的规模经济，然后，这些产品又通过货轮和飞机运送到美国和世界各地，这就是全球化成功的诀窍。

虽然高尔斯顿表示，他理解全球化带来的效率是一种"利益的权衡"，也是"不可避免"的，但产生的必然后果是"韧性会随着效率的提高而下降"。他在文章的最后提请读者注意，"在对提高效率的不懈追求过程中（高效率仍然是保持竞争优势的关键），单个市场参与者所做的决定总体上会产生一种非最优的韧性供给，即公共产品"。⁶在商界能听到这样的声音实属难得。毕竟，长期以来，资本主义体系一直被奉为人类有史以来最好的社会经济制度，而高尔斯顿正是注意到了资本主义所倡导的"效率"和"高效市场"与生俱来的缺陷，于是，他射中了整个现代社会体系的阿喀琉斯之踵①。

如果高尔斯顿的文章只是一家之言，它有可能很快就被人忽略了。但就在几周后，也就是4月20日，共和党领袖、政治保守派参议员马尔科·鲁比奥（Marco Rubio）在《纽约时报》发表了一篇题为《我们需要一个更富有韧性的美国经济》的文章，这篇文章再次剑指资本主义体系的要害。鲁比奥的立场更加激进，他警告说："在过去的几十年里，我们国家的政治和经济领导者，无论是民主党还是共和党，都在如何构建我们的社会方面选择了重视经济效率而轻视经济韧性，重视财政收入而轻视'主街贷款利率'②，重视个人财富积累而轻视公众利益。"⁷

鲁比奥指责美国商界将制造基地转移到发展中国家，却把经验用于建立金融和服务型经济。他写道，这"创造了有史以来最高效的经济引擎"，但它"缺乏韧性"。他指出，"一旦危机来临，可能会损失惨重"。鲁比奥从更哲学的角度提出了一个更深刻的观点，他认为美国应当直面"超级利己主义精神"带来的后果，重振其坚韧精神，正是这种精神让美国成为世界的灯塔。⁸

高尔斯顿和鲁比奥对美国这种为了追求效率而牺牲韧性的政策导向所提出的批评，逐渐引起了人们的注意。与以往不同的是，在新冠

---

① 阿喀琉斯之踵指阿喀琉斯的脚跟，指唯一的弱点。——编者注
② 主街贷款计划是美联储为那些在新冠肺炎疫情暴发前财务状况良好，但现在可能需要通过融资来留住员工并维持运营的中小型营利性企业和非营利性组织提供贷款的金融项目。——译者注

肺炎疫情的最初几个月，人们面对超市和药店被扫荡一空的货架，真切地感受到了牺牲韧性对美国经济和社会造成的巨大威胁，而在此之前，大多数美国人丝毫没有感觉。

其实早在新冠肺炎疫情之前，资本主义机构体系内部就已经发出警告。2019年1月，《哈佛商业评论》发表了一篇长文，题目是《效率的高昂代价》，作者是多伦多大学罗特曼管理学院前院长罗杰·马丁（Roger Martin）。这篇文章是其以三段论形式写成的系列文章的一部分，文章中提出了这样一个问题："从亚当·斯密开始，商业思想家一直坚定地把消除浪费视为管理的'撒手锏'。但是，如果追求效率的负面影响超过了回报会怎样呢？"[9] 就像商业管理领域的所有特立独行者一样，马丁是这个行业250年来首个挺身而出向统治这个学科的真理发起挑战的人。为了避免怀疑论者未能认识到效率在新古典主义经济学及最近的新自由主义经济学的核心地位，以及它压倒一切的重要性，马丁直截了当地说道：

> 效率的魅力从未消减。它体现在世界贸易组织等各种多边组织中，这些组织的目的就是提高贸易的效率。效率被纳入华盛顿共识——贸易和海外直接投资自由化、有效的税收形式、放松管制、私有化、透明的资本市场、平衡预算和节约型的政府等，都是效率的具体体现。世界上的每一所商学院都在向学生宣扬效率。[10]

在批评资本主义对效率的痴迷方面，马丁另辟蹊径。他认为，在一项突破性的新技术出现时，总会刺激产生新的创业机会，而早期的行业领跑者通过提高所有潜在价值链的效率并将其垂直整合到他们的运营中，从而迅速巩固对潜在新兴市场的控制并形成规模经济。但是，成为先行者和市场领导者也会带来负面的外部效应，这在他们一路高歌猛进的时候是无法预料到的。

马丁举了这样一个例子。几乎全球的杏仁市场都控制在少数几家大公司手里。在该行业蒸蒸日上的时候,加利福尼亚的中央山谷成了大家的首选,被认为是"杏树种植最理想的地方"。目前,世界上超过80%的杏仁产自该地区。[11]

此地气候条件理想,非常适合种植杏树,因此吸引了众多杏仁生产企业集中到这里,但不幸的是,一些意想不到的环境因素却会引发灾难。首先,加利福尼亚的杏树开花时只有一个非常短暂的季节性授粉期,需要在这个时间窗内将蜂箱从美国各地运送到中央山谷地区。然而,近年来,蜜蜂成群地死亡。仅在2018年、2019年两个冬天,美国就有超过三分之一的商业蜂群消失——这可创了纪录。[12] 关于蜂群大规模死亡的原因有很多说法,但无不表明,杏树种植高度集中于一个地区虽然在最初是高效率的,但也更容易受到外部因素的影响并且缺乏韧性。

马丁没有提到的是,杏树也是贪婪的吞水怪——每生产一个杏仁就需要1加仑①水。这样算起来,加利福尼亚州每年农业消耗的总水量中有近10%用于灌溉中央山谷的杏树了,这比洛杉矶和旧金山的总人口每年消耗的水量还要多。[13]

更糟糕的是,气候变化已经把曾经肥沃的中央山谷变成了干旱区,直接威胁到一个高效的杏仁产地的未来。将构成世界杏仁贸易80%的种植园局限在一个产地,在短期内达到了高效率的目标,但现在整个行业却面临着此前从未考虑过的环境因素的威胁……一度被认为是高度商业化的产业却被证明缺乏韧性。[14] 我们得到的教训是,一窝蜂地培育任何商业新贵——把所有"杏仁"都放在一个篮子里,虽然眼前效率提高了,但缺乏足够的韧性来应对不可知的未来。

---

① 1加仑约为3.8升。——编者注

工业资本主义的瓦解

效率是一个时间值,韧性则是它的一个前提条件。确实,提高效率往往会削弱韧性,但时间值的作用不在于提高效率,而在于增加适应性,这才是解决矛盾的关键。在过去的半个多世纪里,我们逐渐意识到地球就像一个自组织系统,在这个系统中,各种形式的生命体都在时刻适应地球的能量流动和变化,也在适应地球环境的演化。适应性与自然界中"和谐"的概念非常相似,这也是东方的神学和哲学所强调的独特概念。

效率意味着消除摩擦,它是消除那些可能减缓经济活动速度和优化经济活动程度的冗余代名词。然而,韧性至少在本质上就是指冗余和多样性。例如,就某个特定品种的作物生长成熟的速度而言,进行单一化种植可能更为高效,但这种单一化种植一旦受到枯萎病的影响,损失可能无法估量。

长期以来,效率一直被认为是资本主义理论和实践的指挥棒,但不论是商学院的学生还是企业的掌权人,大家突然发现对效率的追求反而大大增加了风险,使得经济和社会变得更加脆弱——所有这些都会破坏我们所说的综合韧性——这犹如平地起惊雷。既然现在我们已经认识到这一点,就应该审慎地重新思考究竟该怎么做了。

如果我们对效率的执着已经开始动摇,那么我们如何对待效率的孪生兄弟——生产力,以及经济赖以存在的其他关键代理关系呢?效率是一个时间值,而生产力是一个简单的投入产出比率,尤其是那些与技术投入和创新商业实践相关的投入。效率和生产力都是严格的线性过程,并且在生产环节和市场交换过程中都受到时间的制约。这两个概念很少关注或计算在生产过程的每个阶段(更别提商品交换和提供服务的过程了)所产生的负面效应。不过,正是由于忽略了提高效率和生产力所带来的负面效应,企业财务报表上的利润才看起来是增长的。

生物系统是围绕一个非常不同的运行机制组织起来的。对生物系统而言，适应性而不是效率才是时间留下的标签，再生能力而不是生产力才是衡量绩效的标准。在所有生物体和生态系统中，适应性和再生能力密不可分。我们以生物学中的自噬过程为例来考虑这个问题。

大隅良典（Yoshinori Ohsumi）是日本一位77岁的细胞生物学家，他一生都在研究细胞自噬的过程。"自噬"这个词来源于希腊语，意思是"自我吞食"。自噬系统是细胞的废物处理系统。自噬是"细胞内的垃圾被捕获并密封在一种称为自噬体的袋状膜囊中……（并被）运输到一个称为溶酶体的细胞器里的过程"。长期以来，生物学家一直以为溶酶体只是一个"细胞的垃圾箱"，没有其他特别功能，就类似于人类社会的垃圾场和填埋场。[15] 但大隅良典发现，自噬是生物体的一种循环机制。它会把细胞的"报废"组分收集起来，有用的部分被剥离出来，用以产生能量或新的细胞。大隅良典因为这项工作获得了2016年的诺贝尔生理学或医学奖。[16]

生物体内有很多奇妙的过程和模式，自噬机制只是其中之一。这些过程和模式对我们重新理解经济生活助益匪浅。近年来，在经济领域流行模仿生物体的"再生惯例"（商业术语就是"回收"）。再生循环的概念被嵌入经济过程的每个环节（从采掘到生产、存储、物流和消费），目的是形成一个相对封闭的循环，其间几乎没有浪费任何废弃物，相反，这些废弃物通过再生的方法一遍又一遍地被重复使用——最大限度地减少环境账单，不仅惠及眼前，也益于子孙后代。

这些关于效率与适应性、生产力与再生性的讨论，是否只是由于新冠肺炎疫情大流行导致供应链、物流和备用库存崩溃，让世界措手不及而引发的短暂反思？抑或有某种更深层次的东西开始扎根呢？无论是在20世纪60年代（那时我还是沃顿商学院的学生），还是后来（1995—2010年）我在沃顿商学院的总裁班和高级管理课程中担任教职时，我都不记得发生过任何关于效率和进步的缺点的讨论，更不用说关于适应性和韧性这样违背经济学主流的话题了。

改变的只有不断升级的各种危机。仅仅在过去的几十年里，我们就目睹了世界各地恐怖组织和恐怖活动的快速兴起，例如恐怖分子对纽约世贸中心的恐怖袭击；亲历了 2008 年全球经济崩溃和大衰退；见证了随着全球金融和商业精英所代表的利益集团的崛起，全球劳动力日益短缺，人们的收入差距越来越大；感受到极右翼、民粹主义和法西斯主义政治运动的兴起；也面临着强权统治和人民对民主治理逐渐丧失信心。但是，这些威胁到人类文明稳定基石的危机，与越来越频发的全球性疫病大流行以及地球气候迅速变暖这两大生存危机相比，就显得小巫见大巫了。后两者正在把我们人类和其他物种引向第六次地球生命大灭绝。

人类上一次面临同样的危机是在 7 个世纪前的中世纪欧洲。黑死病从 1348 年开始暴发，并在接下来的几百年里持续在欧洲大陆和亚洲部分地区肆虐。随着黑死病的蔓延，欧亚大陆有 7500 万~2 亿人死亡。[17] 但那一次危机在规模和范围上与今天的都相差甚远。当时黑死病导致的社会和政治动荡让人们对天主教会的治理及其宣扬的世界观和宗教故事产生了普遍失望的情绪。这些宗教故事和其中蕴涵的世界观长期以来一直是信徒的精神依托，一千多年来，它们一直指引着西方文明的进程。基督的故事及教会关于救赎和永生的承诺对老百姓来说有着很强的感召力，一直被西方世界接纳，但科学最终证明瘟疫的罪魁祸首是一个弱小的对手，是小到连肉眼都无法看见的鼠疫耶尔森菌。

然而，混乱中也孕育产生了一种新的、更加全面的世界观和相应的叙事方式。新的政府治理形式以及新的经济、社会生活的组织方式也应运而生。在这种新的文明秩序（我们姑且称之为"进步时代"的主旋律）的引领下，欧洲、美国乃至世界很多地区都步入了现代。

"进步时代"对很多人来说意味着许多事情，包括民主治理的兴起、更大的个人自由度、更长的寿命和人权的伸张。但是，这个新时代的主旋律的核心是以市场为基础的资本主义经济，它通过科学和技术的广泛应用来改善人类的物质条件。

从中世纪到现代的范式转变的核心是对改善人类生活状况的承诺。但这一次实现这个目标的决定性因素是：科学的奇迹和数学的精确性、能让生活变得更轻松的新的实用技术，以及资本主义市场在促进社会经济福祉方面的诱惑。这三个要素是"进步时代"的基石。把这些要素绑定在一起的是一种独特的现代方法，它被用来组织个人、社区、经济乃至整个社会的时间和空间方向。这是一个无处不在的术语，但很少有人讨论它，更少有人质疑它。尽管如此，它仍然被普遍认为是节省时间、拓展空间来创造人间天堂的不二法门。

效率是现代化的时间动态体现。效率重新组织安排了我们对时间的使用方式，同样也重新定义了我们的空间。对效率这个词的使用隐含着这样一个前提，即有效率，也就是可节省时间、积累时间、赢取时间、延长时间，这也就相当于延长了个人甚至社会的时间。个人、群体或社会的效率越高，他们就越相信自己延展了未来的边界，也就越来越接近"不朽"的尺度。现代科学的兴起、更先进的技术和市场资本主义，组成了一个强大的"新三位一体"，取代了圣父、圣子和圣灵。效率将取代上帝这一长期以来一直被视为无所不在、无所不能的原动力，成为"进步时代"的新神。

第二章
泰勒主义和热力学定律

电影发烧友都熟悉 20 世纪最伟大的喜剧演员查理·卓别林的两部最具代表性的电影——《大独裁者》和《摩登时代》。虽然电影爱好者们都知道，卓别林在第一部电影中模仿的是阿道夫·希特勒，但大家可能不知道，在第二部电影中，他也是在影射一位对 20 世纪产生重大影响的人物。在这部影片中，卓别林饰演一个卑微的小人物，他成了一个工厂装配线上的工人。他的工作是给机器拧螺丝，然而机器运转的速度越来越快，他无论怎么努力也无法跟上工厂主给机器设定的运转速度，最后他被卷入旋转的齿轮，使整个工厂陷入一片混乱。[1] 在这部电影中，那个被讽刺的人就是"效率至上论"的创始人弗雷德里克·W. 泰勒（Frederick W. Taylor）。

弗雷德里克·泰勒 1856 年出生于费城一个富裕的贵格会家庭。他高中就读于新罕布什尔州埃克塞特镇著名的菲利普斯埃克塞特学院，毕业后就读于哈佛大学。获得机械工程学位后，他在多家公司担任过管理职务，在他就职的企业中最著名的是伯利恒钢铁公司。后来他接受达特茅斯大学塔克商学院的教职，并于 1906 年成为美国机械工程师协会的主席。1911 年，泰勒出版了《科学管理原理》一书，正是这本书将效率的概念深深植入现代文明的骨髓，成了商界的"圣经"。

泰勒设计了一个分工系统，通过这套系统，管理者几乎可以控制生产过程的每个阶段以及每个工人的每一个动作。泰勒的这套系统，即后来广为人知的"泰勒主义"，仅仅是基于一条最重要的原则：把生产的管理和计划与工厂车间现场任务的执行分离，然后进一步将这些现场任务分解为更简单的步骤，再对每个细分步骤进行协调，直到大家能够流畅地协同工作，这样就加快了生产效率的提升。每个工人在工作流程中所要完成的只是一种简单、重复的任务，而且这些任务都附有详细的说明。监工也要接受培训，他们需要学会使用秒表来分析工人的每一个动作和动作需要耗费的时间。他们要纠正工人不必要的手势、动作，因为那可能会减慢工人的反应速度。然后，他们要监督工人一遍遍地重复完成工作任务需要的所有动作，不断加快工人的反应速度并提高准确性。泰勒主义的目标是确定在最佳条件下完成任务的最短时间，并把它设定为提高效率的标准。通常，任何可能会降低速度的细微动作变化都会得到纠正，这有时能为完成任务节省宝贵的几秒钟。

工人的表现是标准化的，抹杀了任何个人的行为特质，这样可以确保整个工作环境处于理性状态，于是，工人与他们所使用的机器再也没有区别了。车间里工作现场的所有因素都被视为"科学管理"这台巨型机器的组成部分，管理者通过不断提高效率来评估这台巨型机器的表现，而它的价值则通过成本效益分析计算出来。

效率至上信条

事实证明，在 20 世纪早期的几十年里，工厂车间只是泰勒在整个社会领域发动效率革命的滩头堡。泰勒主义的巧妙之处就在于它与科学紧密相连，这赋予了它合理性，使受过教育的中产阶级一眼就能看明白并且接纳它。人们在使用效率一词（这个词最初只是一个描述机器性能的工程术语）的时候，其实已在不知不觉中把它延伸到了生活的方方面面。那是机器的时代。令人惊叹的新发明被快速地推上市场：电话、发电机、电、电灯、汽车、飞机、摩天大楼、收音机、电影、自动化装配线、家用电器等等。

从1893年在芝加哥举办的哥伦比亚世界博览会开始，到1939年的纽约世界博览会，已经有数百万家庭参观了在美国和其他地方举办的大型世界博览会。人们在那里体验到了触手可及的乌托邦世界，而正是现代科学和新的商业效率使这一切成为可能。所有的展品向公众展示的都是他们即将步入的未来生活。

还有哪里比家庭能更好地向公众灌输这种新世界观呢？流行杂志上铺天盖地的文章都在向女人们灌输"做进步者，加入效率运动"的思想。这些文章一边蛊惑煽动，一边也旁敲侧击。它们告诫中产阶级的家庭主妇不要在工作这件事上"当逃兵"，提醒她们家庭也是"全民参与的伟大工厂的一部分"。[2] 美国家庭经济学家克里斯蒂娜·弗雷德里克（Christine Frederick）在一份颇受欢迎的杂志《女性之家》（Ladies' Home Journal）上发表文章，教导家庭主妇在经营家庭经济时应该更加科学和高效。

她坦言："多年来，我从来没有意识到，我仅在洗衣服这件事上就做了80个错误的动作，更别提在收拾杂物、擦拭和摆放物品的过程中犯的错误了。"[3] 弗雷德里克呼吁全美国的家庭主妇在洗碗的时候都采用标准做法，"找出哪些动作有效，哪些动作不必要的和低效"[4]。

当时，还有人建立了家政实验站以研究家务劳动。在那里，人们对做家务的时间和动作进行研究，找出做每项家务的最佳动作并优化其时间分配。他们还建立了一个数据库，然后依靠这些数据用"家务工程的原理"来培训家庭主妇。[5] 效率运动已经如火如荼地展开了。"家庭……将被机械化、系统化"并按照效率标准进行优化。[6]

尽管家庭是向全社会推广泰勒主义的起点，但最终成为"效率工程"的导师、领导者、仲裁者和执行者的却是学校系统。人们运用科学管理原理，依照工厂的样子对学校进行改造，把孩子们塑造成一个个"小泰勒主义者"，以为这样他们就能为面对"明日世界"的机遇和挑战做好准备。

大众媒体歇斯底里地鼓吹传统的教育方法已经过时，无法满足学生将来所需要的职业技能要求，或者更准确地说，学校应该成为新兴工业体系的附属物，而新兴工业体系的主要任务就是用科学管理原理提高生产效率，促进生产力发展，创造经济效益。《星期六晚邮报》（*The Saturday Evening Post*）发表了一篇令人热血沸腾的"战斗檄文"，标题是《我们的中世纪高中——我们究竟是在为12世纪还是20世纪教育孩子?》。作者强烈抨击了普通人所认可的"绅士教育"，认为这种教育"在世界上——尤其是在商界——没有用处"。[7]另一位泰勒派人士斥责"许多学校的管理效率低下，这在商业世界中不可容忍"[8]。

美国各地的教育工作者接受了这一挑战。学校负责人首先要敦促按照科学管理的方式对公立学校系统的职务进行大规模重组。首要任务是让教师无法在课堂上使用自己的个性化教学方法。泰勒主义者认为，课程设置、课堂演示和学期测验都需要由学校管理者及学校董事会负责，并向每位教师提供如何授课的说明，这样才能使教学内容标准化。

在这种新模式下，学校负责人相当于工业企业里的管理人员；教师则类似于工厂车间里的工人，他们被指派特定的任务，同时被分发如何把课程内容教授给学生的详细说明。知识被分解成容易消化的碎片，以便学生在标准化测试的时候回忆和反刍。

标准化测试和数字打分成为一种常态。面对事物时思考"为什么"的古老思想传统被抛诸脑后，让位给了狂热推崇效率者对"如何进行优化"的追求。效率成为衡量表现的主要标准。每项任务都被严格限定了截止日期。知识被分割成孤立的学科——这种分裂的教育的目的在于把学习简化为完成指定的学术任务。学校系统的好坏靠通过标准化国家考试并进入下一年级的学生的人数来评判——此后还要由SAT 和 ACT 考试机构来评估学生在国家考试中的成绩。

虽然在过去的 100 年里泰勒式的教育方法有过一些细微的改动，但实在微不足道。20 世纪的教育几乎完全致力于把学生塑造成"泰勒主义者"，好让他们将来可以在工商业的广阔天地中大有作为。

美国联邦政府推出的《有教无类法案》（No Child Left Behind Act of 2001）就是"泰勒工具箱"的产物。该法案的主要特点包括对学生进行"高利害性标准化测试"，对教师如何完成课堂教学做出详细说明。凡是难以简化为标准化评分的课程都将被逐出课堂。

华盛顿大学教育项目的教授韦恩·奥（Wayne Au）在《课程研究杂志》上发表了一篇题为《新泰勒主义下的教学：一考定乾坤和 21 世纪课程的标准化》的文章，描述了美国学校一直遵循泰勒主义信条对当今的教育所造成的影响。

> 因此，为了应付"美国高利害性考试"而学到的知识，沦为一系列互不关联的事实、操作、程序或数据，主要是为了应付考试而便于死记硬背……因此，学生学到的是越来越多的只需要低级思维能力的知识，而且这些知识通常是在孤立的考试环境下以碎片化的方式呈现的。通过这种方式，高利害性考试有效地扼杀了美国学校的教师们对知识本身进行重构的实践活动。[9]

在公共讨论中，没有哪个议题比自然保护更重视效率运动，更容易在辩论中被误解。当时，许多著名的环保主义者出于审美目的而希望保护大自然的自然之美，同时也希望保护生态系统，从而使美国本土的动植物物种能够在日益工业化的环境中茁壮成长。

然而,专业协会和企业与西奥多·罗斯福政府达成了一致,对保护自然资源进行重新定位,纳入效率议程的范围。他们争辩说,自然资源是美国作为主要工业强国迅速崛起并占据世界主导地位的本钱。不过,他们也警告说,如果占有、征用和开发国家自然资源宝库操之过急,就会害死这只正在下金蛋的鹅,所以敦促社会要更有效地利用自然的馈赠,用以推动美国工业和整体经济的发展。由于资源的使用属于技术性问题,因此对自然资源的开发应该交给最懂如何有效管理国家自然财富的专家进行监督。

环境历史学家塞缪尔·P. 海斯(Samuel P. Hays)这样总结资源保护运动的症结:"效率至上信条的拥趸认为审美是从属于功利主义的。在他们的计划中,保护自然风光和历史遗迹只不过是为了提高工业生产力。"[10]

如果有人认为,在过去的一个世纪里,我们对国家公共土地资源的使用方式有了任何变化,那么请看看下面这些数据。目前,90%的公共土地"可以用于石油和天然气开发,而只有10%的土地用于资源保护和其他用途,包括休闲度假区和荒地"[11]。更糟糕的是,根据美国内政部最近对联邦土地使用情况进行的调查,美国42%的煤炭、22%的原油和15%的天然气都是在联邦的土地上开采的,在导致全球变暖方面,美国的二氧化碳排放量占全球二氧化碳排放量的23.7%。[12]

在20世纪最初几十年里,对效率的追捧成为回避公平、性别平等、种族平等、剥夺政治权利、道德败坏乃至人类对自然应担负的责任等基本问题的挡箭牌。效率被吹嘘为一种中立的力量。正如达尔文改写了自然之书,认为物种选择的过程保证了适者生存,不存在任何神圣的目的或神学问题一样,科学管理的法则也有其自身的基本原理,即"天下熙熙,皆为利来;天下攘攘,皆为利往",所有你争我夺的背后皆是效率在主宰。挑战效率就是挑战令人费解的科学定律和自然界的运作机制。我们错得太离谱了。

对世界运行方式的误读：受人尊敬的头脑如何将人类引入歧途

在工业时代，世界上 1/3 的表层土壤已经退化。科学家警告我们，要养活地球上的人口，我们剩下的表层土壤可能只够用 60 年了。[13] 自然补充 1 英寸表层土壤需要 500 多年的时间。[14] 科学家还警告说，气候变化正在引发大规模的物种灭绝，在接下来的 80 年里，我们可能会失去 50% 的现有物种。[15]

与此同时，地球上的氧气正以惊人的速度被消耗掉，这是 20 亿年来前所未有的。海洋中的浮游植物产生的氧气占地球氧气产量的一半，现在它们正受到全球温室气体排放造成的气候变暖和海洋温度上升的威胁。新的研究表明，最快到 2100 年，浮游植物的减少会在全球范围内造成海洋中的氧气耗竭。[16] 同样令人痛心的是，随着全球温室气体排放和气候变暖导致地球温度升高，洪涝、飓风、干旱和野火发生的强度和频率在快速提高，不仅破坏生态系统的稳定性，也导致地球上的大片区域不再宜居。到 2070 年，地球上 19% 的地区将变成"无法居住的热区"。[17]

我们人类对地球造成的影响的确令人瞠目结舌。一个世纪前，地球上大约 85% 的土地仍然被称为蛮荒之地，而今天只有不到 23% 的土地还没有被人类改造过，预计在接下来的几十年里，这些最后的处女地可能会在地球诞生 45 亿年之后彻底消失。[18]

这是怎么发生的？为什么我们没能预见到这一点？关于这个问题有很多说法。但是，无可争辩的事实是，大部分责任应该归咎于科学界、经济界和商界，因为他们打着推进和保障人类的长远利益和福祉的旗号，主张全球经济应该在最优条件下运行。

这个故事始于法国数学家和科学家勒内·笛卡儿，他被认为是第一位现代哲学家。他于1596年出生于法国图赖讷的拉海镇，年轻时在数学和物理方面表现出色。他叹服于所有将"人"的力量延展到凌驾于自然之上的新机械发明，认为这些机械必须是更大图景的一部分，这个图景就是机械宇宙，即一个按机械定律运行的理性宇宙。笛卡儿认为，这些定律可以被发现并用于改善人类的命运。

笛卡儿回忆说，在1619年11月10日晚上，当时只有23岁的他睡着后连续做了三个梦。这三个梦向他揭示了一种新的哲学，与他之前所知道的任何哲学都不一样。醒来后，他掌握了后来被称为解析几何的知识（他称之为"元素"）以及将数学应用于哲学的概念。笛卡儿沉思道：

> 无论是数字、图形、星星、声音还是任何其他物体，无一例外都会遇到测量的问题。于是我看到，必然有某种通用的科学把这种元素作为一个整体来进行解释，而这就会引出有关秩序和测量的问题。我认为，它应该被称为通用数学……它的范围应该扩展到每个学科，并从中得出真实的结果。[19]

笛卡儿开始相信，一旦摆脱约束并被数学武装起来，人类思想就可以在地球上创造出一种有序、可预测且自我永续的像机械一样按部就班的存在。笛卡儿说："给我广延（Extension）和运动，我就可以构建宇宙……"这也许是人类有史以来最大胆的一句话。[20]不过，人们并没有把它当作痴人说梦，尤其是当时的知识分子对它深以为然。

笛卡儿对机械宇宙的描述并不是类比或隐喻，他是认真的。笛卡儿将人类的情感——记忆、想象力、激情——描述为类似"配重和轮子组合"的功能,并将其他生物描述成像"没有灵魂的自动机"。[21] 笛卡儿在 1649 年给英国哲学家亨利·摩尔(Henry Moore)的信中写道:

> 既然艺术复制自然,人类可以制造出各种没有思想却能到处移动的自动机器,自然应该也能生成自己的比人造机器更精巧的自动机,这种推论似乎是合理的。这些天然的自动机器就是动物。[22]

但是,笛卡儿关于机械宇宙的设想仍然面临着一个不可逾越的障碍:每台机器在其运行过程中都受到重力的作用。尽管笛卡儿能够描述机器的组成部分,但对于外在的重力如何对机器产生影响这个问题,他没有答案。要得到这个答案,人们不得不再等待 68 年,等待一个年轻的大学生在沉思中灵光乍现。

1664 年,艾萨克·牛顿 22 岁,在剑桥大学三一学院三年级学习,还获得了奖学金,并且是笛卡儿的追随者。当时,黑死病正在伦敦肆虐,夺去了 10 万居民的性命(约占总人口的 25%),还迅速蔓延到所有乡村。剑桥大学不得不关门大吉,让学生回家躲避瘟疫。牛顿回到了他家在伍尔斯索普的乡下庄园,在那里待了将近两年。

在那段时间里,牛顿研究并得出了运动定律和万有引力定律,还发明了微积分这一数学方法。历史学家称他这段躲瘟疫的时间为"奇迹年"。[23] 1667 年秋天,牛顿带着写满真知灼见的笔记回到剑桥大学。他于 1669 年受聘成为数学系教授。他的杰作《数学原理》于 1687 年由英国皇家学会出版。一夜之间,这本杰作在英国、法国和其他许多欧洲国家都引起了轰动。[24]

牛顿发现了描述万有引力的数学公式。他认为,自然现象"都与某些力有关,这些力以某些迄今未知的原因驱使物体的粒子相互接近,凝聚成规则形状,或者相互排斥离散"[25]。他的理论假设只用一条定律就可以解释为什么行星以某种方式运动，为什么苹果会以一种特定的方式从树上掉下来。他的万有引力定律指出："两个物体之间的引力与其质量的乘积成正比，与它们中心之间距离的平方成反比。"[26]

根据牛顿的三大运动定律，静止的物体保持静止，运动的物体保持匀速直线运动，除非受到外力的作用；物体的加速度与所施加的力的大小成正比，与物体的质量成反比；对于每一种力，都有一个大小相等且方向相反的反作用力。牛顿的三大运动定律能处理宇宙间所有力如何相互作用并恢复到"平衡"的问题。

亚当·斯密是牛顿平衡理论和物理学体系的粉丝，他称牛顿的工作是"人类有史以来最伟大的发现"[27]。斯密用"看不见的手"这个词来形容市场中供求过程的调节方式，这至少在表面上与牛顿描述的重力第三定律非常相似，即对于每一个作用力都有一个和它大小相等、方向相反的反作用力。斯密和接下来的两个半世纪里追随他的众多经济学家都认为，自我调节的市场是以同样的方式运作的，供应和需求不断对商品和服务的价格做出反应和调整，最终导致市场交易双方达成一致，并返回到类似牛顿描述的平衡状态。

牛顿描绘的物质和运动的宇宙是有序且可计算的，没有自发性或不可预测性。这是一个有数量但无质量的世界。牛顿用数学证明来支持自己的见解，而不仅仅依靠演绎推理——这让数学成为理解和征服大自然的首要学科。牛顿使"启蒙时代"数学化，而数学反过来又为随后的"进步时代"提供了架构支撑。

另有一点值得注意的是，牛顿的三大运动定律是没有时间箭头的。在牛顿描绘的宇宙中，所有过程都是时间可逆的。但在现实的自然世界里，也包括在经济领域中，没有任何事件是时间可逆的。然而，一代又一代的经济学家把牛顿那排除时间因素的理论用作经济活动建模的工具，这无异于缘木求鱼，实际上却误入歧途，离现实越来越远。

亚当·斯密和早期经济学家们并不是唯一将牛顿关于宇宙运行的理论拿为己用的人。亚当·斯密的理论在当时也受到英国当权者的热烈追捧，尤其是英国圣公会和政府，他们都对经济和社会快速变化所带来的日益加剧的社会动荡和经济混乱深感头疼。英国王室在牛顿对有序、可预测和自我调节的宇宙的描述中看出了一种模式，教会、政府和学术机构可以利用它来争取那些受过良好教育的精英，不但让他们效忠，还可以通过他们用牛顿主义教育和驯服民众，同时平息那些不断挑战国家权威的反君主制者和反教会知识分子不守成规的暴乱。这里含蓄但又明确地给出的信息是，反对英国政府是徒劳的，因为那样做违背了事物的自然秩序——这是一个可预测、有序和自我调节的世界，英国王室就是这秩序在尘世间的捍卫者。

热力学定律：游戏规则

经济学界并非不明白，依靠牛顿理论及其时间可逆性来解释资本主义经济的运作规律是一个糟糕的选择。

其实，经济学家心里清楚这一点。到19世纪下半叶，一套新的科学定律被发现了，它涵盖的范围如此宽广，揭示的事实无可争议，可以说它为所有其他科学定律，包括牛顿的物质运动定律、达尔文的生命进化论，甚至爱因斯坦的相对论，都提供了一个总体框架。这些全新的关于宇宙如何组织的科学原理就是热力学第一定律和第二定律。

在热力学定律第一次被阐明的一个世纪后，阿尔伯特·爱因斯坦明确地承认，他意识到了热力学定律无与伦比的重要性——他的科学家同行对此不会有任何怀疑。关于热力学定律，爱因斯坦写道：

> 一个理论的前提越简单，它所涉及的事物种类就越多，适用

范围就越广，也就越令人印象深刻。它（热力学定律）是唯一真正具有普遍性的物理理论，我确信在其基本概念的适用范围内，它永远不会被推翻。[28]

牛顿物质运动定律的缺点是没有考虑到时间的流逝，以及事件一旦展开就不可逆转，但热力学定律就是关于时间流逝的。热力学第一定律（通常被称为能量守恒定律）指出，宇宙中的所有能量都是恒定的，自大爆炸产生以来一直如此——重点是，能量既不能被创造，也不能被消灭。宇宙的总能量将一直存在，直到时间的尽头。虽然宇宙的总能量是恒定的，但它的形式却总是在发生改变，而且只是在一个方向上发生改变——从可用到不可用。这就引出了热力学第二定律。这条定律告诉我们，能量总是从热的地方流向冷的地方，从集中流向分散，从有序流向无序，这就是时间流逝不可逆转的标志。

例如，如果一个人烧一块煤，所有的能量都不会消失，但不再集中，而是分散了——以二氧化碳、二氧化硫和氟氧化物的形式释放在大气中。虽然总能量仍然存在，但它永远不可能再被重新组合成为一块煤。德国科学家鲁道夫·克劳修斯（Rudolph Clausius）于1865年创造了"熵"这个词，它指的是被消耗后基本无法再利用的能源依存。[29]

有些人会争辩说，广义上太阳才是沐浴地球的所有能量的来源，通过光合作用不断提供充足的能量储存，至少在太阳烧尽之前，满足我们未来数十亿年的能量需求。虽说此话不假，但还有其他材料束缚能量的存储，例如金属矿石、稀土，甚至所有岩石中含有的矿物。这些物质是地球脱离太阳后冷却形成的，自那时起就一直存在于地球上。这些储存了束缚能的物质是固定且有限的。虽然每年或多或少都会有外太空的物质以流星的形式穿过大气层落到地球上，小到几粒尘埃，大到如小行星般的陨石，但据科学家们估计，每天落在地球上的外太空物质的总重量只有48.5吨左右，少到简直可以忽略不计。[30]

我们知道，宇宙中存在三种系统：开放系统，以物质的形式与外界交换能量和束缚能；封闭系统，与外界进行能量交换，但没有物质交换；孤立系统，与外界既不交换能量也不交换物质。相对于太阳系，地球是一个封闭的系统。我们享受着来自太阳的源源不断的能量供给，但与外界交换的束缚能少之又少。让我们以化石燃料为例。

深埋在地下和海底的煤炭、石油和天然气矿床是由3.5亿年前石炭纪时期生命的遗骸形成的——它们是束缚能。尽管理论上有可能在遥远未来的某个地质时代，同样的植物和动物的遗骸会转化成煤、石油和天然气，但这种情况几乎不可能发生。我们也可以说稀土的情况很类似，在科技驱动的社会中，稀土正成为越来越有价值的投资品，它被用在各种产品中，包括LED屏幕、智能手机和平板电脑、电池和电动汽车电机等，所以，稀土也是不可再生的资源。我们需要对束缚能做一个简单明了的定义。正如哥伦比亚大学物理学和弦理论教授布赖恩·格林（Brian Greene）在《纽约时报》上发表的一篇评论文章中指出的那样：

> 质量和能量没有区别。它们是被包装成不同形式的同类基础东西，只是看起来有区别。正如固体冰可以融化成液态水一样，爱因斯坦告诉我们，质量是能量的一种冻结形式，它可以转化为大家更熟悉的动能……在遥远的未来，几乎所有物质都将还原为能量。[31]

传统经济学的致命缺陷在于，它仍然受制于牛顿的均衡世界观，其中的时间是可逆的。通过将买卖双方之间所有的商品、服务和财产的经济交换限制在一个永恒的真空里，即交易不受时间影响，经济学家和商界就可以很轻易地排除那些随着时间推移可能伴随自然资源开采过程产生的任何相关副作用,以及所有以相交、相伴或以某种方式影响自然资源在转化为商品和服务的各个阶段的各类交互作用。在转换过程的每一个阶段,这些效应都在溢出,并影响到市场交易中未被关注到的其他现象。

直到 20 世纪 20 年代,经济学家们才开始着手解决溢出效应的问题。亨利·西季威克(Henry Sidgwick)和阿瑟·C. 庇古(Arthur C. Pigou)因为正式阐述了"正外部性"和"负外部性"概念(即那些意料之外的影响)而扬名立万。[32] 外部性是指一笔市场交易未被承认的影响,这种影响在其他地方或其他时间导致更大的利润或成本,而且这种影响没有被纳入有效的成本效益分析。但即便如此,直到现在,经济学家还是把外部性视为市场交换经济学的一个简短的补充说明,仅有微不足道的相关性。如果把产品或服务进入生产流通之前、之中和之后的整个经济活动轨迹纳入考虑的范围,我们就会发现传统经济学原理在确定真正长期成本上的乏力无效,因为它只关注商品或服务被交换和消费的那一刻赢得的短期收益。

如果牛顿的均衡理论仍然影响着经济学界,那会怎样?诚然,从经济方程式中消除时间因素,使得经济学家可以在他们的工作中使用更多让人一头雾水的数学模型,这又会带来多大的危害?此外,人们长期以来一直相信热力学定律只涉及能量流和熵的变化,只是化学家和物理学家非常感兴趣的问题,而与解释地球上生命的生物学互不相干。人们的共识是,这些定律仅在能量用来为机器提供动力时适用——让工程师更准确地计算能量输出与输入的比率,并据此提高效率。

因此,人们认为这些定律并不像物理学家和化学家所宣称的那样普遍。生命绝不能被纠缠在熵的网络里。毕竟,进化让我们明白这个世界充满各种新奇的生命形式,一个比一个复杂、有序。

1944 年，当奥地利物理学家、诺贝尔奖获得者埃尔温·薛定谔解释说，与物理学和化学一样，生物学也遵循热力学定律时，最后一道阻力墙分崩离析了。薛定谔认为："生物体以负熵为食……不断地从环境中吸取秩序。"[33] 每个生物的一生都在不断进食和排泄废物，同时不断地吸收可用的能量，只要它活着，就会不断消耗地球上的能量并使总熵值增加。我们如果停止消耗能量，就会死亡，残骸会变成尘埃——在熵值账本里记上最后一笔。每个生物，包括我们人类，只有在咽下最后一口气之后，才算达到了平衡状态。

很少有人会退一步想想地球上的自然资源的绝对量有多少。这些自然资源是我们保持非平衡状态、远离死亡所必需的。化学家 G. 泰勒·米勒（G. Tyler Miller）用一个简化的食物链来帮助我们理解，如果每个人都保持非平衡状态，究竟要消耗多少地球上的可用能量。他的食物链组成有吃草的蚱蜢、吃蚱蜢的青蛙、吃青蛙的鳟鱼和吃鳟鱼的人类。结果证明：养活一个人一年需要 300 条鳟鱼，这么多鳟鱼每年必须吃掉 9 万只青蛙，这些青蛙一年要消耗 2700 万只蚱蜢，而这些蚱蜢一年要吃掉 1000 吨草。[34]

为什么在食物链上每上升一个层次就要占用和消费如此多的自然财富？事实证明，在捕食猎物的过程中——例如，一只狮子追逐、咬死并吞食了一只羚羊——"在每一个步骤里有 80%~90% 的能量被浪费掉并以热量的形式消散在环境中。换句话说，只有 10%~20% 的能量储存在活体组织中，并可被转移到（食物链中）更高一级的动物身上"[35]。文化历史学家埃利亚斯·卡内蒂（Elias Canetti）的评论可谓一针见血："我们每个活着的人都是一个尸横遍野之地的王。"[36]

经济学依然对平衡范式墨守成规，完全没有准备好去解决非平衡热力学的问题。在非平衡热力学背景下，每次获取可用能量（包括转移到产品上的能量）都会带来短期收益，但却是以更大的长期熵增为代价的。经济学家曾经试图将产品生命周期中可能累积的一些容易识别的正外部性和负外部性因素考虑在内,但这是一种可怜无果的尝试,他们尝试应对这样一个现实,即每次经济交换都有一条长长的熵尾,它向每个可能的方向蔓延,影响其他现象。

热力学定律清晰地提醒我们,用 GDP 这样的指标来衡量一个国家每年的增长和财富是多么荒谬。GDP 衡量的仅仅是经济活动的瞬时交换价值。很显然,产品和服务在销售时的价值,并没有考虑地球能源储备和其他自然资源的消耗,以及伴随价值链每一步的熵级消费。

经济学界并非一开始就完全偏离正轨。最早的经济哲学家被称为重农主义者,出现在 18 世纪中后期,主要在法国。他们认为,一切经济活动的价值都来自大自然的宝库。许多正统的经济学家,如亚当·斯密、大卫·李嘉图和托马斯·马尔萨斯,也有类似的想法,纵使他们没有像重农主义者那样相信所有的财富都来自大自然,但他们至少意识到了自然资源的重要性,因为它是所有经济活动的种子。

重农主义者昙花一现,他们不过是历史环境的牺牲品。重农主义的鼎盛时期恰逢原始农业工业革命的巅峰时期,而原始农业工业革命是现代工业资本主义的先驱,随着燃煤蒸汽技术的发展,以及纺织品和其他产品的工业化生产,现代工业资本主义直到 18 世纪后期才开始兴起。工业革命开始后,人们对农业的重视已不再如从前,使它看起来越来越像是一种必要的陪衬,而制造业却异军突起,人们开始关注资本和劳动力在创造财富方面的重要性。人们转而仅仅把大自然视为取之不尽、用之不竭的原材料来源。而且,由于自然资源丰富,特别是在新大陆发现了广袤的土地后,征服自然的成本相对降低,自然资源普遍被视为生产要素,而非财富的重要来源。

詹姆斯·瓦特于 1776 年安装了最早的两台燃煤蒸汽机,同年,亚当·斯密出版了《国富论》。[37] 在接下来的一个世纪里,蒸汽机席卷了欧洲和美洲。虽然蒸汽机是资本形成的关键因素，但为其提供动力的煤炭却相对便宜，因此煤炭在生产中被视为几乎无足轻重的东西。

与当时的其他思想家一样，亚当·斯密对蒸汽机带来的效率感到敬畏，尤其对机器的各个部件如何组合才能同步工作以确保达到最佳性能印象特别深刻，他在生产制造过程中也发现了类似的原理，并把它描述为劳动分工。在《国富论》中，斯密举了一个例子：在一个大头针工厂里，生产一个大头针的过程被分成18个不同的操作步骤，全部由不同的工人完成，从而大大提高了生产效率。

商品的大规模生产成为效率的又一次飞跃，并将工业资本主义推向经济生活的前沿。伊莱·惠特尼（Eli Whitney）想出了批量生产同一标准、可互换零件的巧妙点子，这些零件可以由相对不熟练的工人轻松组装。惠特尼将这种生产方式应用于步枪的批量生产。分工和规模化成为生产流程中不可或缺的过程，也成为新工业效率的核心。

随着工业生产的出现，经济学家将目光投向了扩大资本和提高劳动力效率，并把它们视为创造生产力和利润的关键要素。新的资本主义工业体系和描述其运作方式的经济学家，已经远远偏离了重农主义者的早期愿景，资本主义经济学家很少考虑自然资源的财富属性，更多考虑的是资本和劳动力因素在提高效率、生产力和收入方面所起的作用。但随后出现了一个障碍。这些早期的经济学家逐步认识到，"看不见的手"根本没有触及他们所谓的"边际效用递减原则"。

在古典经济学诞生之初，阿内·罗贝尔·雅克·杜尔哥（Anné Robert Jacques Turgot）是第一个发现供给侧边际收益递减规律的人。他认为，生产者总是面临达到产能利用水平最优化的预期，一旦实现后，再单独追加的每一个生产要素都会导致单位利润增量回报下降。一个世纪后，在19世纪70年代，新一代的新古典经济学家威廉·斯坦利·杰文斯（William Stanley Jevons）、卡尔·门格尔（Carl Menger）和莱昂·瓦尔拉斯（Léon Walras）等人发现了一个在需求侧起作用的类似过程，他们称之为"消费边际效用递减"。这个原则是指，商品或服务的第一个消费单位比第二个消费单位能产生更大的效用或愉悦，而每增加一个消费单位，效用和愉悦就会递减。例如，消费者愿意为他的第一支冰激凌支付更多的钱，因为它带来了最初的快乐，但由于边际满意度或愉悦感降低，他愿意为额外的冰激凌支付的钱会减少。

生产边际收益递减和消费边际效用递减之间的关系，决定了交易的商定价格。价格上涨会抑制买家的消费，同时提高供给方的生产积极性。价格下降会起到相反的作用。不论哪一种情况，都会促成适当的市场交易，使系统再次恢复平衡。

对消费边际效用递减规律的新重视对经济学领域产生了巨大影响。亚当·斯密、大卫·李嘉图和约翰·穆勒等古典经济学家将劳动力成本看作确定交换价值的主要因素，而新古典经济学家则将重点转移到消费者这边，认为他们在决定交换价值方面起主要的作用。生产产品或服务的工人应该分配多少利润、提供资本的资本家又应该分配多少利润，还有市场交易到底是不是缺乏公平……这样的争论因消费边际效用递减规律的发现而平息下来——至少在新兴的新古典主义经济学家眼中是这样的。

边际效用递减原则也为新古典主义经济学家提供了一片施展才华的广阔天地，他们想要把这门学科数学化并拉入牛顿主义的行列，使它成为一门"真正的"科学。杰文斯的两位同时代人——弗朗西斯·伊西德罗·埃奇沃思（Francis Ysidro Edgeworth）和菲利普·亨利·威克斯蒂德（Philip Henry Wicksteed）用"无差异曲线、契约曲线、拉格朗日乘数和生产系数"等设计构造了复杂的数学演算公式，并沿用至今。[38]

新古典主义经济学家固守一个由作用力和反作用力、吸引和排斥组成的，最终会回归平衡的机械宇宙，因此他们对把经济学彻底数学化抱有无比的热情。让我们听听杰文斯是怎么说的：

> 就像一个物质实体的引力不单单取决于该物体的质量，还取决于周围物体的质量以及它们的相对位置和距离，所以效用是有需求的人和被需求的物之间的吸引。[39]

公平地说，杰文斯很清楚把平衡理论（吸引力、排斥力和最终回到平衡）运用于一个动态的市场时可能会产生的困境。在一个动态市场中，买卖双方的每一次交易都会改变周围的环境，无论这种变化多么微小，都会形成一组新的关系。杰文斯在其《政治经济学理论》一书的序言中这样说："工业的真正状态是一种永恒的运动和变化。"[40] 杰文斯承认，很难对不断变化的市场进行研究。他对此的态度是彻底投降并坦承"只有把交易行为作为一个纯粹的统计问题来看待，我才敢去碰它"。杰文斯无奈的感慨更能说明问题：

> 用这种方式对待经济学理论与统计力学如出一辙，并且我们会发现，（经济）交换定律类似于由虚拟速度原理确定的杠杆平衡定律……但我相信，经济学的活跃分支还有待发展，对此我还完全没有涉足。[41]

出于对牛顿物理学和平衡状态的机械宇宙的狂热信仰，杰文斯意识到他的理论与不断演变的经济市场的现实并不相符，只得勉强承认自己的经济理论只是一个"近似的类比"。即便如此，他还是希望能够在平衡的静态力学宇宙与每时每刻都在自我进化的动态经济市场之间达到平衡——但这是一项不可能完成的任务。

热力学定律不仅定义了宇宙运行方式，还定义了地球上生命的演化和经济运行方式，然而经济学家却对其举足轻重的作用保持缄默。在面对现实进行反思方面，许多物理学、化学甚至生物学领域的世界知名科学家都强调，最重要的是把热力学定律置于"存在的本质"这个哲学问题的中心，这进一步将经济学界与现实隔离开。

热力学第一定律和第二定律是支配宇宙运作的总体框架。爱因斯坦并不是唯一得出这个结论的知名科学家。1911 年，诺贝尔奖获得者、化学家弗雷德里克·索迪（Frederick Soddy）出版了《物质与能量》（Matter and Energy）一书，批评经济学界抱残守缺，无视热力学定律，盲目推崇以牛顿主义为中心的经济均衡理论。这种理论不仅与经济活动的实际情况相悖，而且可能把人类文明和自然世界引向一条危机四伏的不归路。他提醒那些经济学的同行：是热力学定律"最终控制着政治体系的成败、人民的自由与否、工商业的流动、富裕和贫困的根源，以及种族的总体物质财富"[42]。

比利时化学家伊利亚·普利高津（Ilya Prigogine）因对化学和生物学中的耗散结构的研究，以及在热力学和非平衡热力学定律方面的研究而获得了诺贝尔化学奖。他一生也都在呼吁经济学家别再用牛顿均衡模型来套用经济事务。1982 年，普利高津在印度贾瓦哈拉尔尼赫鲁大学举办了一场坦纳讲座①，他回顾了自己在化学领域的毕生所学。他指出，"所有化学反应都是不可逆的过程"，它们遵循热力学定律——在生物学和物理学中也是如此。[43]那么，经济学又怎么可能置身于支配宇宙的这些基本定律之外呢？

---

① 坦纳讲座（Tanner Lecture），"坦纳人类价值讲座"的简称，是多所大学联合举办的人文系列讲座，由美国学者奥伯特·克拉克·坦纳（Obert Clark Tanner）于 1978 年在剑桥大学创立。——译者注

普利高津用下面这段话阐释热力学定律，也算是对经济学界的旁敲侧击：

> 我们对物质有了新的认识——物质不再像机械世界观中描述的那样是被动的，而是与自发活动相关联。这种变化是如此深刻，我相信我们人类可以与自然展开新的对话。[44]

普利高津指出：

> ……物质不变、永久存在的想法已经幻灭……（热力学条件下）引出一个物质的概念，视物质为主动活跃、处于一种连续的形成状态。这种观点明显偏离了经典物理学的描述，也不符合对力或场的变化的描述。破除牛顿创建的成规是重要的一步……但我相信，动力学和热力学的统一为重新描述物理系统的时间演化铺平了道路……我们现在克服了把时间视为幻觉并加以否认的诱惑。更进一步的是……时间将被创建出来。[45]

普利高津一生都在研究热力学定律和非平衡热力学定律，他得出的结论是，"所有这些理论构建都有一个共同点：它们表明我们试图操纵大自然的诸多限制"[46]。

经济学家对此不以为然。他们的假设是，如果相对不受约束，那么经济过程本身就会创造越来越多的财富，供资本家、劳动者和消费者分享。除了企业家们的创造性发明，没有任何其他因素可以限制财富的积累。

如果我们生活于其中的经济体系处于一个永恒的机械宇宙，我们靠掠夺大自然来维持消费，沉湎于发明新的技术来提高效率，目的是把自然资源转化为我们短暂的消费狂欢，眼里只有成本效益分析和增加收入……那么会产生什么后果呢?用热力学术语来说,在工业资本主义统治下的两个半世纪中,人类所获得的短期经济收益与随之而来的熵增的代价相比,显得既微小又短暂,但由此留下的印记和负外部性将对地球产生永久的影响。知道了这一点,我们应该如何重新定义"财富"这一概念呢?

第三章
真实世界：
自然资本

实际上，生命赖以延续的"真实财富"也是经济体系的支撑，没有它，我们人类和其他所有生物都无法生存。然而，经济学家和商界领袖们对此显然依旧置若罔闻，这也是负外部性产生的原因。

净初级生产量——植物生物量的生产——是植物在光合作用中吸收的二氧化碳减去呼吸作用消耗的二氧化碳后的剩余量。净初级生产量是所有财富的生产者，也是各物种生存所依赖的食物链的源泉。在过去的 20 万年里，人类一直靠地球的净初级生产量为生。然而，在过去两个世纪的工业时代进程中，我们人类收集了地球上越来越多的净初级生产量，将其转化为短期的生产性财富，从而大大增加了人口数量并延长了人均寿命。

在工业革命初期，地球上大约有 7 亿人。[1] 到 2000 年，地球上有超过 60 亿人口，占用了全球陆地净初级生产量的 24%。[2] 此外，目前的预测表明，随着人口的增加，人类占用的净初级生产量到 2050 年可能会超过 44%，而剩下的那 56% 将由居住在地球上的其他物种共享。[3]

但是，如果没有自然的基础资本——土壤，就不可能有净初级生产量。没有土壤，就没有植被，也就不会有光合作用。土壤的微环境非常复杂，它的原始材料是岩石。在很长一段时间内，岩石要经历由雨淋、风吹、温度变化、重力、地震和火山喷发引起的物理风化和自然侵蚀。经过足够长的时间，岩石会分解成越来越小的颗粒，最终变成沙子和沉积物。地衣与沙子和沉积物混合后，会把它们分解成更细小的颗粒。真菌、细菌、穴居昆虫和动物也助力将岩石降解为土壤。退化岩石中的矿物质是土壤的关键成分。

另一方面，植物在土壤中生长。动物吃植物并将粪便贡献给土壤。蠕虫和细菌分解植物残骸和动物粪便，为土壤增加养分。普通土壤样本的平均组成是 45% 的矿物质、25% 的水、25% 的空气和 5% 的有机质。仅在美国就有 7 万多种土壤。[4]

曾经的远大愿景：农业的绿色革命

地球表层土壤消失的部分原因，与植物遗传学和农业工业化带来的高效率直接相关，追求高效率催生了速生的高产品种作物、单一栽培技术、使用毒性更大的杀虫剂和除草剂、新的灌溉方法，以及每年可以收三季的作物（在此之前每年只收一季）。从 20 世纪 60 年代到 80 年代中期，在这些因素的共同作用下，农业产量获得极大的增加，特别是在印度、中国和东南亚，在非洲、美洲、欧洲和世界其他地方也有不同程度的增长。

这被称为"绿色革命"，是诺曼·博洛格（Norman Borlaug）博士的心血结晶，他后来因为减轻了发展中国家的饥饿问题而获得诺贝尔和平奖。然而，说一千道一万，重点是他的"丰功伟绩"的背后是一片退化的土壤，难以在短期内恢复，也无法及时修复来防止地球上许多地区发生严重的粮食短缺。

事情是这样的：曾经有那么一个雄心勃勃的计划，旨在大幅提高印度的农业生产效率，此后不久，这个计划的范围就扩展到整个东南亚，再后来非洲和其他发展中国家也被包括进来，目的是缓解日益严重的饥饿问题。这个计划由几部分组成，各部分相辅相成，目标是共同实现农业生产和产量的大飞跃。

第一个组成部分是推广种植新一代高产品种作物，可增加每英亩的产量。种子由布博洛博士研发，项目资金从1954年开始由福特基金会和洛克菲勒基金会提供。种子涵盖了发展中国家的主要粮食品种，例如水稻、小麦、玉米、大豆和马铃薯等基本作物。高产品种作物的种子对石化肥料反应较好，但需要大量灌溉才能成熟。高产品种作物对多种病虫害具有抵抗力，并且比同类植物的常规品种成熟得更快。

该计划的目标是在更短的时间内优化农业生产，提高效率，创造更多的利润和粮食储备，以养活世界上最贫穷国家的饥饿和不断增长的人口。不幸的是，高产品种作物种子产生的效率带来了沉重的环境代价，使得亚洲和其他农业地区更加贫困，耕地和土壤严重退化。

首先，高产品种作物种子价格更贵，发展中国家的贫困农民很难负担得起。高昂的初始资本投入限制了中小企业的参与，却鼓励了那些能够进行垂直整合的大型农业公司大举进入，夺得大片未使用土地的控制权，同时从农民手中收购较小地块并将它们整合进更大的生产区域。此外，因需要大规模投施石化肥料而使得成本更加高昂。精心设计的新型灌溉系统是生产集约化的一部分，它可以确保作物更快成熟。土壤湿度的增加吸引了更多的昆虫，这就需要使用更多的杀虫剂和除草剂。农业生产的加速也迫使企业投入更多的资金来购置拖拉机、脱粒机和旋耕机，建设更大的仓库来储存粮食，还要改善物流和运输能力以便更快地将粮食送往市场。

在亚洲"绿色革命"的前15年，水稻年产量从2.1%提高到2.9%。[5]在此期间，更多的土地被开垦，水稻产量进一步提高。然而，到20世纪80年代初期，"绿色革命"明显开始停滞甚至倒退，农作物产量不断下降。看来，出问题了。

下面就是问题所在。快速成熟的高产品种作物提高了农业生产效率，农民传统上每年只种植一季作物（土地在一年的剩余时间里休耕以恢复土壤养分），现在每年种植两季甚至三季作物。全年无休耕种意味着全年灌溉，导致田地浸涝和土壤大量流失。

据估计，仅在印度，每年就有 60 亿吨表层土壤被地表径流冲刷走。[6] 于是，土壤流失就需要投入更多的石化肥料来替代原生土壤；被浸泡的土地会吸引大量昆虫，这又需要更多的杀虫剂来防范虫害。用拖拉机犁地和使用联合收割机一年三次收割，进一步破坏了土壤中的微生物，降低了土壤肥力，令本已不堪重负的土地雪上加霜。这些多重干扰因素相互作用，把土壤系统数千年来进化演变形成的化学特性和生物特性破坏殆尽了。

由于追求效率而使用快速成熟的高产品种作物种子，用密密麻麻的灌溉网络刺激作物生长，最终导致土壤中的养分耗竭（也诞生了一个术语"养分剥离"）。当人们开始评估土壤被破坏的程度时，这些问题已经相当严重。当"养分剥离"这一术语与新型农业实践联系起来时，标志着"绿色革命"扩大化出现了一个转折点，发展中国家和发达国家的人们都开始重新思考如何对待未来的农业生产。

到 20 世纪 80 年代，产量数据开始显示"绿色革命"实验在全球范围内大规模失败。一度备受赞誉的"绿色革命"曾被认为预示着农业科学的一项重大科学进步，将极大地提高作物产量和农民收入，同时为饥饿的世界提供更便宜的食物，但它已经止步不前。来自东南亚和太平洋主要粮食产区（菲律宾中吕宋岛大区、泰国和印度尼西亚西爪哇岛）的农业数据显示，从 1980 年到 1989 年：

> 产量的增长率低于成本投入的增长率。在中吕宋大区，10 年间作物产量增加了 13%，而肥料用量增加了 21%，种子成本增加了 34%。在同一时期，泰国中部平原地区的作物产量增加

了 6.5%，而肥料用量增加了 24%，农药用量增加了 53%。同样，西爪哇岛的作物产量增加了 23%，而化肥用量增加了 65%，农药用量增加了 69%。

为了避免大家以为这些事情只发生在亚洲的发展中国家，或是问题只出现在水稻的生产中，我们应该再思考一下。当时在农业实践中发生的这些变化，现在在世界各主要农业生产区还在上演。

美国"忧思科学家联盟"对美国玉米种植带的"工业化农业的隐性成本"进行过评估。这些高产品种作物种子及配套的灌溉设施、石化肥料和杀虫剂的高投入，以及农作物的大规模单一种植，已经造成大规模的土壤流失，所带来的负外部性威胁着美国农业带的存续和美国经济的安全。[7]

就像越来越多的关于全球农业状况的报告一样，"忧思科学家联盟"认为应该将责任归咎于科学效率的提高。

从 20 世纪中叶开始，工业化农业就被当作一种科技奇迹向公众兜售。我们看到的宣传是，它的高效率足以使粮食产量跟上全球人口快速增长的步伐，而其规模经济可以确保农业仍然是一项有利可图的生意。但很多时候，这类故事有意或无意地漏掉了一项重要的东西：价格标签。事实上，工业化的粮食和农业系统让我们付出了更高昂的成本，其中大部分成本由纳税人、农村社区、农民、其他商业部门和我们的子孙后代来承担。当把这些"外部性"计算在内时，我们会发现，由这个系统为我们提供所需的食物既不划算也不健康，更不可持续。[8]

一度前途无限的"绿色革命"——被认为是人类的巨大希望——

令地球表层土壤流失到了危险的境地，也导致规模空前的全球饥荒的可能前景，这一系列意外的失误可以被称为"堆积效应"。特别让人惊讶的是，"绿色革命"的每个组成环节都会成倍地放大其他环节的效应，以一种级联式的正反馈循环创造出新的意想不到的负外部效应。

不管乐意不乐意，我们每个人都被拖进了一个庞大的生物课堂而且难以脱身，我们在那里学到的教训是，在我们生活的自然世界中，我们的每一个行为，无论多么微不足道，都需要做出一些改变。任何人都不是完全自主或自治的，而是与周围世界建立了索取和共生关系的代理人。我们做每件事的效率都越来越高，这又增加了我们的生态足迹和熵值账单。唯一的问题是，我们选择践踏地球的脚步会有多轻。

可以预期的是，我们的效率越高，负外部性和正反馈循环就越多。大多数人始终持有这样一个简单的观点，即市场上的商品或服务交换仅影响到参与的买卖双方，几乎或根本不会产生明显的带有扩散性的熵效应，并在整个过程中引发其他的负外部性。这种观点太天真了。

这并不是说正外部性不能在各种交易行为中产生涟漪效应，但热力学定律和非平衡热力学定律是一个严厉的"监工"。即使是正外部性也带有熵尾，在它们传递的过程中肯定会在某个地方造成负外部性。

小心"协同蔓延"

显然，我们开始明白了。一个新的术语出现了，它捕捉到了人类对生活在一个受热力学定律支配的世界的新认知。这个词就是"协同蔓延"，它是由康涅狄格大学的医学人类学家莫瑞·辛格（Merrill

Singer）在20世纪80年代中期提出来的，用来描述流行病的影响如何相互交织重叠并产生正反馈和螺旋式的负外部性。2017年，世界上历史最悠久的同行评审医学期刊之一《柳叶刀》发表了一系列报告，广泛且详细地介绍了这个术语。2019年，《柳叶刀》发表了一篇文章，题为《肥胖、营养不良和气候变化的全球协同蔓延》。[9]

在这篇文章中，作者对伴随文明的三大全球流行病——肥胖、营养不良和气候变化——进行了分析，解释了每一种流行病如何相互竞争、相互影响，并使我们陷入一个恶性循环，就像"绿色革命"遭遇的那样。有趣的是，"绿色革命"的负外部性实际上在新的超级协同蔓延中发挥了主要作用。

《柳叶刀》认为，肥胖、营养不良和气候变化三者结合"构成了流行病的协同蔓延或'协同作用'，因为它们发生的时间和地点重合，于是会相互作用产生复杂的后遗症，并且它们具有共同的潜在社会驱动因素"。[10] 半个世纪前，肥胖还是鲜为人知的边缘问题，如今它已经无处不在，成为人类健康的主要威胁——至少在新冠肺炎疫情来袭之前是这样。到2015年，全球有20亿人被认定为肥胖。这种疾病每年导致400万人死亡、损失1.2亿失能调整生命年①。[11] 同样令人震惊的是，因肥胖导致的损失估计已跃升至相当于全球GDP的2.8%。[12] 再加上肥胖导致的心血管疾病、肺病和糖尿病……损失统计可谓"爆表"。

这种疾病的暴发点可以追溯到20世纪50年代农业向以石化肥料为基础转型、60年代"绿色革命"和高产品种作物的盛行，以及90年代末转基因作物的出现。石化农业占所有温室气体排放量的23%以上，正如《柳叶刀》中的文章指出的那样，如果算上运输、物流和废物管理等食品系统的下游部分，食品和农业将占全球变暖的

---

① 失能调整生命年指从发病到死亡所损失的全部健康年。——编者注

排放中的 29%。[13]

此外，温室气体的排放导致全球变暖，气温每升高 1 摄氏度，空气的保水能力就增加约 7%，导致降水会更加集中，并产生更多的极端气候事件：冬季出现极低的气温和大量降雪；春季爆发毁灭性的洪灾；夏季出现长期干旱和可怕的山火；秋季出现致命的三级、四级甚至五级飓风，造成前所未有的生命和财产损失，以及生态系统的破坏。[14]

自上次冰期结束以来，11700 年里，地球生物群落与可预测的水文循环同步发展，但现在的地球生物群落已经滞后于失控的驱动地球水文循环的指数曲线，眼下它们正在崩溃。[15]

石化农业还会引发额外的负外部效应，这些负外部效应很少被考虑到，但影响巨大。在日益恶化的土壤基层施用石化肥料、杀虫剂及除草剂，正灭杀植物健康生长所必需的营养成分。这就引发了"协同蔓延"。农作物中不断降低的营养价值被转移到各种食品中，供地球上近 80 亿人食用。这意味着我们一辈子都没能摄取足够的营养来维持健康的身体机能。联合国粮食及农业组织的座右铭"健康的土壤是健康食品生产的基础"[16]恰是对此的最好注解。

工业化的农业运行与其他工业部门一样，首要目标是提高整个价值链的效率。在这种情况下，农业部门所做的就是栽培单一品种作物，大量使用石化肥料以加快植物的生长进程，生产和销售低营养和高度加工的食品（这些食品将保证有较长的货架时间，以便被运送到全球各地，并且库存时间更长）。加工食品"热量、脂肪、甜味剂和其他碳水化合物含量高"，被数十亿人食用，引发全球的肥胖失控，继而导致罹患心脏病、糖尿病和其他威及生命的疾病的人数增加。[17]

饮食结构的变化对数十亿人的健康和福祉产生了巨大影响，特别是那些患有与肥胖相关、危及生命的疾病的人士。何以至此？一切都要从少数几家控制全球食品行业的跨国公司说起——它们只顾着提高整个价值链的效率和增加收入,而且这种做法被日益合理化。塔夫茨大学弗里德曼营养科学与政策学院食品政策与国际商务学名誉教授詹姆斯·蒂洛森(James Tillotson)对此做了总结,他指出:"这里有一整套旨在提高农业效率的制度。"[18]

精加工的食品(热量高但营养不足)更便宜,主要被低收入和中等收入家庭购买和消费。这些家庭的孩子往往从出生开始就已经有天生的新陈代谢问题,因为他们的父母就有肥胖问题。

萨塞克斯大学经济学教授彼得·多尔顿(Peter Dolton)博士在《经济学与人类生物学》杂志上发表的一项研究称,"代际遗传机制既是一个生物过程……也是共享环境的过程……我们发现家庭和家族相关基因组成的共同影响,约占儿童体重指数(BMI)的35%~40%"。[19]让肥胖的遗传倾向一代又一代人地传递下去对食品加工业而言是一个营销梦想,这样就可以确保他们的产品线有强大的消费者基础,但不幸的是,这种遗传的负外部性使后代的健康状况不断恶化。

随着"快餐"的发明,食品行业的效率加速提升,使一代又一代的消费者习惯于食用营养含量很低的加工食品。这些所谓"爽口舒心"的食品和饮料中添加了大量的高果糖玉米糖浆、糖和脂肪,结果让一代人一生都沉迷于这种饮食,而它们肯定会威胁到健康并产生不菲的医疗账单。快餐文化将合理化和高效率的过程带入了食物制备和消费的核心,同时也让公众沉迷于既容易发胖又缺乏营养的饮食。

快餐店偏爱加工食品,很少供应新鲜水果和蔬菜。这一切都是围绕"效率"设计的。毕竟,与加工食品相比,新鲜水果和蔬菜的保质期比较短。水果和蔬菜需要专门的物流系统,以保障及时供应和出售,而加工食品由于保质期较长,企业不需要投入那么多精力。

美国农业部发现,家庭之外的食物在"每日平均能量摄入总量中的占比从 1977—1978 年的 17% 增加到 2011—2012 年的 34%，快餐店售出的食物是这种增长的最主要来源"。[20] 美国农业部的结论是，非家庭自制的食物"含有更多的饱和脂肪和钠，但缺乏钙、铁和纤维素"。[21] 尽管如此，"高效饮食"已作为一种愉悦的体验被兜售给公众。

《柳叶刀》上发表的那篇对肥胖、营养不良和气候变化出现协同蔓延的研究虽然新颖细致，但并未涉及其他负外部性因素——那些乍一看似乎毫不相关的因素。最近几个月，有研究发现，新冠肺炎疫情大流行与肥胖、营养不良和气候变化也存在共生关系，这让科学界和医学界惊诧不已。新冠肺炎疫情的相关数据显示，在最容易感染病毒、死亡率最高的人群中不乏长期肥胖者，这部分人大多也患有糖尿病、心脏病和肺病，这与出生在"绿色革命"和随后的农业生物技术革命期间、受到全球食品行业青睐的人恰是同一批。

许多负外部性是难以预料的，例如抗生素、肥胖和新冠肺炎疫情大流行之间的关系。抗生素是 20 世纪的神药之一，挽救了数百万的生命。我姐姐和我是美国最早一批接受青霉素治疗的婴儿。我们出生于 1945 年 1 月，都是早产儿，每个人的体重都不到 2.5 磅①，大家都以为我们活不下来。青霉素救了我们的命。

二战后，抗生素开始被大规模使用，首先是在美国，之后是在几乎所有地方。目前有超过 100 种抗生素用于治疗细菌感染。医学界担心的是，由于过度使用，许多抗生素已经不再有效。细菌已经成功变异并对药物产生了抗药性。

根据美国疾病控制和预防中心的数据，美国每年开出 4700 万张抗生素处方，用于治疗本不需要抗生素的感染，或者仅仅是为了预防感染。[22] 兽医和农业中也存在类似的过度使用抗生素的情况。美国疾病控制和预防中心称："美国每年有超过 280 万例抗生素

---

① 1 磅约为 0.45 千克。——编者注

耐药性感染。"[23] 在全球范围内，每年大约有 70 万人死于耐药性疾病。[24]

世界银行警告说，耐药细菌感染可能是下一个大流行病，"对全球经济造成的损失可能与 2008 年金融危机相当"。[25] 在 2017 年发表的一篇题为《耐药性感染：对我们未来经济的威胁》的研究文章中，研究人员报告说，抗生素耐药性（AMR）导致患者住院时间延长和死亡率增加。到 2050 年，全球发达国家的 GDP 可能会因此下降 3.8%，而低收入国家的 GDP 会下降 5% 甚至更多；[26] 全球贸易总额可能会下降 3.8%，而医疗保健成本可能会达到每年 1.2 万亿美元。[27]

新冠病毒引起的肺部疾病令医疗机构惶恐不安。根据美国国立卫生研究院的安东尼·福奇博士的说法，在 1918—1920 年的西班牙流感大流行中，大多数死亡病例不是由病毒本身引起的，而是由肺部继发的细菌性感染导致的肺炎引起的。[28] 令人担忧的是，在全球范围内使用抗生素治疗由新冠病毒引起的肺部继发细菌感染（这与当年西班牙流感疫情出现时的情况一样），可能会加速耐药菌株的突变，使现有的抗生素统统失效，那对人类来说将是灾难性的后果。

我们在衡量收益和成本时过分简化了有限的因果关系的概念，虽然这看起来是善意的，但可能会引发一场长周期的、相互影响、相互作用的负外部性风暴。

我们是"化石燃料人"

从更深的层次来说，整个"进步时代"这一表述其实不太恰当，但直到最近它才被隐藏起来。可以毫不夸张地说，当今时代就是化石燃料时代。如果我们这个物种熬过了地球历史的这一刻，那么我们的后代也只能通过地质记录中剩余的碳足迹来了解我们。正如我们把远古的祖先称为石器时代的人、青铜器时代的人、铁器时代的人一样，我们的子孙后代会把我们称为"碳时代的人"。

虽然我们通常将化石燃料与为车辆提供动力、为我们的家和工作场所供暖、发电，以及用于合成肥料和杀虫剂的能源联系在一起，但实际上它们也提供热量来生产我们的经济发展所必需的材料，例如钢铁。我们在无数产品中都能找到化石燃料的踪迹，例如建材、塑料、包装、药品、食品添加剂和防腐剂、润滑剂、合成橡胶、合成面料、化妆品、清洁剂、家具及电子产品。

我们的大部分经济活动或者由化石燃料构成，或者借助化石燃料转化和驱动。进入我们身体、家庭、企业、办公室和工厂的物质，在很大程度上是由化石燃料介导或组成的。

石化农业、绿色革命和生物技术农业造成的负外部性和协同蔓延效应具有很强的破坏性，并非一次性的。全球经济的每个行业和部门都有相似经历。尽管这些负外部性在程度上有所不同，但在性质上是一样的。

以全球时尚产业为例。当我们思考谁是全球温室气体排放和对其他影响地球环境的负外部性负有责任的最大污染者时，全球时尚产业直到最近都没有引起足够的注意，不仅如此，它还获得了我们的默许。这种情况不会再继续了。这个行业产生的温室气体排放量占了全球总排放量的10%，比国际航班和海运的排放总量还要多。它也是水污染的第二大罪魁祸首。[29]

时尚产业的巨大碳足迹和水足迹与该行业不断提高的生产效率以及精明的广告和营销活动有关，这些活动试图说服消费者扔掉上一季购买的服装并购买新品，以紧跟每一季的时尚。大部分的效率提升，来自把部分生产过程外包给环境法规松懈或根本没有环境法规的发展中国家，这些国家的劳动力只能获得勉强维持生计的工资，并在安全条件不达标的工厂中工作，就像狄更斯的小说里描写的那样。

效率的提高极大降低了服装成本并增加了消费者的购买量。2020 年，欧盟的消费者平均购买了更多的服装和鞋类产品，但与 10 年前相比，支出却降低了。在美国，普通消费者平均每 5.5 天就要购买一件衣服。[30] 难怪与 15 年前相比，一件衣服的使用寿命大幅缩短了 36%。[31] 时尚产业预测，"如果人口数量和人们的生活模式保持现状，那么在 10 年内，全球服装消费量将从 2019 年的 6200 万吨增加到 1.2 亿吨"。[32]

更多的购买和更多的使用，意味着更多的浪费。纺织行业每年要产生 9200 万吨废物。据估计，仅在服装制造过程中，面料的浪费就有 25%~30%。[33] 仅在欧盟，每一季就会有超过 1/3 的服装因卖不出去而被丢弃。加上在制造过程中磨损、丢弃和浪费的纺织品，时装行业每年产生的垃圾占向全球环境排放的所有混合废物的 22%（只有不到 15% 的纺织废物被回收）。[34]

纺织品制造商在生产过程中用到的化学品有 2500 多种。一项研究发现，其中 10% 的化学品"对人类健康有很大的潜在影响"。最后，时装行业每年要用掉大约 44 万亿升水，约占全球所有灌溉用水的 3%。[35]

在工业时代的大部分时间里，化石燃料非常便宜，以至我们很少关注它们对提高效率的重要性。如前文所述，尽管经济学家把能源当作与时间、资本和劳动力同等重要的决定效率的主要投入，但是企业在确定生产效率时通常会忽略它（工程师除外），因为它实在太便宜了。企业几乎只关注资本和劳动力在提高效率方面的成本和效益。

事后看来，他们显然太天真了，经济学家表现尤甚。几乎没有人在文献中哪怕是轻描淡写地提到和承认这样一个简单的事实，即工业时代的大多数人力资本是财富的存储形式，这种财富是由化石燃料以某种方式产生或转化而来的，并确保每一个工人的生存和健康。

21世纪的头10年里,世界石油市场价格突然上涨,我们才深刻意识到文明与化石能源紧密交织在一起的现实。在20世纪60年代,石油的售价仅为每桶3美元。1973年欧佩克暂停石油出口,石油的价格开始间歇性上涨。在21世纪的头10年里,石油价格持续飙升,并在2008年7月达到每桶147美元的历史最高水平。

当石油价格超过每桶100美元时,全球经济开始下滑,因为我们生产制造的很多东西都是来自石油或者依靠石油进行运输的。当油价达到每桶147美元的上限时,全球经济陷入停滞,因为我们的经济中几乎所有商品和服务的价格都与化石燃料有着内在联系。

2008年7月是以化石能源为基础的工业时代结束的起点。那是一场大地震,人类社会至今还未完全恢复。深陷次级抵押贷款泥潭(类似于一个巨大的庞氏骗局)的金融市场最终崩溃,这只是余震。当处于核心的化石燃料经济波及经济生活的各个角落时,靠贷款操纵的虚假经济难以为继。

全球的商界、政府,当然还有我们的经济学家,都还没有充分地认识到,如果我们不是把远古地质时期的化石燃料开采出来并进行转化,效率和生产力的飞速提升是不可能实现的,更不用说积累前所未有的物质财富了。从石炭纪开始就埋藏于地下的有界能源储备是极其有限的,然而我们在不到200年的时间里就将之消耗殆尽了。虽然我们创造了"进步时代",但另一方面,我们却欠下了熵债,它正以全球变暖的形式威胁着地球上所有生命的未来。

由于市场均衡理论存在缺陷,同时合理化过程(这种过程将效率置于至高无上的地位)一直拒绝承认负外部性对热力学的影响,因此我们需要对经济学进行彻底的反思,更重要的是,重新思考人的能动性。然而,这种重新思考首先需要我们掌握感知时间和空间概念的方式。

不可否认,我们长期以来对时间和空间的看法似乎与我们所处的危机互不相干。然而，重新评估我们理解和知晓人类意识中的这些原始坐标的方式，能够将我们从合理性和效率的毒酒（说得好听点就是"进步时代"）中解脱出来，并帮助我们找到一种更具适应性和更富有同理心的生活方式，这更加适合即将到来的"韧性时代"。重新思考我们在时间和空间中的存在，可能是我们改变思路，学习如何在不可预测的、再野化中的地球上生存下去的最后和最好机会。

第二部分

地球财产化和劳动力贫困化

第四章

大颠覆：
地球的时空闭合

1844 年 5 月 24 日，美国国会议员齐聚一堂，一同见证了一个非凡、特别的事件。几年前，国会同意资助美国发明家塞缪尔·F. B. 莫尔斯（Samuel F. B. Morse）开发一种设备。莫尔斯承诺，他可以对电报进行完善，利用电流将纸带上的编码信息瞬间发送到 40 英里①以外的地方，并在几秒钟内收到编码的回复。这在以前简直难以想象。[1]

莫尔斯向身处 40 英里外的巴尔的摩火车站的助手阿尔弗雷德·韦伊（Alfred Veil）发送了一条消息，并要求他回复。几秒钟后，美国国会大厦收到了回复。返回的信息是："上帝创造了何等的奇迹！"那一刻标志着信息的传递不再有空间距离，所需的时间也被压缩到接近零；同时，它还标志着电子时代的开始。回复的那句电文引自《圣经·民数记》，用来形容这一时刻贴切有加。

我们不禁又想到《圣经·创世记》里的记载，上帝在创造世界时说"要有光"，于是在那一瞬间，"就有了光"，堪称完美的效率。莫尔斯几乎在一瞬间就完成了远程通信，这让国会议员们心生敬畏，也

---

① 1 英里约为 1.6 千米。——编者注

让人联想到之前只有上帝能做到的那种效率。

我们是如何走到这一历史转折点的？我们又是如何从根本上改变了对时间和空间的概念的？故事还要从 14 世纪中世纪欧洲的两个发明说起，有了这两个发明，人类才步入了现代。第一个发明是机械时钟，以及本笃会修士在日常礼拜仪式中严格的时间安排。第二个发明是意大利文艺复兴时期的艺术家在绘画中使用的线性透视法。

机械时钟和艺术中的线性透视法：不经意间改变了历史

本笃会是由意大利人本笃于公元 529 年在卡西诺山创立的天主教隐修院修会。本笃会提倡进行繁重的体力劳动，并要求严格遵守教规。本笃会坚信的基本原则是"懒惰是灵魂的敌人"。本笃会会士认为，持续不断的体力劳动是一种忏悔方式，也是获得永恒救赎的途径。本笃教宗告诫他的弟兄们："如果我们想逃离地狱的痛苦并获得永生，就必须尽快做那些对我们有益的事，时不我待啊。"[2]

本笃会是最早将不停流逝的时间视为"稀缺资源"的，因为他们认为时间属于上帝，必须充分利用才能表达对上帝的敬意。为此，每分每秒都要被用在有组织的活动中，祷告、劳动、吃饭、读书、洗澡和睡觉都有规定的时间。[3]

为了确保所有的会士都能一致遵守规定的仪式和活动，本笃会重新引入了在罗马沦陷后实际上已被弃用的罗马小时。确切地说，他们一天之中的每项活动都被分配了一个合适的时间，为了确保每个人都准时出现，在每项活动开始前，他们会用钟声来提示，其中最重要的是每天 8 次的日祷钟声。就连最普通的日常活动也会在指定的几周甚至某个季节内被安排一个时间段去做，包括剃头、填充床垫和放血等。没有计划外的时间。

本笃会会士可能是历史上第一批通过现代所谓的"时间表"来合

理安排时间的人。因此，他们通常被视为"西方文明的第一批'专业人士'"。⁴ 日常活动的每个环节都环环相扣，整个群体步调一致，每个会士都被赋予一个特定的角色，后来的历史学家并没有忽视本笃会的这些特点。社会学家伊维塔·泽鲁巴维尔（Eviatar Zerubavel）说，本笃会"为人类企业注入了这台机器有规律的集体律动和节奏"。⁵

尽管本笃会对准时有着执拗的狂热，但它还是面临着敲钟人未必总是可靠的问题。解决问题的方法出现在大约 1300 年——机械时钟被发明了，它是靠一种称为"擒纵机构"的装置运行的自动化机器，可以"有规律地中断落锤的力"，控制能量的释放和齿轮的运动。⁶ 新装置使本笃会会士能够将工作时长标准化，这样他们就可以精确地安排日常活动，并且更加可靠地监督他们的工作。

这项技术奇迹卓越非凡，以至"时钟"这个词很快从修道院传到了城市社区。时钟成了每个城市广场的中心装饰品和人们日常商业、社会生活的协调器。不论是商业活动还是普通生活都变得越来越高效，不仅要求更准时，还要求更精确。1577 年，分针问世，不久之后，秒针也出现了。⁷ 校准时间变成了一种爱好和消遣。随着工业时代的崛起和资本主义市场的繁荣，"时间就是金钱"成为人们新的信条。到了 18 世纪 90 年代，曾经是稀罕物和奢侈品的钟表，成了每个家庭都买得起的必需品，甚至连工人都开始佩戴怀表了。

在乔纳森·斯威夫特的《格列佛游记》中，小人国的智者向皇帝报告说，被他们捆住的巨人不停地伸手掏口袋，掏出一个闪闪发光的物体，它不停地发出像风车一样的噪声，而且巨人总是把"这个发动机放在耳边"。他们的猜测是：

> 这个东西要么是某种未知的动物，要么是巨人所崇拜的神；但我们更倾向于后一种意见，因为他向我们保证过……他不会在

不参考它的情况下做任何事情。[8]

时钟和怀表逐步改变着人们靠日出而作、日落而息所获得的自然时间观念，转而把时间跟工厂车间的机器时间的稳定节拍联系起来。对工厂生产系统做出调整要求准确无误地同步所有生产活动，可谓是通往"超级效率"的文明之路的里程碑。

应该指出的是，本笃会的初衷并非看到自己的发明被用来提高世俗生活的效率，因为这最终会削弱中世纪基督教世界的神学世界观。从此以后，时间本身就会被视为标准的可衡量单位，它在平行宇宙中运行，不受地球节奏的影响。它会附属于一种机械的幻想，人们利用它不断提升效率来加紧对整个自然世界的索取和消耗——一切皆以"经济发展"为名。在"摩登时代"的最后几十年里，这些影响会带来空前的浩劫。

仅一个世纪之后，佛罗伦萨的建筑师兼艺术家菲利波·布鲁内莱斯基（Filippo Brunelleschi）成为第一个使用线性透视法绘画的欧洲人。其他艺术家迅速效仿。应用于艺术的线性透视法成为一种工具，改变了人们认识空间的方法。这是人类关于空间定向的转折点，激发了科学方法的诞生和空间的数学化，并为现代制图提供了相应的工具和技术。人们就是靠这样的手段在地球上进行圈地并将其私有化。

在封建时代的欧洲，地方很重要，而空置空间的想法是不可想象的。在基督教世界中，信徒们认为在神的国度里，按照上帝造世的递升次序，每一个地方都有相应的主人，这个递升的阶梯从最低层生物——那些"在地面上爬行"的卑微生物开始，然后是人类、天使和处于无上位置的上帝。神的国度丰富而富庶，没有任何空间空白。上帝何必给他的杰作留下一个有待填补的真空呢？哈佛大学历史与地理学教授阿尔弗雷德·W. 克罗斯比（Alfred W. Crosby）对此说得

好:"对拒绝承认可能存在真空的人来说,空白显得既不真实也缺了自治。"⁹

在组成"伟大的存在之链"的阶梯上,亚当和夏娃的后代们被置于紧挨着天使的高位,他们的眼睛总是向上注视着天堂。这个堕落的世界,只被人们看作是等待升入天堂、获得永生之前的短暂停留之所,因此,人们几乎没有理由朝地平线的方向看去。

当美国游客游览欧洲时,往往在看到伟大的中世纪教堂后而心生倦怠。游客们期待既能从远处捕捉到教堂的庄严巍峨,也可以在近处"注视"它在空间上的气势磅礴,结果却失望地发现,它被嵌在中世纪和现代居所构成的密密麻麻的同心圆当中,他们被各种建筑挡住了视线。那是因为在封建时代的欧洲,城门之外的空旷地平线和周边的田野潜伏着未知的危险,所以,越靠近教堂,人们越觉得接近上帝的怀抱,也就越能产生集体安全感。一走进雄伟的教堂大门,人们立刻会抬头把目光投向拱顶,望向上天——那是永生等待着他们的地方。

至于装饰在大教堂墙壁上的绘画和挂毯,那都是用一个平面来描绘上帝造物的过程,所有的生命形式都按照众生序列徐徐上升飘向天堂。在参观者的眼中,这些画显得梦幻而幼稚。它们虽然很漂亮,但缺乏深度——没有透视效果。它们看起来缺乏"真实感"。

布鲁内莱斯基彻底摒弃了教堂原有的画风,使用线性透视法在在建教堂的大门上描绘佛罗伦萨洗礼堂。线性透视法通过使用一个"灭点"(所有与视线平行的线条都会汇聚到这个点上)把景深投射到地平线上,从而产生三维的视觉效果。¹⁰ 他的绘画方法引发了世界历史上一场革命性的转变,改变了人类对空间及与其关系的真正感知方式。米开朗琪罗、达·芬奇、拉斐尔和多那太罗很快就在画布上进行了实践,画下了他们自己的透视法杰作。

艺术家马萨乔是文艺复兴时期第一位熟练掌握透视法及其规则并

加以运用的人。他的画有空间感，画中的建筑和风景与肉眼能够感受到的视觉效果一样，向远处退去。艺术史学家将这种新的艺术风格称为"现实主义"。

试着想象一下这个在艺术上的简单改进所释放出的巨大能量。以前，未受过教育和不识字的大众只能通过宏伟的教堂里的装饰画作来了解现实存在。那是他们唯一的教室。长期以来，人们的信仰一直靠观看描绘着拥挤的人群——一群信徒——焦急地等待着基督回归地球、等待着升到天堂得到永远的救赎的绘画作品得到满足。但从现在起，他们将调整观赏绘画作品的视线，将目光投向远方的地平线，那里的大部分空间还是空白的，等待着人们对其进行改造。

绘画艺术使用透视法改变人们的意识和认知，这也许是它最具变革性的意义。它让后人得以从"观察者的眼睛"这一视角来看待世界。一个人视线中的一切都变成了一个潜在的"对象"，人们可以对其进行评估、测量、捕捉、效仿和私有化。

以超然的观察者的身份看待世界，就是将自我从周围的纷扰中解脱出来，扮演一个窥视者的角色。文艺复兴时期的许多绘画大师都画过一个从窗口眺望远处的孤独的观察者，这并非巧合。在意大利和后来的北欧文艺复兴时期，自主自我这一概念得到了迅速发展。

在绘画中应用线性透视法的早期艺术家有许多也是建筑师，他们也利用透视法绘制建筑图纸。画家们在艺术作品中总结出的经验被引入了数学领域，并促进了射影几何学的发展。

现代科学之父伽利略的全部科学追求，就是把从艺术家和建筑师那里学到的知识应用到数学投影法上。伽利略出生于 1564 年的佛罗伦萨近郊，后来他在那里从事数学研究，其间接触到了艺术作品中的透视法。可以想见，当时不论是在意大利还是德国，数学家们都热衷于利用透视法推进学科的进展。毕竟，这两个领域都是关于测量和计算的。现代科学当时正处于这种成长期，艺术家、建筑师和数学家之间频繁交流，他们都在应用透视法和几何研究方面的经验成果。

伽利略自己当时有成为一名艺术家的想法，也渴望成为美第奇家族的御用艺术家。像笛卡儿一样，伽利略也为将数学引入科学做出了贡献，将科学探索的问题转化为对可观察现象的数学测量，其中的方法沿用至今。伽利略在其 1623 年出版的《试金者》一书中写道：

> 哲学就写在宇宙这本宏大的书中，它不断向我们的"凝视"开放。但是，我们除非首先学会理解它的语言并能读懂组成它的词语，否则无法读懂这本书。它是用数学语言写成的，它的字符是三角形、圆形和其他几何图形，没有这些字符，人类甚至无法理解一个单一的字；没有这些字符，人们就会在黑暗的迷宫中徘徊。[11]

柏林自由大学环境政策研究中心主任菲利普·H. 勒佩尼斯（Philipp Lepenies）观察到，伽利略在其科学观察中经常使用"凝视"一词，这可以追溯到线性透视法在艺术中开始得到广泛应用的时候。像艺术家一样，科学家也是超然的观察者，凝视着他们的观察对象，然后使用数学作为测量手段来将被研究的现象客观化并加以了解。[12]

"客观"意味着超然和理性。在 500 多年的历史中，这个词无论是在下里巴人的流行文化里，还是在阳春白雪的科学殿堂中，都受到了追捧。通常，我们提到客观，也就意味着我们每个人都是一个凝视周围世界的自我的代理人，只有把世界客观化并征服它，才能保障我们的自我。

线性透视法在艺术领域的转变不只是关于更写实地绘画，或者是推动几何学和数学的发展，把科学方法上升为发现世界所有真相的黄金标准。在更深的层次上，视野的提升以听觉的退化为代价。我们已经习惯了"眼见为实"，很难想象在早期文化中，口述在验证现实世界中的地位其实更为突出。在封建时代的欧洲，口头文化依然占统治地位，学徒通过师傅的口耳相传来学习知识。再比如，合同也大多是通过口头协议来达成的。

当视觉被剥离和取消时，听觉就取而代之，成为我们最为依赖的感知方式。我们的生活就是被声音环绕和包围的。口头文化具有地域性。至少在 20 世纪以前，旅行者造访传统社会时，经常会注意到人们彼此依偎得很近，而且这种亲密总是伴随着交谈。对西方观察者来说，这种表达方式带有侵犯性，不尊重彼此的空间和个性。但他们没有注意到的是，口头文化具有深入的参与性和共享性——原因很简单，口头交流的空间有限。

沉默交流：一种新的社会化方法

如果说本笃会的日程安排和时钟锁定了时间，艺术中的透视法加速了人类征服和圈住空间的进程，那么印刷术的发明在封闭时间和空间方面具有同样革命性的作用，就像 19 世纪末电话的发明和 20 世纪末互联网的发明一样。印刷术在提升整个欧洲乃至全世界民众的识字率方面发挥了至关重要的作用。它让数以百万计相距遥远的人克服了时间和空间的距离，可以在书里默默地分享、交流。与口头文化相比，通过书上的文字进行学习是一种更加孤独的、耗费脑力的体验。阅读是一种私密活动。口头交流转瞬即逝，但印刷品却是永恒存在的，人们可以牢牢把握住文字和思想，将它们存储起来，需要时回去找到参考。在口头文化中，交流只能存储在人的记忆中，而人的记忆是有限的。这也是为什么口头文化需要依靠助记符和韵律来帮助人们记忆。

印刷术用其他新颖的方式锻炼了人的大脑,特别是培养了人的反思能力。读者可以回想甚至翻看读过的书页来重温信息,打开人类的想象力,以全新的方式思考。

印刷术还创造了独立作者这一概念——一种将自己的话以版权的形式转化为财产的能力。在较早的历史时期,将话语宣称为财产是荒诞无稽的。前现代哲学家并不认为他们的所思是"原创思想",他们认为这些想法通常是心生敬畏之时的所感,或是上天通过梦境传来的"启示"。相比之下,作者这一身份强化了自主自我的信念——每个人都是他与别人交流所采用的独特方式的所有者。

商业生活也同样被印刷术改变了。封建时代的簿记主要依靠口头协议。有限的空间范围意味着商业代理人通常在本地做生意,首先依靠的是彼此熟悉。就算是保留几张书面记录,人们也不太信任,分类账簿上的数字和条款要向大家大声读出来以确保其真实性。"审计"这个词已经存在了几个世纪,听起来就是源自那种更早期的、更加口头的文化。在《路加福音》中,米兰的安布罗斯告诫说:"眼见为虚,所听为实。"[13]① 今天,我们把文字记录当作"福音"来相信。

书籍可以捕捉并凝固时间。每一本书都带有一种永恒的光辉。即使在电子时代的今天,如果有人撕毁一本书或将其扔进垃圾桶,大多数人依然会对这种行为感到震惊。时间被凝固在书页的空间里,就像一张照片可以定格19世纪的时间一样。印刷品给人们带来的意识变

---

① 原文为 In the Gospel of Luke, Ambrose of Milan cautioned that "sight is often deceiving, hearing serves as a guarantee.",但《圣经》里并无此记述。——译者注

化，将决定科学家和经济学家在他们各自领域锁住时间和主张空间的方式。

我们经常听到"科学的观点""经济的观点""心理学的观点"等无聊的术语。我们只是下意识地觉得，"观点"这个词被赋予了真理，也是"想象"真实的唯一途径——看待事物的"唯一"方式。在当今时代，那种现实和真实的口述感已经被边缘化了。

印刷革命对推动人类横跨大洋探索和发现、圈占新空间的大浪潮举足轻重。印刷地图可以标注新发现的海洋贸易路线，用标准化的方式描述海岸线和陆地，为海员更精确地导航。从 16 世纪开始，标准化的地图大大提高了海洋旅行、新土地殖民化和商业贸易的效率。

印刷品也进一步推动了新的国家观念的形成。如果没有一种共同的语言将公民联系在一起并形成一个社会大家庭，民族国家的概念就不可能诞生。想想看，在法国大革命前夜，在我们现在称为"法国"的地方，只有 50% 的人口讲法语。[14] 1861 年意大利统一时，只有 2.5% 的人口说标准的意大利语。[15] 据说，皮埃蒙特大区总理曾宣称"我们创造了意大利，现在我们必须培养意大利人"。[16]

印刷商的出现犹如及时雨。他们急于通过批量发行书籍来提高效率、增加销售额和收入，但实际上却受到当地数百种语言和方言的阻碍，市场太小，无法保证出版的书籍能获利。为了改变这种境况并建立更有效的营销手段，印刷商开始把一个地区使用的各种方言的元素综合起来，然后制定标准化的语法，形成单一的白话语言，它通常是该地区占主导地位的语言，也确保了新兴的民族国家把它作为官方语言。

接受同一种语言带来了附加价值，那就是建立起了国家认同感。每个人开始将彼此视为大家庭的成员，坚守对国家的共同忠心。将每个民族国家的口语和书面语言减到只剩一种，也极大地提高了商业、社会生活和政府治理的效率。

采煤和放蒸汽

紧随印刷革命之后的是同样意义深远的能源革命和运输革命。整个欧洲的林地急剧减少，给农业、畜牧业和城市发展让出了更多的空间，也导致了一场大陆能源危机。毕竟，在工业革命之前，森林是欧洲社会能源和建筑材料的主要来源。英国人在采煤过程中发现了一种木材的替代品。问题在于，煤矿开采到特定深度时就会达到地下水位，而排除积水成为将煤炭运到地面的一个障碍。

1698年，托马斯·萨弗里发明了蒸汽泵并申请了专利，为欧洲人开采煤矿时遇到的困难提供了解决办法——用蒸汽泵从矿井深处把水抽掉。然而，虽然煤炭被运了上来，但出现了第二个问题。煤炭比木材更笨重，难以在未铺筑过的道路上运输（尤其是在雨天），而马队的雇佣成本太高了用不起。不过，问题再次迎刃而解——詹姆斯·瓦特在1776年为蒸汽机申请了专利。18世纪80年代，燃煤蒸汽机首次用于棉花工业的生产过程中，并很快扩展到其他行业。1804年，英国的铁轨上第一次跑起了蒸汽动力机车。[17]

蒸汽机车无与伦比的速度令英国公众痴迷。到19世纪30年代，蒸汽机车的速度已经可以达到每小时60英里，这在当时是相当惊人的。到1845年，"英国的铁路一年内运送了4800万乘客"。[18]蒸汽机车清除了时间障碍，压缩了旅行距离，在交通和物流领域创造了强大的新动力，其超高的效率震撼了世界，并为此后空前规模的大陆贸易奠定了基础。

蒸汽机车几乎不受天气和季节变化的影响，可以全年运行。就运输速度而言，蒸汽动力机车也远超运河航运，运河驳船往返一次的时间足够蒸汽机车往返多次。在同等价格下，蒸汽机车还可以承担三倍于驳船的货运量。这些优势加起来，使蒸汽机车在时间和空间上实现了速度和效率的历史性飞跃。

早在 19 世纪 30 年代，蒸汽船就在公海航行，成本比帆船低 15%~20%。到 1900 年，蒸汽船承载了全球 75% 的货物量。蒸汽船还将数百万欧洲移民运送到美洲海岸。这场游戏的名称是效率——人们从石炭纪时期的地底矿藏中挖掘出了煤炭，才使这一切变成可能。

新的通信形式、新的能源来源、新的交通与物流模式结合压缩了时间和空间，通过通信、能源和运输来服务于经济活动、社会生活和政治治理，到了 19 世纪 90 年代，效率被赋予最高地位并成为社会的主导议题，至少在欧洲和美国是这样的。

世界时间的标准化

但是，这里有一个美中不足的地方。每个地方都按自己的偏好来设置时间，这给铁路运输带来了一场噩梦。1870 年，乘火车从华盛顿特区前往旧金山的旅客必须将手表调整 200 多次才能与沿途的时区保持同步。[19] 如果允许每个地区都保持自己的时间，那么蒸汽机车和蒸汽船所带来的物流和贸易的潜在效率将永远消失。显然，人们需要改进交通和物流运输的流程，使潜在新效率的实现更加合理，才能体现蒸汽机车和蒸汽船为新兴工业时代带来的高效率和随之而来的巨大生产力。

不论是建立商贸的国家市场、大陆市场还是全球市场，都需要改变时间和空间的组织方式。提出的解决方案是大胆的。这个计划是通过在世界范围内建立标准的通用时区，做到时间的去社会化和去本地化。

英国政府和美国政府首先将他们的国家划分为标准化的时区，以适应铁路服务，到 19 世纪 80 年代，其他国家也纷纷要求实施单一的世界时间。1884年10月，国际子午线会议投票决定将伦敦附近的格林尼治标记为地球的零经度，以实现一个世界时间系统。法国政府反对把地址设在格林尼治，他们希望将巴黎天文台作为计时起点。这场争吵持续了几十年。

然而，在1912年，巴黎主办了国际时间会议，各国都参加了会议。会议正式宣布格林尼治将被标记为零经度，于是，参与国同意放弃他们的当地时间，改用世界计时系统。通过这一举措，时间从当地时间和地球节律中分离出来，为一个新全球化经济中的商业、物流和贸易服务。

时间和空间的抽象化、合理化和压缩的过程，一直持续到20世纪和21世纪，随后人们发现了大量石油和天然气。电力的引进、电话的发明、汽车时代和航空旅行的到来，广播、电视、计算机、互联网、人工智能和算法治理，以及GPS互联的出现，都对我们如何感知时间和空间以及如何看待存在的本质产生了持久的影响。

凭借这些新的时空坐标，人类对地球的各大圈及其组成要素——构成密切的地球化学、物理学和地球生物学的要素——成功地圈占、部分地私有化并大肆征用。所有资源都被占有、掠夺和消耗，虽然人类在地球上只是一种短暂的存在，却创造了无与伦比的效率来驱动享乐主义的热望。不幸的是，这段历史在现代的大多数记载中都受到限制，值得被公开。

第五章

终极掠夺：
商品化地球各圈、基因库和电磁频谱

封建社会的人们对财产的理解与我们今天所理解的不同。教会的观点是：地球是上帝的创造物，委托给亚当和夏娃的后裔来管理。上帝授予他的子民部分使用的权利，按照等级制度规定的义务和责任，有秩序地（自高高在上的天堂开始，自上而下地从上帝在教会中的使者，到国王、王子、领主和佃农）使用他统辖的一部分领土。在这种情况下，占主导地位的是所有权关系而不是财产关系。那时候没有人像我们今天这般拥有财产，人们只是按照等级制度，对上帝创造并馈赠给自己的那一部分行使所有权。在封建时代的欧洲，买卖土地的现象并不突出。

地球各圈的财产化

到 18 世纪，以所有权关系为基础的封建制度开始瓦解，让位于跨越初期资本主义制度的现代私有制观念。英国哲学家约翰·洛克（John Locke）在 1690 年出版[①]的《政府论》中，为全面反思财产权问

[①] 实为 1689 年 12 月首次匿名出版，遵循当时的印刷惯例，故其扉页标记是 1690 年。——译者注

题提供了哲学基础。

洛克认为，私有财产是一项不可侵犯的自然权利，肯定了上帝在伊甸园中对亚当的承诺：亚当和他的子孙将统治上帝创造的地球王国和居住在地球上的所有生物，也拥有地球上所有产出的丰美果实。洛克明确指出：

> 当（上帝）将共同的世界赐给全人类时，（他）要求人也要付出劳动，而人类的贫困状况也迫使他们去劳动。上帝和他的理性命令他们（人类）征服地球，即为了生命的利益而改善世界，从而在地球上增加一些属于他们自己的、劳动所得的东西。一个人服从上帝的命令，征服、耕作和播种地球上的任何一块土地，从而将属于他的财产附在土地上，其他人无权拥有，也不能在对他不造成伤害的情况下夺走他的财产。[1]

然而，更令人不安的是，洛克将大自然视为无用之物，除非人类利用它并将其转化为有价值的财产。

> 一个人通过自己的劳动拥有土地，不但不会减少人类的共同财产，反而会增加。对用来支持人的生命的给养而言，一英亩圈起来的耕地所生产的粮食或价值……比一英亩同等富饶的公共荒地所产生的价值多10倍……正是劳动，让土地产生了最大的价值，没有劳动，土地几乎一文不值。[2]

在欧洲的早期思想中，统治地球公地本是"上帝存在之链"相互共享的责任，但是洛克却把它转变为一种权利——每个人都占有地球的一部分，且不受人类其他社群的妨碍。

这颗蓝色星球的生命力与其主要圈层——水圈、岩石圈、大气层和生物圈——紧密相连。最受关注的是生物圈，包括从地面和海洋深处到大气层上沿之间一共 19 公里的区间，在生物圈的范围内，水圈、岩石圈和大气相互作用，赋能生命的繁衍与繁荣。

在"进步时代"，我们牢牢抓住了地球基础设施构成中的每一个重要圈层，因为它们是生命出现和进化的支撑，同时，我们以"效率"的名义将它们转化为可用于商业开发的可操纵财产。如今，我们对自然的掠夺如风卷残云。下文是人类对岩石圈和水圈造成伤害的简史，这两个圈层在维护地球生命方面都发挥着关键作用。

岩石圈：我们行走的土地

岩石圈是地球的固体部分，包括上地幔和地壳。岩石圈的表面包含土壤，称为土壤圈。土壤覆盖了地球的大部分陆地，其厚度在几厘米到几米不等。岩石圈的这一层超薄覆盖面通常被称为"关键带"，这是有充分理由的。美国国家科学基金会指出：

> 它是一个有生命的、会呼吸的、不断进化的边界层，这里的岩石、土壤、水、空气和生物体相互影响。这些复杂的相互作用调节着自然栖息地，决定着维持一切生命的资源的可利用性，包括我们的食品和水质。[3]

土壤使植物固定并生长，还净化我们的水。土壤不仅含有重要的矿物质，而且充满了生命——它是一个微型生态系统。哥伦比亚大学地球研究所的一项研究指出，一英亩土壤"可能含有 900 磅蚯蚓、2400 磅真菌、1500 磅细菌、133 磅原生动物、890 磅节肢动物和藻类，有时甚至还有小型哺乳动物……一粒土壤可能含有 10 亿个细菌，其中只有 5% 是我们已发现的"[4]。

为什么科学界突然如此关注土壤，而在此前的很长时间里都视而不见呢？因为 19 世纪后期出现的农耕机械革命、20 世纪的化学农业，以及 21 世纪的基因工程农业，对各大洲的土壤基础造成了巨大的破坏。地球历史上第一次"因侵蚀造成的表层土壤流失速度已经超过土壤形成的速度"。国际土壤参考和信息中心警告说，土壤是一种"受到威胁的自然资源"[5]。这种影响是深远的。如前文所述，土壤的形成是一个缓慢的过程。大自然需要 500 年或更长时间才能形成一英寸的表层土壤。

但是，导致土壤退化的不仅仅是高科技、超高效的石化农业，牲畜放牧是造成土壤减少的另一个因素。地球上 26% 的无冰陆地被牲畜占据，主要是牛，但也包括绵羊、山羊和其他物种。[6] 大规模放牧严重破坏了地球的土壤基础。联合国粮食及农业组织警告说，放牧对"地下水可用性、土壤肥力和生物多样性的不利影响"已不容小觑，同时还指出，"世界上 20% 的草原已经退化"[7]。

这种趋势只会加速，主要是因为人类饮食越来越偏重于牛肉和以肉类为重，造成每英亩草地的放牧牲畜数目不断增加。这还不算完，奶牛还会排放甲烷，这是一种导致全球变暖的温室气体，其增热潜力是二氧化碳的 25 倍。牲畜——主要是牛——排放的温室气体占所有温室气体排放量的 14%。[8]

如果牛和其他牲畜的数量继续增加，仅这一点就可能会导致地球上剩余的宝贵土壤基础大量流失，更别说还有其他因素在起作用。世界经济论坛 2020 年的一项研究发现，整个地球表面 95% 的区域"已经被人类改造过"[9]。造成土壤流失的其他主要因素还包括森林砍伐、人类定居、采矿，以及修建运输和道路系统。

这些造成土壤退化的因素中，最具破坏性的是森林砍伐。据忧思科学家联盟称，人类砍伐森林主要是为了获取四种东西：牛肉、大豆、棕榈油和木制品。[10]

亚马孙热带雨林和世界各地的热带雨林被大面积烧毁以供放牧之用，这已经不是什么秘密了。但是，土壤流失与牛的关联远不止眼前看得到的这一点。大量砍伐热带森林主要是为了种植大豆。公众不知道的是，世界上70%的大豆都用于饲养牛和其他牲畜。[11]棕榈油也已成为加工食品中一种广泛使用的原料。把所有这些联系在一起的是市场效率。熵值的产生源自地球上剩余的大部分地表土的流失——以目前的速度，这些地表土很可能在今天的一个蹒跚学步的孩子的一生中完全流失。

不幸的是，熵值增加并不止于表层土壤的减少。岩石圈的范围从地壳上层一直延伸到树梢的顶端。随着森林砍伐给放牧、大豆和棕榈油作物种植、提供木材和其他木质产品让地，伴随着二氧化碳、甲烷和氮氧化物排放造成的气候不断变暖，全世界的森林都在消失。这让气候科学家们感到恐慌。

森林（尤其是热带雨林）与土壤一样都是碳汇，两者都能从大气中捕获二氧化碳并将其储存。现在，一种危险的逆向趋势已经出现。2020年，《自然》杂志发表了一项有100家世界领先的科学机构参与、持续进行了30多年的研究，结果表明，当前热带森林的碳吸收量比20世纪90年代减少了1/3，主要原因是气温升高、干旱，尤其是森林砍伐。这篇研究报告的主要作者之一、利兹大学地理学教授西蒙·刘易斯（Simon Lewis）表示，该研究的预测是，到21世纪60年代，典型的热带雨林可能都会变成碳源。[12]

这篇报告指出，在20世纪90年代，热带雨林吸收的二氧化碳约占人类活动排放的二氧化碳的17%，但在过去10年，它们吸收的二氧化碳仅占大气中二氧化碳排放量的6%。[13]树木从大气中吸收二氧化碳的速度下降加剧了全球变暖，并形成一个正反馈环路，使更多的树木死亡。刘易斯说，全球热带雨林扮演的角色从吸收二氧化碳（碳汇）转变为净排放二氧化碳，其速度"比最悲观的气候模型还快出几十年"[14]。

地球土壤中还蕴含着 2.3 万亿吨碳，相比之下，大气中只含有大约 7900 亿吨二氧化碳。如果土壤继续退化，不断减少的森林从大气中吸收更少的二氧化碳，却把已储存的碳释放出来，那么这种失控的反馈回路可能造成地球升温远高于联合国气候变化专门委员会目前的预测。[15]

让我们对那些造成地球土壤基础和森林枯竭最严重的行业一年的收入一一进行成本效益比较分析，看看相对于对地球岩石圈造成的长期损害，它们的全球经济短期商业获利多么微不足道。2018 年全球养牛业收入为 3850 亿美元[16]；2020 年，全球林业收入为 5350 亿美元[17]，大豆种植业收入为 420 亿美元；2019 年，棕榈油行业收入为 610 亿美元[18]，矿业收入为 6920 亿美元[19]。以上收入总计达到 1.7 万亿美元。将这些统计数据与这颗垂死星球上的土壤流失和森林侵蚀相比，你觉得值吗？

水圈：把水私有化

水圈包含地球上所有的液态水，包括海洋、湖泊、河流、地下含水层、冰，以及大气中的雾和云。19 万多年来，我们寻食狩猎的祖先一直将水视为公共资源。大约 1 万年前，随着农业和畜牧业的出现，围绕河流和湖泊的水争端增加，尽管一般来说资源是共享的，因为在一个人口仍然稀少的世界上，大自然的资源储备相对来说足以应付所有需求。今天，世界已有约 79 亿人口，"水权之战"已成为这个时代的一个定义性问题——气候变化和地球上的大片土地日益荒漠化加剧了这一问题。

另一方面，海洋通常被认为是所有人都可以航行和捕鱼的公共区域。虽然有一些在贸易中争夺海洋控制权和公开的征战记录，但圈起一部分海洋并对其宣称主权则是一个相对较新的现象。

在15世纪初期，西班牙与葡萄牙展开了第一次圈占海洋公域的大战——当时这两个国家都是主要的海洋强国。两个国家都声称拥有整个大西洋、印度洋和太平洋的主权——这简直可以说是一种狂妄的主张。在1494年签署的《托德西利亚斯条约》中，他们用"佛得角群岛以西、北极和南极之间370里格"的分割线将世界海洋划分为两块圈占的主权空间。[20] 在条约中，西班牙拥有分界线以西的所有海洋的专属管辖权，包括墨西哥湾和太平洋，葡萄牙则拥有包括大西洋和印度洋在内的所有东部海域的控制权。

到了17世纪，英国、法国和其他欧洲列强不断崛起，各自都声称对公海拥有主权，《托德西利亚斯条约》一厢情愿的安排被打破了。为了这个利益，值得大打出手。英国探险家沃尔特·雷利爵士（Sir Walter Raleigh）看到了这一策略的重要性，他指出："谁控制了海洋，谁就控制了世界贸易；谁控制了世界贸易，谁就掌握了世界的财富，从而也就控制了整个世界。"[21]

由一个国家控制海洋主权的事不太可能发生，于是各国开始瓜分沿其海岸线向海洋延伸的部分水域。意大利人声称对从他们的海岸线向外延伸100英里以内的水域拥有主权，选择这一标准是因为，这是一艘船在两天内可以航行的距离。有的国家声称对远至地平线的视野范围内的水域拥有主权。一些国家雄心勃勃地建议将主权范围扩展到望远镜能看到的范围。荷兰人倾向于建议把主权范围扩展到炮弹可以打到的范围。到拿破仑时代，火炮的射程约为3英里。这个新的划分标准一直沿用到第二次世界大战前夕。

战后，美国（现在已经成为世界上拥有主导地位的超级大国）声称对其大陆架海床所蕴藏的所有天然气、石油和矿产拥有管辖权。到20世纪60年代后期，许多国家都声称对其延伸至海面12海里的沿海水域拥有主权。[22]

1982 年，联合国制定了一项由世界各国签署的《海洋法公约》，授予每个国家海域至 12 海里外的主权，还有包括其近海 200 海里的专属经济区，赋予每个国家"探索、开发、保护和管理"海洋、海床及海底的生物、非生物资源的"主权"。[23] 这一慷慨的赠予使沿海国家圈走了全世界约 35% 的海洋区域，这些区域包含了 90% 可开发的商业鱼类和 87% 的大陆架近海石油和天然气储量。[24]

在海底发现的巨大的石油和天然气储量，无疑是人类近几十年来意外中的大奖。海底也是宝贵矿物和金属的仓库，包括铜、镁、钴、铝、锡、铀、锂和硼。迄今为止，整个海底面积的 57% 已被分配给各国专属利用，圈占了地球上最后的公共资源和主宰这个水星球的大部分水圈。[25] 而且，请回想一下，海洋占地球面积的 70% 以上。

将海底的石油和天然气开采出来是一项大生意，那些有幸将主权扩展到这些富饶区域的国家因此获得了大量财富。挪威等国家面积虽小，但它们享有从北海深处开采化石能源的权利，因而一跃成为世界主要的石油国家之一。美国拥有西海岸和墨西哥湾沿岸的海上石油平台，它也是主要的石油大国之一。

公海捕鱼也一直是一个有利可图的行业。但直到最近，过度捕捞已经耗尽了大部分渔业资源。到 2014 年，日本、韩国和西班牙、中国、中国台湾这几个国家和地区占去了公海鱼类捕捞量的 64%，总收入为 76 亿美元。[26]

通过使用数字技术、卫星监视、海底测绘、声呐、雷达和 GPS 等各种技术设备来定位深海鱼场，捕鱼业已经变成海洋深处的"露天采矿工"。有的大型企业部署了重达 14000 吨的大型拖网渔船，其长度有足球场那么长。拖网渔船相当于巨型的漂浮工厂，可以在船上完成捕捞、加工和包装捕获物的全部流程。拖网渔船的货舱可以储存多达 1800 万份冷冻鱼，当它们那大到"可以裹住 12 架大型喷气式飞机"的拖网扫过海底时，强大的力量甚至可以将 25 吨重的巨石掀翻。拖网渔船可以布置"80 英里长的水下网线或 40 英里长的悬浮网"[27]。超高效率的高科技海洋捕鱼方式已经耗尽了全球的鱼类资源，现在捕鱼业大约 1/3 的收入来自政府补贴——只是为了维持该行业的生存。[28]

地球上的淡水——维持生命的基本物质——同样被瓜分和私有化了。既然时间和空间都可以被圈占、合理化和私有化，水也可以当作稀缺资源而被圈占和私有化，为少数跨国公司的金钱利益服务，这也许是不可避免的。他们给出的理由是，他们最有能力为人类维护和传承这一重要资源。

20 世纪 80 年代初期，撒切尔和里根在各自执政期间让英国和美国达成了政治共识，随后就开始了淡水资源私有化的进程。两国政府都主张把公共道路系统、铁路、邮政服务、深水港口、机场、公共电视网络、电网、监狱、公立学校系统等资产的租赁和（或）所有权移交给私营企业。他们接受了当时流行的所谓"新自由主义综合体"理念，认为政府官僚机构创新缓慢，对公众需求反应迟钝，最重要的是，效率极低。其理由是，通过让私营部门接管公共产品和服务，市场力量将确保实施最有效的运营实践并提供最优惠的市场价格，这一切都对消费者有利。

值得注意的是，当时几乎没有证据表明政府对公共服务的管理效率低下或对公民的需求反应迟钝。至少在高度工业化的国家，铁路准时运行，邮政系统正常提供服务，道路系统能得到维护，公立学校资源充足，公共卫生服务能得到专业管理……尽管如此，新自由主义经济综合体的拥护者成功地说服了政治领导人以及全球的各种协调机构，包括联合国、经济合作与发展组织、世界贸易组织和世界银行。这些机构都出台了在全球范围内分割和私有化公共服务的政策，将这些资源的大部分交给一些大型跨国公司来管理。

世贸组织宣布，水是一种可交易的商品，并将其划归"商品"、"服务"或"投资"类别，且制定了限制政府试图阻止私营部门参与水资源市场管理的条款。世界银行是倡导公共供水系统私有化的主要机构，特别是在发展中国家，它要求各国立法促进淡水和卫生系统的私有化，并将其作为获得贷款的交换条件。世界银行和其他贷款机构鼓励所谓的公共私营合作制（PPP），也就是允许政府在指定的时间内，将其供水基础设施出租给私营企业进行管理。

世界银行、世贸组织、经合组织和其他国际机构并没有认识到，私营公司几乎没有动力对他们所管理的公共基础设施和服务进行升级，更没有意愿降低价格。在竞争的市场条件下，消费者可以更换供应商，选择其竞争对手的产品（如果他们可以提供更低的价格和更好的服务的话），但与自由竞争的市场不同，公共基础设施——像道路、机场等——总体上来说是自然垄断的。消费者别无选择，只能使用它们。

政府与企业形成长期租赁的公共私营合作制，鼓励企业不断进行"资产剥离"，即在明知道用户对所提供的服务几乎没有选择余地的情况下，不再对基础设施和服务进行改善。与公共管理的基础设施和服务不同，私营企业的股东必须看到企业的收入和利润稳步增加，尽管它们的消费者基础没什么变化。换句话说，（公共基础设施产品和服务的）潜在市场往往从一开始就受到了限制。结果是企业只好持续剥离资产以节省成本并确保利润持续增长。这在供水和卫生系统尤为明显——最贫困的社区别无选择，只能接受私营企业强加的任何条件，这也算不上是一个有关"看不见的手"如何在确保最佳价格上发挥作用的案例研究吧。

在水资源私有化进程的早期，世界银行通过向政府提供慷慨的贷款来推动建立公私合营的伙伴关系，通过自己的国际金融公司来投资私有化项目，促进私营企业加入公共私营合作制，这也是国际金融公司的部分使命所在。

虽然有证据表明水资源私有化存在很多弊病，但世界银行仍继续为这类项目提供资金。例如，在2004—2008年，"世界银行为其52%的水服务和卫生项目（共78个项目，总计59亿美元）提供了某种形式的私有化，其中64%的项目进行了某种形式的成本回收"[29]。世界银行、国际货币基金组织、经合组织等全球机构和诸多国家治理机构，在官方场合仍然坚守市场效率和市场力量。

私有化进程还在继续。10家跨国公司主导着全球的水市场，其中排名前三的苏伊士环境集团、威立雅环境集团①和莱茵集团能源股份公司（RWE AG）为100多个国家和地区的客户提供水务和卫生服务。[30] 这些大型跨国公司积极推动私有化进程，得益于政府的慷慨激励和补贴；同时，通过高价卖水获取巨额利润，但是供水服务质量却有可能下降。这些都打着提高效率的旗号，按规矩正式记录在成本效益报告和季度报表中了。

水务系统私有化只是蓬勃发展的水务市场的一个方面。另一方面，跨国公司发现了一个不断增长的瓶装水市场。到20世纪70年代，全球市场上已经销售了10亿升水。40多年后的2017年，瓶装水销量猛增至3910亿升，估计到2020年瓶装水市场的收入已增至3000亿美元。到2016年，可口可乐和百事可乐等公司的瓶装水的销售额已经超过了其软饮的销售额。[31]

淡水和相应的卫生服务私有化已经推进了30年，世界卫生组织和联合国儿童基金会在2019年发布了一份报告，他们发现世界上仍然有22亿人得不到安全管理的饮用水服务，42亿人得不到安全管理的卫生服务，有30亿人甚至连洗手这一最基本的条件都没有。[32]

缺乏水和卫生服务的问题并非发展中国家独有。美国一项关于水

---

① 威立雅于2022年春季并购了苏伊士的大部分业务。——译者注

服务的研究发现，企业持有的公用事业公司在"收取水服务费上一般比地方政府运行的公用事业公司高出59%"，"污水处理服务收费比地方政府公用事业公司的收费高63%"。[33]这项研究调查了与私营公司终止合同的18个城市，发现"政府提供的供水和污水处理服务平均比私营企业便宜21%"。此外，私有化"会增加50%~150%的供水项目的融资成本"。为了最大限度地减少亏损，私营自来水公司会通过剥离资产来削减成本，"使用劣质建筑材料、拖延必要的维护和裁员，最终这些都体现为劣质和不可靠的服务"。报告的结论直截了当："跨国水务公司主要对股东负责，而不是对所服务的人负责。"[34]

随着气候变化越发剧烈，获得水和卫生服务这样的基本人权将面临更加不确定的未来。由于生态系统随着水循环的剧烈变化而崩溃，地球上的某些地区将变得不再宜居，人们被迫以史无前例的规模从这些不宜居住的地区迁离。那些迁居的人将需要从根本上重新思考如何通过引入韧性，守护一个更加可靠的水情，以保障可以获取充足的水来维持生命。

基因库的市场化

近年来，构成生命蓝图的多样化基因库也在以效率为名的商品化狂潮中被扫荡一空。科学界、生命科学行业、生物技术公司、制药业、农业综合企业和医学界纷纷对基因图谱的各个部分及不同的遗传特性提出专利主张，追求圈占和瓜分自然界最隐秘的腹地。为商业目的而重新构造生命世界的基因程序——"基因热潮"，似乎预示着与野生自然界的结合已经走到了穷途末路。

1972年，当时受雇于通用电气公司的微生物学家阿南达·莫汉·查克拉巴蒂（Ananda Mohan Chakrabarty）向美国专利商标局提出一项微生物基因工程的专利申请。这项专利是利用微生物来清除泄漏到海洋中的石油。美国专利商标局驳回了这一主张。专利商标局认为，除无性繁殖的植物已被一项国会法案授予可注册专利的特殊地位外，其他生命形式不可被专利化，因为它们都是自然的产物。

查克拉巴蒂向美国海关和专利上诉法院提起上诉，法官以3∶2的微弱优势否决了专利商标局的判决。大多数法官认为"微生物……活着的事实在法律上不具有重要性"，并且微生物"更类似于一组无生命的化学成分，如反应物、试剂和催化剂，而不是马、蜜蜂、覆盆子或者玫瑰"。[35]

专利商标局向美国最高法院提起上诉，我所在的组织——人民商业委员会——也加入了诉讼，我们提交了一份"法庭之友"①书状抗辩道，"制造的生命——不论是高等还是低等——都应该被归类为低于生命的形式，跟常见的化学品同类"，并且，如果该专利获得美国最高法院的批准，将为以后所有生命形式及其组成部分的专利化开了先河。[36]

1980年，美国最高法院以5∶4的微弱优势裁定查克拉巴蒂胜诉，授予了她第一个基因工程生命形式的专利。首席大法官沃伦·伯格（Warren Burger）在提到我办公室的法庭之友简报时，称其为"令人厌恶的骇人听闻之示威"[37]。就在最高法院做出裁决几个月后，基因泰克（一家年轻的初创生物技术公司）上市发行了100万股股票，到第一个交易日结束时，该公司股价已翻倍。这是华尔街历史上令人震惊的壮举，尽管该公司尚未向市场推出任何产品。[38]

---

① "法庭之友"是英美法系国家的一种司法诉讼习惯。指在法院诉讼程序中，由没有直接涉及法律利益的团体或个人，主动向法院提出书面报告，说明对该案件相关法律争议的意见等。——编者注

1987 年，最初认为不可接受生命形式申请专利的专利商标局改变了立场并发布了一项裁决，即包括动物在内的所有经过基因工程改造的多细胞生物体都可能成为专利。这一裁决标志着生物技术时代的到来。为了减轻公众的担忧，专利商标局局长唐纳德·J. 奎格（Donald J. Quigg）发表了一份声明，称虽然地球上的每一个转基因物种都可能申请到专利，但人类是被排除在外的，因为美国宪法第 13 修正案禁止奴隶制。[39] 另一方面，人类胚胎、胎儿、基因、细胞系，以及组织和器官如果经过基因改造，也都是可以申请专利的，只要不是对整个人进行基因改造就行。[40]

在新的专利商标局指南发布一年后，专利商标局批准了第一只哺乳动物的专利申请，这是一只包含人类基因的基因工程小鼠，这种基因使人类易患癌症。不久之后，一个苏格兰研究小组获得了一项美国专利，该研究用于克隆著名的多莉羊。[41] 从那时起，世界各地的专利局就为转基因方法和经过基因改良的种子和动物成分（包括改良的人类基因和细胞系）颁发了数千项专利。

植物遗传学家和农民尤其愤怒，因为包括孟山都（Monsanto）、先正达（Syngenta）、W. R. 格雷斯（W.R. Grace）和拜耳（Bayer）在内的跨国农业和生命科学技术公司获得了基因工程种子的专利，牢牢地控制住了维持人类生命的基本食物的源头。几千年来，农民在收获的季节收集并保存新种子以供下一个种植季使用，但如今使用购买的转基因种子就做不到这一点了。在生物时代开启后的几十年里，各大洲成千上万的农民都在生命科技公司的监视范围，如果被发现第二年使用下一代基因工程种子进行种植，他们将被告上法庭并被指控侵犯了这些公司的专利和相关权利。[42]

除了少数例外，生物学家都积极支持关于生命的商业专利。20 世纪 80 年代后期，塔夫茨大学城市和环境政策与规划学院教授谢尔顿·克利姆斯基（Sheldon Krimsky）进行的一项研究发现，37%

的生物技术科学家（同时也是著名的美国国家科学院的成员，他们为美国国会和政府行政部门在制定科学政策方面出谋划策）有"企业连带关系"。[43]

近几十年来，农业协会、公共卫生当局、大学研究人员和公众越来越多地反对颁发转基因生命的专利。美国最高法院在一项针对万基遗传基因公司（Myriad Genetics，该公司获得了两个与治疗乳腺癌和卵巢癌有关的基因技术专利）的案件中做出了不利于企业的裁决。然而这只是螳臂当车。法院虽然判定基因本身不能申请专利（因为它们是被识别出来的，意即本身就存在的），但是，用于为女性做筛查的合成 DNA 是可以申请专利的，因为它不是天然存在的。对人类基因组成进行改造的商业开发之门依然敞开着。[44]

生物技术公司认为，基因工程是一种向善的力量，通过追求更有效的方式来种植健康植物和饲养动物。越来越多的科学家也支持消除人体内有害的遗传基因，甚至添加增强型基因以改善人类的身心健康。

生物技术行业追捧短期效率提升，这不可避免地伴随着严重的负外部效应。排在首位的是大学实验室营造的令人不寒而栗的气氛。大型制药公司、生命科学公司和跨国农业企业为大部分生物技术研究提供资金，甚至给参与的科学家配售公司股票，以此来控制大学实验室的研究，从而为大学实验室蒙上了一层神秘的面纱。[45]

研究生和博士生以及他们的导师通常需要与生物技术公司签订保密协议，以确保不会与其他同事共享研究内容。研究人员也被禁止及时在同行评议的科学期刊上发表文章，这阻碍了科学家及其学生之间的数据共享。许多年轻的科学家已经开始建立不接受企业资助的生物技术研究的反议程。他们认为，跨国公司获得的短期财务收益不应以束缚自由和压制开放的科学研究并阻碍数据交换为代价。

一种名为 CRISPR 的新型基因编辑技术的出现，越发彰显了效率至上的宗旨。CRISPR 被誉为"迄今为止分子生物学史上运用最广泛的基因组工程编辑工具"[46]。2020年的诺贝尔化学奖授予了这项技术的两位发明者，即马克斯·普朗克病原学研究室（Max Planck Unit for the Science of Pathogens）的埃马纽埃尔·沙彭蒂耶（Emmanuelle Charpentier）和加州大学伯克利分校的詹妮弗·A. 杜德纳（Jennifer Doudna）。这两位科学家将一种称为CRISPR的细菌免疫机制转变为"一种操作简单且价格便宜的基因编辑工具，这种工具可以毫不费力地对小麦、蚊子甚至人类的一切基因组进行编辑"[47]。这种价格低廉、效率惊人的"基因剪刀"，催生了跨越医药、农产品、病虫害防治等多个领域的新型生物技术产业。

查尔姆斯理工大学（Chalmers University of Technology）的生物化学家帕尼拉·维堂-斯塔夫谢德（Pernilla Wittung-Stafshede）谈到这种令人难以置信的高效工具带来的可能性时说："在任何你想切的地方切断DNA，这种能力已经彻底改变了生命科学。"[48] 在植物、动物和人类的生殖系统中进行基因切除以消除所谓的"有害基因特征"的效率得到指数级提升，但人们对每个物种细胞内部经过亿万年进化和适应而形成的复杂且微妙的遗传关系知之甚少，这就意味着人们在对基因进行干预的同时将面临数不清的负外部性。这些负外部性带来的损失很可能超过制药、农业、医疗和生命科学行业产生的所有短期收益的总和。

举个手头的例子。1978年，我与泰德·霍华德（Ted Howard）合著了一本书，书名为《谁该扮演上帝?》（*Who Should Play God*），这是一本关于当时还处于新兴阶段的生物技术革命带来的希望和隐患的书。我们当时就预言，科学家们迟早有一天会拥有像今天让两位科学家获得2020年诺贝尔化学奖的这种剪接技术。我们警告人们不要从生殖系中消除所谓的单基因性状。这些都是引发慢性疾病甚至导致过早死亡的单基因性状。

例如，镰状贫血隐性性状主要见于非洲裔美国人，它是早期发病的一个潜在标志。但人们发现，同样的性状也可以抵御疟疾感染。同样，人们发现囊性纤维化的隐性性状虽然使人衰弱并可危及生命，但它能让患者对霍乱产生更强的抵抗力。事实是，我们对为什么人类基因组中存在这样或那样的隐性性状了解得很少，也不知道使它们能够随着时间的推移在人类基因组中持续存在的进化优势是什么。

20 世纪 70 年代后期，我受邀与哈佛大学著名生物学教授伯纳德·戴维斯（Bernard Davis）博士就胚胎细胞基因工程问题进行辩论。我问他，如果现在有基因剪接工具，他是否会消除人类胚胎细胞中所有的隐性基因性状？他的回答是一个简洁明了的"是的"。但是，我提醒说，由于某些隐性性状在进化史上一直存在于人类基因组中，是否有可能因为消除了它们，我们不经意间令自己的物种单一化？就像我们对动植物的所作所为对我们的健康甚至生存造成有害的影响，使人类在面对来自环境的潜在威胁时更加脆弱和缺乏韧性，而这些隐性基因性状可能本来可以抵御这些风险。

实际上，体细胞基因组编辑（也就是说，等出生后再切除带有可能致残或致命性状的基因）可能会更有效，因为这样做不会妨碍生殖细胞继续带有这种性状。这样的话，既能确保携带这些基因的人过上健康的生活，又能给他们尚未出生的后代保留更多的选择机会。不幸的是，这些保留和替代的选择并不受生物技术行业的待见。

2018 年 11 月，一位中国科学家（贺建奎）宣布，一对经过基因编辑的双胞胎女孩诞生了——这是第一例经胚胎细胞基因工程改造后诞生的人类。于是，围绕使用 CRISPR 干预人类胚胎细胞的伦理难题浮出了水面。贺建奎报告说，在将胚胎植入母亲的子宫之前，他已经修改了胚胎中的一个关键基因，可以使新生个体对人类免疫缺陷病毒有更强的抵抗力。[49]

科学家们对这一消息感到既恐惧又兴奋。就像许多以前同样被认为是令人难以接受的突破一样，一旦越过红线，大多数科学家和生命科学公司就会迅速跳上马车跟上潮流，只是避重就轻地提出了一个程序上的问题，即科学家是否在实验开始之前进行了适当的审查程序，而回避进行此类实验可能造成更深层次的伦理和生态影响问题。

生物技术行业公开赞许了 CRISPR 技术的发展，同时也警告人们，制定适当的程序是必要的，这样才能确保新的增强性医疗技术的成功。一项关于基因编辑技术的商业前景的研究，鲜明指向了生物科技行业内部对 CRISPR 的迅速拥抱，并且指出，2015—2016 年，CRISPR 使得"基因组编辑生物企业的投资增加了 5 倍"。这也清楚地表明，新的基因编辑工具"在全球引发了生物技术的革命"。该报告的作者表示，"随着对个性化医疗、转基因作物和环境友好型生物燃料的需求不断增加，全球资本转向投资生物企业的数量将继续增长"。[50]

商业利益犹如过眼云烟。必须承认，许多科学家的人道主义动机并不亚于对商业利益的重视，特别是涉及人类健康时。他们知道消除基因性状不但可能对我们的后代造成威胁，也会危及其他物种的后代。但是，从长远来看，他们认为 CRISPR 作为一种提高基因编辑效率的工具极具诱惑力，让人无法拒绝。尽管他们对未来可能产生的负外部效应心存疑虑，尽管明知不可能做到完美，但他们仍然热衷于使用这种技术来完善人类的基因组。

在一些论证利用 CRISPR 编辑基因可能存在长期负面影响的论文中，研究人员不断强调这种新工具在重新设计人类基因组的过程中如何有效率，就好像效率本身就是一种至高无上的道德权威似的。

举个例子，耶鲁大学医学院急诊医学系的卡罗琳·布隆克斯基（Carolyn Bronkowski）和弗吉尼亚大学生物与分子遗传学系教授马兹哈尔·阿德利（Mazhar Adli）撰写了一篇发表在《分子生物学杂志》上的文章，标题为《CRISPR 的伦理问题：应用一个强大工具时的道德反思》。就像该领域的其他科学家和医生撰写的许多文章一样,两位作者也把道德和效率放到了同等地位。

他们解释说,鉴于"生物系统的技术限制和复杂性,对经过编辑的生物体的未来做出精确预测并评估潜在的风险和收益,即使不是不可能,也是很困难的"。然后,他们回到"技术正以前所未有的速度发展"的现实,得出结论认为,"随着更高效和更敏感的 CRISPR 工具被开发出来,许多这类担忧可能不再成为问题"。表面上看,他们采取的默认立场是,眼前的效率比将来未知的潜在风险更为重要——这清楚地表明,效率仍然是垂死的"进步时代"的最高道德标准。[51]

驾驭电磁波:全球定位系统,地球的大脑和神经系统

时间和空间的合理化导致人们采用大量越来越高效的技术来圈占、征用、私有化和消耗地球的慷慨给予,这个趋势在 1989 年 2 月 14 日那一天达到了顶点。那天,美国政府将第一颗全球定位系统(GPS)卫星送入了太空轨道。

GPS 于 1995 年 7 月 17 日具备了全面运营的能力,它由 33 颗卫星组成,在地球上空 2 万公里处绕地球运行。每颗卫星都利用电磁频谱的微波段来传输 GPS 信号。GPS 的总部位于科罗拉多州科罗拉多斯普林斯市的施里弗空军基地,它雇用的 8000 名军事和文职人员分布在全球 16 个监测站。[52] GPS 控制着有史以来设计建造的最大监测系统,它监测和协调人们日常生活的各个方面,而人类的生存依赖这些方面。

每颗 GPS 卫星都配备了一个原子钟,这个原子钟与其他 GPS 卫星的原子钟同步,计时可以精确到纳秒。所有这些时钟都以位于华盛顿特区的美国海军天文台的主时钟为标准。格雷格·米尔纳(Greg Milner)在其所著的《从此不再迷路:GPS 如何改变科技、文化和我们的心智》一书中,以通俗易懂的术语解释了GPS 的运作方式,例

如，人们在世界任何地方使用手机或任何其他数字设备时的情景。

卫星发射连续的无线电信号，信号记载了卫星前一秒的位置、下一秒将要到达的位置的信息，以及信号离开卫星的确切时间。这些信号经过 2 万公里的行程，在穿过地球的电离层时受到了特别的冲击。当它在 67 毫秒后到达地球时，已经变得更加微弱。地球上的几乎每个点任何时刻都有四颗 GPS 卫星的信号覆盖。通过记录每个信号的来源和到达时间，接收器可以计算出手机所在的经纬度，并将其表示为地图上的一个点。接收器还可以提供正确的时间。四颗卫星，四个维度，精确计算空间和时间。[53]

GPS 定位和导航系统相当于现实世界中艾萨克·牛顿那机器般的宇宙，或者从黑暗的一面说，相当于杰里米·边沁那无处不在的圆形监狱。GPS 的原子钟和到达地球表面的脉冲信号就像一个控制全球的大脑和神经系统，在时间和空间上协调经济活动、社会生活和治理等一切事务。米尔纳解释了 GPS 作为整个人类生存环境中时间和空间关系的组织者的重要性。

我们使用 GPS 来跟踪犯罪嫌疑人、性犯罪者、野生动物、痴呆症患者和任性出走的儿童。GPS 还能引导飞机降落到地面并为海上的船只定位。我们佩戴带 GPS 的手表，购买专门用于打高尔夫球和钓鱼的 GPS 运动应用程序，使用 GPS 定位石油矿藏。我们今天吃的很多作物也是在 GPS 的帮助下种植出来的。GPS 本身就是世界上最精确的时钟之一，也是一个把其他时钟联合起来的时钟。世界复杂系统的组件和节点需要把时间同步起来，这通常与 GPS 时间有关。GPS 计时帮助监管所有跨越国界的复杂的电网，使你的手机通话可以从一个信号塔传递到另一个信号塔，并通过金融交易网络完成数十亿笔交易，在金融网络中，毫秒的误差都可能影响到数十亿美元。此外，GPS 还能帮助预测天气、勘测土地、建造桥梁和隧道。它知道地下的水量和火山爆发时升腾的火山灰云中的水分，也知道海洋在重新分配地球质心的过程中所起的作用。[54]

目前全球有 64 亿台设备在接收来自 GPS 和其他卫星导航系统的信号。[55] 截至 2019 年，全球卫星导航系统市场规模为 1612.7 亿美元，预计到 2027 年将至少翻一番，达到 3867.8 亿美元。[56]

欧盟于 2011 年推出了伽利略卫星定位系统，相当于欧洲的 GPS；俄罗斯有环绕地球轨道的格洛纳斯（GLONASS）卫星定位系统；中国有北斗卫星导航系统。

从好的方面来说，GPS 有可能将整个人类大家庭与地球其他生物以及岩石圈、水圈、大气层和生物圈连接起来，形成一个超全球有机体，使人类重新适应动态地球的内部运作。在某种程度上，GPS 是我们这个星球上发生的一切活动的总导演和协调员。

从不好的方面来说，越来越多的证据表明，GPS 编排的时间和空间关系正在切断我们人类与地球的其他组成成员之间的亲密关系，让我们脱离了地球的节奏，同时使我们越来越缺乏个人和集体的主观能动性。举一个例子，越来越多的临床研究发现，过于依赖 GPS 这套"大脑神经系统"来管理我们的日常生活，会妨碍我们对空间关系的感知，而我们的身体节律与周围环境同步的能力也会被削弱。

2019 年 6 月，诺姆·巴丁（Noam Bardin）访问了我在华盛顿特区的办公室。诺姆是 Waze 的创始人和前首席执行官。Waze 是一个广受欢迎的 GPS 导航跟踪系统，可以引导司机前往目的地。诺姆和我花了几个小时讨论 GPS 导航系统的沉浮起落。众所周知，GPS

使数以百万计的司机能够以最短的路线到达目的地，从而节省了汽油并减少了二氧化碳排放。

在聊天中我提到，我的妻子卡萝尔和我都在使用 Waze，我们真的非常喜欢用它。但是，我给诺姆分享了一个我们自己的带有警示性的故事。有一对夫妻是我们的亲密朋友，每年我们都会相互拜访多次。几年前，他们搬到了华盛顿特区郊外的另一个社区。由于去他们家的路线很复杂，常常害得我们绕很多弯路，于是我们开始使用 Waze。就这样过了几个月，有一天，我们出发去拜访他们，经过几个街区后，我们忽然发现忘带安装了 Waze 应用程序的手机，我们不知道自己当时的位置，也不知道如何才能到达目的地。我们透过车窗张望，无法辨认出任何看起来熟悉的道路、房屋、商店等标记。

我们如梦初醒——原来我们的脑海里已经没有去朋友住处的地图了，尽管他们住的地方离我们家只有 25 分钟车程。我们突然意识到，Waze 简化了我们的旅行，使其更加高效，但代价是我们失去了识别和绘制周围物理环境的能力。我们被幼儿化了。我们在空间中的运动感觉已被 Waze 和 GPS 的时空导航功能所取代。

这种现象被称为"发育性地形定向障碍"（DTD）。这是一种罕见的紊乱，个体"无法形成对周围空间的心理表征"[57]。患有这种紊乱的人拥有正常的记忆和回忆能力，但就是无法创建"他们个人周围环境的空间表征，包括周围环境布局、其中的可参考对象（地标），以及最重要的——参考对象之间的空间关系"[58]。也就是说，这些人没有导航技能。迄今，还没有针对这种特殊紊乱的治疗方法。需要明确的是，这些人在某一天甚至连从卧室到厨房的路都找不到。

我们这种非常轻微的"后天获得"的发育性地形定向障碍在人群中显然很普遍。认知科学领域的研究人员已经开始研究，当人们越来越依赖 GPS 时，大脑和神经系统的映射会出现什么变化。这不仅与旅行时辨别方向有关，还与许多其他普遍的空间映射活动有关。科学家们认为，大脑中负责空间导航的那部分会因为不再得到锻炼而萎缩。还是那句话，在一个和数字连接的世界中，人们的生活方式日益以技术为媒介，我们依赖 GPS 的指导和帮助，让它替我们做出更有效的决定，但我们却面临认知能力下降的风险。

千万别以为个人能动性的丧失只是一个微不足道的故事，不会产生什么严重后果，如果你听说过一种被称为"GPS 致死"的新现象，就不会这么掉以轻心了。有的人严重依赖 GPS 导航设备，以至于都不愿意抬眼看看车窗外的路况以进行验证，只顾闷头往前开，有时就会坠下悬崖、冲进河流湖泊或开进死胡同。他们已经把所有的个人主观能动性都拱手让给 GPS 了。

我们已经把 GPS 当作最主要的全球计时器，但米尔纳指出，更确切地说，它已经成为"世界上最强大的秒表，一种管理时间的完美方式"[59]。我记得在 20 世纪 80 年代，以数字表示当前时间的电子表开始取代用指针指示时间的传统手表。我在演讲时会提醒听众，指针在表盘里绕圆圈是为了模拟地球每天 24 小时的循环自转，数字手表则更像是一个计时器，提醒佩戴者当前的孤立时刻，而没有提及这个时刻的过去和未来。数字时间被冻结在空间中。

GPS 数字时钟以类似的方式运行。它是一种计时机制（弗雷德里克·泰勒式的）。它最重要的应用是为一种新兴智能数字基础设施的关键部件进行计时和同步。这些基础设施创造了虚拟世界，同时也在现实世界中改变整个社会。它的出现会让我们在未来几个世纪的沟通方式、权力结构、集体经济生活方式、社交方式和治理方式发生变化。对于它的出现，有些人欣喜若狂，有些人则忧心忡忡。在我们即将把"进步时代"抛在身后，跨入"韧性时代"的时候，这两种态度对于理解我们面临的不同道路至关重要。

重新连接人类大脑

20多年来，人们越来越沉溺于虚拟世界而逐渐丧失能动性的问题一直是争论的焦点。大部分争议集中在前两代数字原住民——千禧一代和Z世代身上，他们都在网络空间中长大，但思维方式迥异。我们谈论的不仅仅是观点，更重要的是，他们生活的大部分时间都花在一个新的沉浸式世界中，这个世界对他们的认知发展来说是不可或缺的。而这种生活状态是否已经真正改变了他们大脑的连接方式呢？如果是这样，它对于我们人类驾驭未来的方式会有什么影响呢？

长期沉浸于虚拟世界可能会影响人的认知，甚至可能影响大脑的神经分布。最早被记录下来的证据就是，年轻的数字一代由于整天注视着屏幕，词汇量和读写能力都急剧下降。由于互联网主要是一种视觉媒体，有人说"一张图片抵得上一千个单词"，数字时代下，一代比一代的人接触到的词汇少。此外，虽然互联网几乎包含了所有语言中的所有单词，但它强调高效浏览、多任务处理、快速链接到其他内容，因此人们往往优先浏览关键词和关键段落，从而减少了对文本的关注。

短信、电子邮件，以及最近流行起来的照片墙（Instagram）和推特等社交媒体上的罕见词越来越少而缩写词越来越多，人们越来越依赖于缩略语和表情符号。如此一来，每一种虚拟社交工具都在迎合用户更少的注意力。文本被缩短和简化，单词被过滤、筛选，尤其是在伴有视觉材料的情况下，用户接触到的词汇量大大减少，因此会在阅读中"迷失方向"，相应地失去与他人有效沟通和表达复杂想法的能力，就跟Waze用户迷路时茫然失措一样。相比之下，历史上每一次通信革命都会扩展词汇的范围与应用，也增加词汇的存储量，为人们提供了更细致入微的交流方式。

2009年，加州大学洛杉矶分校的心理学教授兼洛杉矶儿童数字媒体中心主任帕特里夏·格林菲尔德（Patricia Greenfield）在《科学》杂志上发表了一篇影响广泛的论文，内容是关于计算机、互联网、多任务处理和视频游戏对个人主观能动性的影响。她对50项关于学习界面和新型数字通信技术的研究进行了分析。她的报告指出，虽然受试者的视觉技能有所提高，但他们阅读文本的能力却下降了，尤其是阅读文学作品的能力下降明显，这可能导致他们的批判性思维能力下降。[60]

格林菲尔德接着说，"通过使用更多的视觉媒体，学生可以更好地处理信息"，然而她又赶紧补充说，大多数视觉媒体都是实时媒体，使用者没有时间进行反思、分析或想象，而这些过程对批判性思维来说是非常重要的。[61] 我们能更快速地访问更简化的视觉媒体和更简短的文本，这为我们赢得了效率，但代价是牺牲了更深入的学习体验。格林菲尔德特别关注多任务处理，她指出，"如果你试图解决一个复杂的问题，那么你需要保持专注……如果你正在进行一项需要持续深入思考的任务，那么同时处理多项任务则有害无益"。[62]

10年后，针对这个主题有了更多的科学研究，其结果表明，"与网络的互动"所产生的多种效率正在影响人脑各部分之间的神经通路的变化，带来未知的后果，也会导致个人主观能动性的丧失。由来自哈佛大学、牛津大学、国王学院、曼彻斯特大学和西悉尼大学的学者组成的全球联合研究团队编写了一份沉甸甸的报告，该报告于2019年5月发表在《世界精神病学》杂志上。研究结果表明，人脑是一个可塑性很强的器官，根据用脑方式的变化，大脑会重新排布神经连接。[63] 它对影响人类交流的技术手段的全新变革特别敏感。这说明，从口头交流到文字记载、印刷品、电子信息和数字化媒体……这些巨大的历史性转变不仅改变了人类交流的方式，也改变了大脑的运作方式。

在文章提到的主要发现中，研究人员报告说，在一项为期六周的在线互动角色扮演游戏的随机对照实验中，实验组的眶额叶皮质（大脑中参与冲动控制和决策过程的特定区域）的灰质显著减少。[64] 研究人员还报告说，长时间使用互联网并同时进行媒体多任务处理，与"前额叶区域（其作用是使人在受到干扰时能保持对目标的专注）的灰质减少相关"。

另一项对 41 项研究的综合分析发现，多任务处理与"整体认知表现明显下降"有关。[65] 在一项关于互联网和百科全书信息搜索的比较研究中，磁共振成像的结果显示，"与通过查询百科全书进行学习相比，在互联网上搜索信息形成的记忆较弱，这与在线信息收集过程中（大脑）腹侧流的激活减弱有关"，这些证据支持了"在线信息收集虽然更快，但可能无法充分激活大脑区域并长期存储信息"的推论。[66] 其他对具有较高认知能力但同时也具有高功能人格特质①的人群进行的研究表明，他们较少依赖从互联网上检索和存储信息，更多的是依靠个人对信息的记忆。[67]

这些和其他关于"使用互联网进行交流虽然能提高效率，但却会让人损失认知能力"的报告的确令人不安。这也显示出，我们需要对当代和后代如何使用新的通信媒介进行全面反思。

在网络空间的虚拟世界中，伴随我们日常工作、娱乐和生活的，是新的超级效率，但是它不仅开始削弱"数字化的一代人"的个人能动性，甚至改变了他们的大脑回路，同时也开始剥夺人类自己的未来。让我们回顾一下。效率是一种不安分的力量，它的工作方法是对未来的产出进行优化，在此过程中尽量减少所花费的时间、精力、劳动力和资本。效率的命脉就是消除时间流逝，所有对未来的优化都是基于一个永远存在的当下，它完全忽视时间之箭。当然，这并非人们在日

---

① 常表现为人际交往能力弱、行为动作笨拙呆板、对环境因素敏感、学习能力强等等，这类人对特定的事物有超乎常人的兴趣。——译者注

常生活中努力提高效率时的想法。相反，对效率的不懈追求而产生的潜台词是担心，即过去的每分每秒都是一个损失掉的时刻，让我们所有人都更接近不可避免的死亡。效率其实是一个替代方案，目的是争取更多时间和在地球上获得一点儿永生。

现在，"效率运动"已经进入最终阶段，时尚的名字叫作"算法治理"。企业和政府越来越多地将它们的商业和政治财富寄托在从网络空间中积聚每一条、每一类历史数据和用分析技术来查验信息上，目的是开发可以帮助它们描述、预测、预定未来乃至抢占先机的算法，以控制或至少是影响还未到来的未来市场、社会运动和治理中出现的事件。

算法治理：已知的已知、已知的未知，以及未知的未知

2002年6月6日，在比利时布鲁塞尔的北约总部，美国时任国防部长唐纳德·拉姆斯菲尔德举行新闻发布会，讨论北约在支持全球反恐战争中应做的努力。在向记者团介绍了会议讨论的内容后，拉姆斯菲尔德开始接受记者提问。

记者团的第一个问题是："关于恐怖主义和大规模杀伤性武器，你说真实情况比大家看到的更糟。我想知道，你能不能告诉我们，究竟哪些方面比大家知道的更糟糕？"

拉姆斯菲尔德回答说：

> 我已经……做了很多工作，对大量情报信息进行了分析，并且……深入挖掘调查，直到我发现了我们到底知道什么、在什么时候得知的，以及事情实际发生在什么时候。我发现，不出所料……（我们）不知道某个重大事件两年前就发生了，有的4年前就发生了，有的是6年前，在某些情况下是11年、12年、

13 年前。如今摆在那里的信息是什么？信息包括："已知的已知"，即有些事情我们知道自己知道；"已知的未知"，即有些事情我们知道现在我们还不知道；"未知的未知"，即有些事情我们不知道我们不知道。因此，当我们竭尽全力将这些信息汇总在一起之后，我们说这基本上就是我们所看到的情况，这实际上只是已知的已知和已知的未知而已。我们每年都会发现一些未知的未知事情。

听起来像个绕口令，其实不是。这是一件非常严肃、重要的事情。还有另一种说法，那就是缺乏证据并非不存在证据……也就是说，你没有证据证明某事存在，并不意味着你有证据证明它不存在。然而，当我们对威胁进行评估时……我们最终几乎总是会套用那个绕口令的前两个情景来分析威胁，而不是从所有三个情景来判断。[68]

记者团在正式的政府新闻发布会上通常是不慌不忙、镇定自若的，可是他们对刚刚听到的消息感到"震惊和不寒而栗"。美国国防部长是不是失去了理智？抑或他说的东西非常深刻，更像是那些人们期望在大学哲学研讨会上听到的东西？拉姆斯菲尔德的绕口令很快风靡全世界，这番话成为搞笑段子和知识分子们戏谑的主题。平心而论，拉姆斯菲尔德并不是第一个搬出这个自明之理的人。多年来，在讨论太空飞行中可能出现的问题时，已知的未知和未知的未知是美国国家航空航天局总部的通俗用语。美国心理学家约瑟夫·勒夫特（Joseph Luft）和哈林顿·英厄姆（Harrington Ingham）在 20 世纪 50 年代把"未知的未知"作为一种治疗方法。这些拗口的大道理有很悠久的历史。然而，在"9·11"恐怖袭击摧毁世界贸易中心、造成 2977 人死亡之后，未知的未知一夜之间变得真实得令人毛骨悚然，也印在了每个美国人和世界各地的人们的脑海中。

人工智能带给人们的最大好处，就是积累数据和用分析技术来揭示已知的未知和未知的未知。也就是说，让我们成为千里眼，现在就知道未来会发生什么，包括已知的和未知的。在一个超高效的技术驱动型社会中，一个最被忽略的影响是，事件发生的速度会如何增加事件偏离轨道的风险，这是一种潜在的灾难性影响。各个学术领域的学者、商界领袖和政府监督者都在忙于降低未来的风险，这是可以理解的。

这就是人工智能和数据分析的用武之地。它主要应用在预测上，尤其是在商业领域。它的目标是根据过去的需求和倾向，在消费者意识到潜在需求之前就对其做出预测。近 20 年来，音乐和电影行业一直在使用数据挖掘技术，来分析和预测一首歌曲或一部电影如果发行是否会取得商业成功。铂蓝音乐智能公司（Platinum Blue Music Intelligence）和 Epagogix 等公司乘此东风蓬勃发展。各个商业领域的企业也纷纷效仿，在推出消费产品和服务时，利用分析技术和算法，针对具体的（可能成为客户的）人群投放广告、进行营销推广。这些人之所以成为潜在客户，是由于他们过去的兴趣和购买记录与所营销的项目或服务最为匹配。

关于预测性分析如何阻止新兴的艺术、娱乐、产品和服务进入行业并打破应有的传统模式，从而缩小通往未来的窗口，学者们进行过激烈的争论。预测分析通常会根据过去的偏好和倾向，将潜在的进入者锁定在一个生态系统中，从而缩小他们的个人能动性。

密歇根大学从事数字化研究的约翰·切尼-利波尔德（John Cheney-Lippold）教授描述了预测分析，认为其目的是指导、管理和剥夺公众个人能动性。他写道：

> 控制论的分类方法……让我们知道自己是谁、想要什么、我们应该成为什么样的人……并最终要求我们设想自由……与以前的想象差异很大。实际上，我们正在失去对自己在网上是谁的控

制权，或者更具体地说，我们正在失去对构成我们身份类别的含义的所有权。[69]

皮尤研究中心在 2017 年的一项调查中，就"算法的利弊"问题向社会各界专家寻求建议和意见。虽然大家都承认积累数据并利用分析技术来开发算法，能更好地理解数百万人如何定义自己的生活，但每一轮对话都会出现三个压倒一切的条件：第一，算法反映了程序员和数据集的偏见；第二，算法分类加深了鸿沟；第三，由于企业数据收集者的原因，算法会形成过滤泡和孤岛——它们限制人们接触到更广泛的思想和可靠的信息，并消除了偶然性。[70]

特别有趣的是，专家的对话中数次出现了效率、利润和个人能动性损失等字眼。皮尤研究中心发现了广泛共识，专家们普遍认为"算法主要是为了优化效率和盈利能力而编写的，并没有过多考虑数据建模和分析可能产生的社会影响"[71]。许多受访者同意，"人类只是被当作这个过程中的一个'输入量'，并没有被看作是真实、会思考、有感觉和变化着的存在"[72]。一位受访者对问题进行深入研究后指出："算法重视效率，而不是正确性或公平性。随着时间的推移，它们的演变仍将遵循最初为它们设定的优先项。"[73]

预测分析虽然把数十亿人未来的能动性范围缩小了，但与以先发制人为目的的分析相比算是相当温和了。在这个竞技场上，超高的效率以前所未有的规模威胁着时间的流逝。

防患于未然

"9·11"恐怖袭击之后，2002 年 6 月 1 日，在美国军事学院（即西点军校）的毕业典礼上，乔治·W. 布什总统面对毕业班的学生发表了演讲。总统告诫学生们：

> 我们如果等待威胁完全变成现实，那就是坐以待毙……我们必须去与敌人作战，破坏他们的计划，在巨大的威胁出现之前控制住局面……我们的国防安全将要求所有美国人具有前瞻性并果敢，准备好在必要时先发制人。[74]

当时，少有记者关注布什总统的这次演讲，更别说美国公众了。然而，这次正式提出"先发制人"，不仅标志着美国军事战略和外交政策的一个根本变化，也标志着政府治理的转变，这将迅速渗透到商业事务甚至公众社会的运作中，影响大众的福祉和社会的核心价值观。

就在那一天，总统将美国以及其他国家和人民带入了未知的未知的黝黯之地。我们能够用于应对未来不可知风险的唯一方法，就是马上出手进行干预，先发制人，阻止在近期或遥远的将来的某个时间可能发生的"想象中的事件"。

首先，"先发制人"在逻辑上存在矛盾。人工智能分析师在过去大量的数据中搜寻线索，可能有助于他们揭秘未知的未知，发现那些假想发生在未来某个时间段、某个地方的有害事件，然后在事件发生之前就启动现时应对措施。然而，过去的数据不太可能发现从未发生过的未来，因此无法提供充分的信息来帮助揭开"一个未知的未知"。其次，由于先发制人是针对想象中的事件而采取的行动，因此"它"就成了唯一的事件。但是，这样做的同时，先发制人实际上也为报复性回应创造了条件，而不是成为那个回应本身。具有讽刺意味的是，虽然打着"未来有风险，我们应当把威胁扼杀在萌芽状态"的旗号，但是先发制人的策略反而制造了它想要避免的风险，就在此时此地播下了混乱的种子。

自"9·11"恐怖袭击以来，利用大数据和分析来开发算法，可以用于发现未知的未知，也带来了先发制人方法的流行。特别是城市，越来越依赖"预期安全演算"来识别未知的未知的未来风险。它的操作规程要求建立 7×24 的算法监控，以提供有关公民的倾向、活动和出入等几乎实时跟踪的海量数据。然后，他们使用这些数据和相应的分析技术，在潜在风险发生之前进行干预和先发制人，认为这是阻止犯罪和反社会活动的一种有效手段。

政府主导的监视和先发制人措施，主要针对那些被认为危险和对公共安全构成威胁的潜在犯罪活动和社会抗议活动。然而，社会学家指出，确定谁是风险和哪种类型的活动会构成威胁，往往受到收集数据和编写算法程序的分析师的偏见的影响。偏见将监视目标对准了少数族裔和弱势社区、自由派和左翼社会抗议运动，甚至是保护动物权利组织。

分析师所谓的"未来"，成了"先发制人"治理政策（一种新型的"预期治理"，通常以城市为重点，采取主动出击进行干预）的依据。近年来，一些商业应用程序零星出现，吸引公众对可能具有潜在风险、需要主动干预的状况提供实时监控。当用户步行或驾车靠近某些街区时，这些应用程序会提醒用户，这些社区是犯罪率高的地区、光线不好的地区、有废弃的建筑物或街头有大量无家可归者，并告知他们这些是"不安全的社区"。这些应用程序还鼓励用户在经过这些社区时向平台发送他们的印象和观察结果，这些信息可以实时添加到数据库中。

几年前，微软为"行人路线规划系统"申请了专利，这是一个以导航功能为主的应用程序，可以在"危险"社区周围为行人重新规划路线。[75] 一些应用程序引发了公众的愤慨，尤其是弱势群体集中街区的少数族裔社区，这迫使平台"自愿"下架或重新设计程序，以消除或至少掩盖任何明显带有歧视性的特征。

"先发制人"策略是为未知的未知特别准备的，即那些构成潜在扩散威胁的未知事件，包括抗议、骚乱和抢劫。这些人群和他们所占据的空间会被加强监视、增加警察巡逻和其他必要措施，比如提前宵禁或封锁特定街道，防止潜在的不良活动。

政府和公众在情感上更多地相信防患于未然，而忽视当前的机会，这标志着社会心态和情感发生了根本变化。但是，这种在治理上的转变带来了政治后果，引发了令人寝食难安的问题，这些问题直指民主法理学的核心。渥太华大学法学院伦理与技术学科首席研究员伊安·凯尔（Ian Kerr）在《斯坦福法律评论》中写道：

> 先发制人战略的宽泛化可能会挑战一些我们最基本的法律审慎原则，包括无罪推定。……大数据使先发制人的社会决策成为一种可宽泛战略。这种策略使个人无法观察、理解、参与或回应收集到的信息，或对这些信息做出假设。当人们认为大数据可用于做出涉及我们而我们不知晓的重要决策时，先发制人的社会决策与尊重隐私和程序正义的价值观形成了对立。[76]

先发制人意味着权力的最终篡夺——将他人的未来置于自己的长期封锁和控制之下，阻碍一部分人在本属于自己的时间范围内发挥其主观能动性。

泰勒主义在过去一个世纪里产生的普罗米修斯式的影响是毋庸置疑的。地球这个复杂系统的几乎每一个组成部分都被以效率和利润的名义征用并商品化。现在，效率至上主义甚至导致了资本主义制度的内部危机，正如我们所知……接下来看最后一幕。

第六章
资本主义的第 22 条军规：提高了效率，减少了工人，消费者负债累累

鼓吹效率至上的人们虽然头脑敏锐，却对一个显而易见的矛盾视而不见，这个矛盾在把科学管理原则应用于工业生产过程的一开始就很明显。在泰勒看来，那些所谓的"愚蠢的劳动力"连最简单的机器操作或商业要素都不懂，但他们至少明白，在减少劳动力成本的同时加速生产更廉价的商品会带来什么后果。世界各地的工人都意识到，在更短的时间内生产更多产品，虽然效率更高，但是难免意味着需要的工人更少，从而导致劳动力减少和失业人群增加。

到 20 世纪 20 年代中期，美国工业生产的效率已经非常高，企业以更廉价的制造成本生产出更多的商品，同时辞退多余的员工以节省劳动力成本，并对在职员工的补偿金上限进行压缩。

消费危机

工人的担忧并非没有根据。对科学管理和效率至上的盲目推崇迎面撞上了消费危机，因为工人越来越少，工资越来越低，留下制造商"四面楚歌"。一边是制造商积压了大量库存，另一边却是零售商店门可罗雀。亨利·福特是第一个醒悟的人，意识到现代流水装配线

的效率造成了"消费赤字",他为资本家同行们提出了一个闻所未闻的理念,即美国公司应该慷慨地为工人加薪并减少每周工作时长。"否则,谁会买我的车?"他问道。[1]

难能可贵的是,福特把他的理念付诸实践。他首先将8小时工作制制度化,其他企业巨头不情愿但也迅速效仿这一做法;他给工人们加薪,这依旧是遭人憎恨的事,因为其他公司的领导者依旧固执地坚守效率至上的信条,而效率至上强调引入更廉价、更高效的技术,以降低劳动力成本,为公司带来更多利润回报。

美国全国制造商协会一边恳求公众"结束买方罢工",但另一边,它的成员却继续用更便宜、更高效的机器取代"生产力低下""无足轻重"的工人。1925年,美国国会对此进行了干预。国会就国内地方性失业问题,在众议院教育与劳工委员会举行听证会,得出的结论是:"技术进步"是失业问题的主要原因。此外,根据众议院委员会的报告,那些被解雇的人处于失业状态的时间越长,即使被重新雇用,所得的薪水也越少。[2]

与此同时,虽然商界不情愿地同意8小时工作制,以平息日益激烈的劳工运动,但是,他们不愿意增加工资补偿,继续用更有效率的机器取代人力,这进一步削弱消费者需求。相反,他们寻找新的方法来诱导工人购买商品。

正是在这个时候,现代广告业异军突起,借心理学领域的新概念现学现用,通过鼓吹"活在当下",勾画"美好生活"的图景,诱导工人们背离朴素节俭、量入为出的价值观,正所谓今朝有酒今朝醉,哪管明日是与非。流行杂志描绘出一幅图画——一个个活在当下做着美国梦的新男女。广告肩负起的责任就是毁掉用传统责任和关系定义的个性,而改为用一个人拥有的物质财富和所处的环境来定义自我。一个人的"性格"跟他的"个性"相比变得越来越模糊,而所谓的"个性"的定义也更多的是着装打扮,以及被越来越多的财产围着,追求曾经只有超级富豪才能享受的生活方式。

广告业意识到他们需要创造"永不满足的消费者",而这些消费者反过来又会让人们渴望更多、更好的新颖的东西。汽车公司跃跃欲试,成了第一个吃螃蟹的。当时的通用汽车公司一直是福特汽车公司的跟屁虫,但这次它最先接受了全新的广告策略。当亨利·福特向公众宣布推出 T 型汽车时,他说:"只要汽车是黑色的,顾客可以给它漆上任何他想要的颜色。"[3] 相比之下,通用汽车意识到它可以通过提供不同款式、不同颜色的汽车,并且每年更换型号,使客户不再满意他们已有的车子,从而对最新版本的汽车充满期待,这一定会增加销量,甚至超越福特汽车。通用汽车的查尔斯·凯特林(Charles Kettering)表示,经济繁荣的关键是"让消费者一直不满足"[4]。

商界逐渐明白,提高销量的最佳方式是不断推陈出新,哪怕这些新车型和新版本只是在装饰或其他微不足道的地方稍作变化。广告宣传把消费者的购买行为从满足实用目的转变为一种充满诱惑的体验。公司将他们的产品定位为"新的、更好的",把消费变成一种"攀比"的游戏,让追时尚、讲派头成为人们的日常。

尽管如此,铺天盖地的广告还需要第二支强心剂来有效刺激消费增长。它们在当时涌入美国的新移民家庭中找到了自投罗网的猎物。这些在美国出生的第一代移民家庭的孩子渴望体验美国梦。移民父母节俭的生活方式和传统习俗让他们觉得很没面子,广告业利用了他们的这种尴尬心理和渴望,鼓动这些土生土长的年青一代选择商场里的服装和节省劳动力的最新家用电器。广告业利用电影和广播等新媒体来展示一种更能刺激感官和物质享乐主义的文化,让美国的新一代变成了后来被称为"消费至上主义"的一部分。

到 1929 年,广告已经彻底将消费的概念从单纯的必需品转变为享乐主义的渴望。同年,赫伯特·胡佛总统的最新经济变化委员会发表了一份报告。报告显示,短短几十年内,人类的心理在精明的广告

业的操弄下发生了明显的变化。以下是调查结果:

> 调查最终证明了大家长久以来坚持的一个理论是正确的,即欲望是无止境的。当一个欲望得到满足的时候人就会产生另一个欲望。结论是,从经济上讲,我们前途无量;再新的需求,只要得到满足,马上就会为更新的需求让路,这个过程会往复不断。……广告和其他促销手段……已经对生产产生了明显的拉动。……看来我们可以继续刺激消费。……目前的形势是幸运乐观的,我们的势头正旺。[5]

唯一的问题是如何能够买得起单来确保实现美国梦。资本主义制度以赊购的形式解决了这个问题,它被称为分期付款。在19世纪,人们越来越多地通过分期付款的方式购买像家具这种的昂贵大件物品。胜家(Singer)缝纫机是最早可以通过分期付款购买的家具之一。该公司早在1850年就开始推广这种新的支付方式。到20世纪20年代,按揭贷款开始盛行。购买汽车排在按揭贷款业务的第一位。汽车是当时最昂贵、最有价值的资产,而且比其他任何东西都更能体现美国梦的含义。早在1924年,销售出去的所有汽车中有75%是通过按揭方式支付的。[6]

大众广告颂扬一种光鲜和美好生活的愿景,最终催生了社会评论家克里斯托弗·拉希(Christopher Lasch)所谓的"自恋文化"[7]。这个新时代将通过分期付款的办法刺激赊购,以弥补工资下降和就业不足的问题,为大众消费提供解决办法,让企业重拾效率至上的教条并加速生产——机器轰鸣不断,企业财源滚滚。

1929年,随着股票市场的崩塌,消费盛宴也戛然而止。在20世纪30年代的整个大萧条期间,只有极少数人有工作,而且他们的报酬也越来越少,但即便如此,按揭贷款还在苟延残喘。提倡节俭的呼声回响不断，但这一次不是为了存钱以备将来的不时之需，而是为了避免露宿街头。

尽管消费需求急剧下降，但在大萧条期间，美国企业继续用更便宜、更高效的技术取代工人。1938年的一项研究发现，虽然51%的工时下降是由于生产减少，但令人吃惊的是，49%的工时下降应归因于生产率的提高和劳动力被取代。[8]

既然更高效的技术和不断提高的生产力会减少对劳动力的需求，那么社会面临两种选择：减少工人数量或减少每周工作时间。大多数公司继续采用前一种做法，但这无异于挖肉补疮，因为即使有分期付款，更少的工人还是意味着更少的人能拿到工资和购买力下降。不过，有一些公司决定咬紧牙关，改为每天工作6小时，每周工作30小时，分配工作机会给更多的人并留住在职员工，以期这些举措能振兴消费并提振经济。

美国一些领先的公司，像家乐氏公司、西尔斯罗巴克百货公司、标准石油公司和哈德逊汽车公司，都改为每周工作30小时。更有甚者，家乐氏公司把男员工的每日最低工资提高了4美元，相当于抵消了每天损失的2个工时。[9] 要求工人每周工作30小时的联邦法案在美国众议院获得了通过，并得到足够多的选票，有望在美国参议院获得通过，但这一法案最终被罗斯福总统否决了。

一边是企业我行我素，依然用更先进的技术取代工人；一边是即将上任的罗斯福总统推出了一系列备受瞩目的计划，这些计划由政府发起和资助，目的是让人们重返工作岗位、刺激消费支出并提振经济。尽管新政的每一次努力都或多或少地起到些作用，但还不足以将消费支出恢复到与美国工业生产能力相匹配的水平。结果是许多企业失败并宣布破产。

不管怎样，科技依然在不停改造着企业，产能还在不断提高，但企业却找不到足够的购买需求来消化库存。尽管新政中有许多大胆举措,但美国一直深陷萧条的泥淖,直到加入第二次世界大战,美国经济才因为战时生产而重新振作起来。数百万美国人加入军队,其他数以百万计的人(尤其是女性)进入报酬丰厚的国防产业就业。

虽然军工行业的工人的收入有所回升,但价格控制和配给制度使人们无法再像大萧条前那样购物和消费。大量的基本商品——占所有消费者购买量的1/7——受到配给制的限制,这严重阻碍了消费支出。[10] 由于战争期间什么都要配给,人们的生活开销减少,家庭储蓄反而增加。美国家庭那些年的积蓄很快就会在战后派上用场。

归国的士兵急切地想要弥补失去的岁月,纷纷拿着联邦住房管理局的贷款去买郊区的房子。20世纪50年代后期开始兴建的新州际高速公路的出口,就设在这些住宅地块沿线。州际高速公路系统成就了美国有史以来最昂贵的公共工程项目。郊区让美国梦得以重生——而这一次,美国梦是沿着一条后来被称为"郊区居家生活"的路线展开的。

郊区的亚瑟王宫

美国工业在战争动员的时候活力四射,此时它以同样的力量推动着郊区经济的发展。应该指出的是,居住在郊区的家庭拥有一辆以上汽车的可能性是城市家庭的两倍。[11] 随着快餐连锁店、购物中心和主题公园的引入,郊区也有了新的公共生活。州际高速公路系统在美国开启了一种新的旅行方式——汽车旅游,这促进了汽车的销售。当美国人驾车在这个国家广袤的土地上自由驰骋、享受它的文化多样性时,会发现汽车旅馆和旅游景点无处不在。

消费主义这股潮流也蔓延到了郊区。在很短的时间内,郊区出现了大量的工作岗位而且薪水丰厚,这正好与美国30年的州际高速公路基础设施建设时间吻合。各种工人都被招募到美国城郊参与建设。经济再度繁荣为数以百万计的美国人带来了享受，但即使如此也难以填饱住在城郊的人们那永不满足的胃口——他们的胃口是通过电视这个新媒体上出现的大量消费广告培养起来的。1950 年，只有 9% 的美国人拥有电视机，但到 1978 年，已经有 91% 的美国家庭拥有电视机。[12] 大多数美国人看电视成瘾。根据尼尔森公司的报告，在 2009 年，一个 65 岁的美国人差不多花了整整 9 年的时间盯着电视屏幕，平均每天 4 小时，每周 28 小时。更重要的是，一个 65 岁的人一生平均观看了超过 200 万个电视广告。[13]

电视的诱惑在于节目是免费的。地方电视台和电视网络通过广告获得收益，这就是玄机所在。说实话，电视首先是一种广告媒体——它在"每个客厅都放了一个推销员"；其次才是一种娱乐媒体，用来吸引潜在消费者。它确实奏效了。如果数以百万计的美国人对看电视上瘾，媒体就会操纵他们的心理，让他们同样沉迷于消费更多的物品和购买更多的体验。消费主义获得了新生。

即使是在昙花一现的"郊区梦"期间，人们税后收入的增加也无法跟上他们的购物瘾。这一次，金融界用循环贷款和信用卡救了急。百货公司率先引入循环信贷制度，客户可以延迟支付，只需要为还没付清的尾款支付利息就行。实际上，大型百货公司摇身一变成了银行，而且从客户循环贷款账户中收取的利息根本不亚于他们在销售商品时所赚取的利润。[14]

20 世纪 60 年代，百货公司使用的循环贷款计划引起了银行和大型金融公司的注意。虽然在 50 年代银行发行信用卡的尝试基本上被证明是不成功的，但由于感受到信贷市场的规模巨大，银行决定卷土重来。住在郊区的中产阶级家庭正在争先恐后地举债来支撑他们的新生活方式，尽管存在潜在风险，银行依然推断，随着时间的推移，消费者通常能够偿还本金。

美国银行于 1958 年率先推出美国银行信用卡。1976 年，该卡更名为 Visa 卡。1966 年，一个加利福尼亚银行联盟推出了万事达卡。信用卡在 20 世纪 70 年代出现爆炸式增长，很快就取代了现金和支票被用于购买商品和服务。与百货公司不同的是，银行和金融机构拥有更雄厚的财力，可以在宏观规模上提供消费贷款。信用卡改变了债务市场的游戏规则。

无限制的循环信贷让消费者可以自己掌控需要借多少钱，而不是由银行来设置限制，这从根本上改变了贷方和借方之间的关系。当银行意识到，消费者延长循环信用额度的次数越多，它获得的利润就越多的时候，非常乐意奉陪和坐享其成。而且，银行认为只要对客户进行严格的背景审查，确保那些中产阶级背景的主要潜在用户有优良的信用记录，那么信用卡的风险似乎是可控的。

然而，正是在这段时间，金融圈将消费贷款的范围扩大了，涵盖了没能获得贷款资格或信用卡的数百万美国人，这无疑是一场豪赌。新的衍生品被称为"次级贷款"。为了赚更多的钱，银行和信用卡公司向 26% 之前被排除在外的美国人提供信用卡，他们大多是弱势群体，这些人贫穷、没有工作而且信用记录不良甚至没有信用记录，因此无法判断他们的信用风险。这些新的信用卡持有人被标记为"薄档"客户①。[15] 尽管次级贷款存在内生风险，但金融界和美国工业界依然决心靠它来刺激消费。

工作的终结

与此同时，完成第二次工业革命基础设施建设花的 30 年和其间的高薪岗位掩盖了一个不同寻常的现象。这个在各行业悄然出现的现象，影响着蓝领和白领劳动力市场。这就是就业岗位的级别种类不断

---

① 即信用度较低的客户。——译者注

减少。整类的工作在消失，威胁到数百万美国人的生计，对经济和社会的未来也产生令人寝食难安的影响。

这个劳动就业的新问题可以追溯到 1943 年，当时麻省理工学院的数学家诺伯特·维纳（Norbert Wiener）在《科学哲学》杂志上发表了一篇关于控制论新理论的学术文章。该文章从技术层面描述了机器如何思考、学习并通过反馈调整自身的行为。维纳对控制论的阐述为计算机时代和后来的人工智能时代提供了科学和技术的框架。他认为："人的身体机能与某些新的通信机制的运作完全并行不悖。"[16]

维纳意识到，更高效的智能机器的出现将给工业和商业带来深远的影响。他警告说："自动化机器……在经济上就是奴隶劳动的等价物。任何劳动力，如果要与奴隶竞争，就必须接受奴隶劳作时的经济条件。"[17]

他极具先见之明的预言很快就实现了。许多工厂于 20 世纪 50 年代后期引进了第一代数控技术，它标志着工业生产自动化的开始。在随后的几十年里，计算机化和自动化迅速渗入经济生活的各个方面，首先淘汰了非熟练劳动力，然后是熟练劳动力、白领阶层，以及专业型和知识型劳动力。到 90 年代，一切都已经很明显，一场有关工作本质的革命正在消除经济中诸多行业的就业岗位（请参见我的书《工作的终结》，1995）。

从那时起，数以百万计的工人被机器人、计算机化和人工智能所取代，效率至上主义更是甚嚣尘上。与此同时，每个国家的劳动力更加贫穷、就业机会被纷纷破坏，造成的消费危机影响深重，以致扩大消费贷款以鼓励大众消费这样的权宜之计越发被滥用，成为一枚社会定时炸弹。90 年代初期的美国家庭平均储蓄率约为 8%，随后几年急剧下降，到 2000 年时降至 1%。[18]

抵押未来

就在自动化革命进入高速发展阶段的同时,另一股破坏性的力量正在聚拢——1997 年,次级抵押贷款被引入了房地产市场。次级抵押贷款这种最新的金融衍生品让美国经济和社会踏上了一条疯狂的道路,并迅速波及其他国家。这个历史性的大泡沫最终在 2008 年夏末破灭。尽管华尔街和银行界至少在潜意识中能感到次级抵押贷款具有庞氏骗局的所有特征,但正如经济学家约翰·梅纳德·凯恩斯(John Maynard Keynes)指出的那样,他们最终屈从于自己的"兽性",掐灭了下一步可能出现的任何担忧或预判。在这件事情上,可以说金融界、华尔街和房地产行业的每个人都曾置身其中并推波助澜。

次级抵押贷款使得人们用很少的预付款就可以购买房屋,贷款利率会随贷款时间的推移而增加,由此鼓励了几百万的新买家。在此之前,这些购房者的收入水平和信用等级并不具备资格,但他们纷纷上钩,购买超出他们支付能力的房屋。房地产市场进入狂热状态。仅在 2000—2006 年,次级抵押贷款的百分比就从约 8% 的市场历史基线飙升到 20%。[19] 投机交易直冲云霄。投资者——那些将购买房屋当作投资而非居住的人——仅在 2006 年就从 20% 上升到 35%。[20] 新购房者也变成了投机分子。他们买下房产,等待房价上升后抛售,然后再买入更贵的房子并准备待房价上涨后脱手,如此循环反复。由于有越来越多的买家进入市场,因此房价不断上涨。在美国的一些地区,房价甚至翻了两三倍。

2008 年房地产泡沫破灭,房价暴跌。[21] 数以百万计的美国人在高歌猛进的房地产市场泡沫中投入越来越大,在债务中也就越陷越深。他们从没想过有一天"世界末日"会到来,如今却发现自己无法支付抵押贷款的利息,而那些利息其实是被延迟了多年如今要到期支付了。法拍房在美国增加,银行和其他贷款机构面临破产。华尔街的一些大公司倒闭了。雷曼兄弟是第一个，紧接着，持有数十亿美元次级债和贷款的美国国际集团（AIG）面临破产。银行冻结贷款，美国经济经历自大萧条以来最严重的崩溃，经济增长放缓乃至停滞。这次经济崩溃从此被称为"大衰退"。

美国联邦政府急忙拿出 2000 亿美元救援华尔街，并声称这些美国金融巨头"大到不能倒"。虽然制造泡沫的华尔街公司大多躲过了一劫，但几百万美国家庭和劳动者却成了牺牲品。到 2009 年年底，美国失业率飙升至 10%——如果加上因没有合适工作而待业的工人和希望全职工作却只能从事兼职工作的边缘劳动者，那么这个数字高达 17%。这些加起来，房地产泡沫导致 2700 万美国人失业或不能充分就业并背上沉重的债务，仅 2010 年就有 290 万房主收到银行贷款违约的通知。[22] 2008 年，美国家庭累积的债务已接近骇人的 12.7 万亿美元，美国劳动者及其家庭所遭受的惨重损失由此可见一斑。[23] 为了更直观地表现这种惨重程度，我们可以看一下美国 2008 年的 GDP，只不过 14.713 万亿美元。[24] 显然，资本主义体系被摧毁了。

更令人沮丧的是，显然没有人从大衰退的屠戮中吸取任何教训。的确，美国在 2010—2020 年的经济复苏中反弹。但是，在某种程度上，这种复苏只是又一次消费者债务泡沫积聚而成的海市蜃楼。2020 年第一季度——在新冠病毒引发经济衰退之前——美国家庭的债务总额在过去 10 年回升至 14.3 万亿美元，比 2008 年的债务峰值高出 1.6 万亿。[25]

为什么公司不根据生产率的提高来提高工资，并根据机器人、自动化和人工智能带来的效率提高减少工作时长——这似乎明显更加合理？答案是，这公然违背了公司向股东发布的会计程序和相应的季度报表。上市公司都谨小慎微，批评者称之为"短期主义"，它们必须向股东证明其每个季度的收入都在增加，否则可能面临股价下跌的风险，或者更糟的是，更换首席执行官。

通过引入更便宜的技术和人工智能来提高效率和生产力，公司能够让工人离开并保持现有劳动力的低工资。削减成本让账面更好看，可以显示收入增长，让股东高兴。从长远来看，金融界和美国工业如果能与美国劳动力一起分享新技术和更高效技术带来的收益，将会更好；但不幸的是，这与系统运作的方式相矛盾。根据成本效益分析衡量的效率才是系统的驱动力。

效率游戏失控

消费主义一直阴魂不散并以更加错综复杂的面目出现，怂恿消费者不断消费直至背负上债务，同时，自泰勒主义诞生以来，效率范式同样朝着越发精细化的方向发展。泰勒早先在应用科学管理原则时所采用的方法，与后来福特汽车公司采用的方法相比显得很迟钝，于是此后不久，其他企业纷纷效仿福特公司的做法。此法不久就风靡美国工业界甚至远播海外。时值 20 世纪 50 年代，正是全球制造业经历收益递减的时期。大约就在那个时候，日本丰田汽车公司开始试验改良版的泰勒主义，并将其称为"精益生产"。乍看之下，这个更加前卫的新版本在应用上似乎与泰勒最初的设想大不相同，但过去半个世纪的实践表明，这种管理劳动力的新方法往往比人们想象的更加贴近泰勒主义的精髓。

与福特主义一样，丰田的目标同样是专注于以更少的资源和劳动力生产更多的产品，但二者的不同之处在于生产过程的性质和对待劳动力的方法。丰田的管理者相信，以大规模生产标准化产品为基础的福特主义过于僵化，难以对市场偏好和消费者需求的变化灵敏地做出实时响应。

依赖标准化流水线进行大规模生产的公司也会力求全速运转以降低成本。由于机器设备耗资巨大，企业会尽量避免停机，这样才能优化机器的摊销成本。为确保持续运营，在管理上需要设有"缓冲区"，也就是额外的库存和工人，以避免原材料断供或生产流程减速。最后，机器设备的投资成本高昂，阻碍了产品线的更新换代。权衡的结果是，消费者从便宜的价格中得到实惠，但代价是产品更新缓慢、种类减少。

精益生产，也称为准点制造，其设计特点是反应敏捷和调整灵活，目标是只生产当前市场需要的产品，在提供各种个性化产品以满足不同客户需求的同时，提高整个价值链的效率。在1991年出版的《改变世界的机器》一书中，管理学教授詹姆斯·沃麦克（James Womack）、丹尼尔·琼斯（Daniel Jones）和丹尼尔·鲁斯（Daniel Roos）认为，精益生产之所以精益，是因为：

> 与大规模生产相比，它所耗费的资源更少——一半的工厂人力，一半的生产制造空间，一半的设备投资，用一半的设计工时在一半的时间里开发出新产品。此外，它需要的实际库存比传统实际库存的一半还要少，从而减少了许多产品瑕疵，并生产出更多种类的新产品。[26]

日本的精益生产法不再强调泰勒主义主张的对员工自上而下的命令和控制，而是将员工组织成一起协作的团队，并将劳动过程逐渐分解为越来越小的任务。设计工程师、计算机程序员和工厂工人面对面交流，他们在工厂车间分享想法、解决问题并就地执行大家的决策。精益生产的基本原理是，依靠具有多学科知识背景的团队在现场即时操作，在解决问题的同时减少设备停机时间。

在一个称为"协作工程"的环节中，工人们甚至被邀请来分享他们对新车开发的想法，包括关于设计、生产、分销、市场推广和销售的意见。这些都是为了确保以更无缝的系统来制造和销售汽车。这个团队合作的流程，不是要让员工有被重视的感觉，而是确保效率。一个新产品哪怕只延迟 6 个月推向市场，也可能会使利润缩减多达 33%。[27] 设计阶段就邀请所有人参与，可以降低成本并避免产品延迟上市。

精益生产系统是围绕所谓的"五个零"战略构建的：零瑕疵、零故障、零延迟、零纸张（减少官僚主义）和零库存。这就是精益的含义——即刻使用所需的资源，生产客户要求的产品。

精益生产理论听起来好得让人难以置信，而且与泰勒主义大相径庭。但实际上，权力的行使总是自上而下的，只不过更含蓄；企业对员工的要求更高，而且并不像人们看到的那样民主。这并非说它缺乏效率。恰恰相反，通过对每个工人提出更高的要求——充分调动他们的身体和心智——使用精益生产理论的公司实际上提高了效率，优化了资源的使用，节省了生产和交付产品的时间，同时还节约了运营成本。

加拿大特伦特大学的社会学家克里斯托弗·赫胥黎（Christopher Huxley）对美国、加拿大和墨西哥采用精益生产制度的公司进行了 30 年的跟踪研究。他发现，精益生产"强调工作的强度……并加快计时生产工人的生产速度"，并且因"一种被描述为'压力管理'的加强管控的特殊手段而变本加厉"。[28] 此外，"对 Kaizen（日语"持续改进"的意思）原则和减少非增值劳动时间的追求表明，在职工人面临的是一场旨在避免返工和减少设备停机时间的残酷运动"。[29]

赫胥黎总结道："在北美推行了 30 年的精益生产实践所提供的证据并不足以支撑该理论最初大肆宣扬的论调，说什么新系统将从根本上改变，为那些在新工作环境下工作的人带来更好的工作、生活品质。"[30]

事实证明，精益生产只是泰勒主义的一种更隐晦的形式，其宗旨就是通过操控员工的心理来提升他们的工作表现，从他们身上榨取更高的效率，这些都服务于以最低的支出优化产出。

终局之战

从 20 世纪到 21 世纪,企业管理劳动力的方法更加神秘。无论是采用严格的行为奖惩制度,还是号召积极参与和倾情投入,抑或培养情商,其目的都是把工人调教成他们要看护的机器的高效附属物。

现在,数字革命通过大数据、分析、算法和监控,已经将商业生活提升到了一个新的水平,不断加速经济活动,使得 20 世纪早期的泰勒主义看起来就像是"过家家"。参与高速数字化经济活动所产生的精神压力正把各行各业的人推向人类忍耐力的极限。机器人、自动化和人工智能取代了大量人工,甚至大部分专业劳动力在接下来的几十年中也会被逐步取代。效率至上主义现在正以惊人的速度发展,而大多数人不太可能在身体、情感和精神上与之齐头并进,他们很可能面临着被淘汰的命运。

每个行业都有自己崇尚的指导原则。例如,在房地产行业就是"地段、地段,还是地段"。管理的关键是"衡量什么就管理什么"。这是过去六代企业管理者传承下来的泰勒主义衣钵——冷饭一遍又一遍地被翻炒,以适应主流社会叙事的胃口。

如果说福特主义和精益生产主导了 20 世纪,那么"亚马逊人"则将泰勒主义的愿景带入了 21 世纪。亚马逊是世界大型的物流公司,它的一切工作都与衡量、管理和超级高效有关。2019 年,该公司在全球交付了 35 亿个包裹,并在 2020 年年底跃升至世界 500 强的第一名。[31] 其创始人杰夫·贝佐斯现在是世界第二富有的人,身价大约为 1700 亿美元。[32] 他那庞大的物流帝国简直就是史上线上最高效的现代工业机器。如果弗雷德里克·泰勒能活到今天,他一定会对贝佐斯运用科学管理原则所取得的巨大成就的宽度和范围而倍感敬畏。

但一个人的乌托邦梦想往往是另一个人的反乌托邦噩梦。贝佐斯的巨大仓库及其自动化控制系统、无处不在的监控和数以千计的移动机器人，都通过"算法物流指导网络"进行同步，这是一项了不起的技术成就。但是仔细观察就会发现一个肮脏的事实：即使配备了这些高科技的设备，整个系统的成败还是落在 120 万名员工的肩上。他们中的大多数人工资微薄，工作的环境也很差——虽然现在有了空调和消防设施。[33]

亚马逊引以为豪的是它的绩效准则和管理，还有员工超负荷工作的状态——无论是精神上还是身体上。当因为常人难以忍受的工作节奏和工作量而"抓狂"时，他们得到的不是安慰，而是主管的告诫，提醒他们应当"咬牙挺住"。亚马逊要求管理层和白领员工 7×24 全天候待命——实际上他们有时工作到午夜，有时会在半夜收到公司的短信。新员工很快就会明白，在这里只有最适合的人才能待下去。[34]

在管理会议上，员工们被要求"互撕"，抨击团队其他同事的缺点、错误和无能，管理层认为这会激励员工超越自己的极限。虽然有些人确实能挺过来，甚至飞黄腾达，但其他许多人因为无法承受不断被要求提高绩效的压力而退出。亚马逊的一位前高管说，他永远也忘不了同事在办公室哭泣时的景象。"当你走出会议室，就会看到一个大男人捂着脸——几乎所有与我共事过的人都曾在办公桌前流过眼泪。"[35]

节俭的口号在亚马逊的工作场所中随处可见——没有多余的装饰，没有额外的物件，更别提午餐补助和宽敞的办公室了。整个企业看起来简陋又寒酸。所有的员工，从新入职的初步筛选到后面逐级晋升，都在不断接受"绩效改进算法"的评估。整个企业从上到下，所有员工的活动，无论多么微不足道，都要被绩效评估，这些数据无一例外地被记录在算法程序中，每一次效率的提高或损失都会被实时记录。从这个意义上来说，亚马逊对 100 多万名员工的效率进行了统计、评价和调整，以保持他们工作的各个方面正常运行，这与公司用在客户和零售业务上的方式如出一辙。

自由记者埃米莉·君德斯贝格（Emily Guendelsberger）到印第安纳州的亚马逊仓库进行"卧底"，并在她的书《上班时间：低薪工作对我的影响及其如何逼疯美国》中生动详细地讲述了这段经历。君德斯贝格是一名"拣货员"，负责从库房中拣出指定的物品并将它们从货架上搬下来，然后将它们放到自动化机器人上送到下一个处理环节。她将位于亚马逊金字塔底部的"订单执行中心"的工作描述为"半人半机器生物的工作"。她工作服的腰上佩带一支扫描枪，这可以随时随地监控她的位置，并引导她从架子上找到要拣出的物品。扫描枪还会提示完成这项任务她用了多少时间。在进行拣货、扫描和发送到下一个处理环节的时候，一个状态滚动条会给每个流程进行倒计时。

当一个状态滚动条全部完成后，扫描枪马上就会显示下一个要执行的任务。每项任务的时间都非常紧迫，几乎没有休息的空闲。君德斯贝格和她的同伴在印第安纳州的仓库中分拣的许多物品都过大且过重，甚至会导致工人背部受伤。2020年，亚马逊一处仓库的高工伤率几乎是全美国非亚马逊仓库平均水平的两倍。[36]

由于厕所少，而且通常位于巨大仓库的远端，因此君德斯贝格和同事上一次厕所至少需要10分钟。她说："你在每11小时的轮班工作期间最多只有18分钟，而且他们确实注意到了——如果你的扫描仪报告你在工作中耽误了太多时间，经理会来找你谈话。"[37] 许多员工表示，他们在轮班之前和轮班期间不喝水或其他任何液体，这是他们唯一的办法。

尽管亚马逊是数字新泰勒主义时代的标杆，但说它是独一无二的并不公平。亚马逊只不过是新泰勒主义时代最成功的新公司。电子传感器、浏览器历史记录保留、电话应用程序、网络记录和面部识别系统都只是数字监控文化的开始。

这些监控都产生了有效的结果吗？绝对的！2009年，UPS（美国联合包裹运送服务公司）在他们的送货卡车上安装了200个传感器，跟踪包括从行驶速度到停靠站的沿途的一切，来评估其每天的最佳送货数量。该公司发现，在对其员工进行监控的4年时间里，每24小时由1000名司机递送的包裹数量增加了140万个。监控对一些人来说是一种激励，对一些害怕被降级或被解雇的人来说则是一种恐吓。[38]

游戏化：让奴役变得有趣

使用数字平台收集海量数据，运用分析方法来挖掘数据、开发算法和应用程序，以提高效率为目的，对工人提出更高的要求……措施之多、程度之广，简直到了令人眼花缭乱的地步，麻木了员工的主观能动性——这是一种历史上独一无二的对人的精神奴役。不过，还更有甚者，它把泰勒主义和效率至上主义提升到了新的高度。它被称为游戏化，是最复杂的命令和控制形式，旨在激发每个工人更高的绩效和效率。

荷兰历史学家约翰·赫伊津哈（Johann Huizinga）在他1938年出版的书中创造了"鲁登人"（Homo Ludens）①一词。赫伊津哈认为，虽然"使用工具的人"（Homo Faber）和"经济的人"（Homo Economicus）②告诉了我们很多关于人类的社会取向的信息，但在更深层次上，社会是从游戏中产生的，"正是通过这种游戏，社会表达了

---

① Homo Ludens源自拉丁文，意为"游戏的人"，该书中文版书名即为《游戏的人》。——译者注
② "经济的人"指始终理性且狭隘自利，并以最佳方式追求其主观定义的目标的人。——译者注

对生活和世界的理解"³⁹。人类活动的许多方面，比如语言、神话和民间传说、艺术、舞蹈、哲学、法律，以及我们彼此讲述的构成我们社会和世界观的大部分故事，都是从深层次游戏中浮现出来的。

游戏的基本要素与工作的要素大不相同。玩，会让人觉得很过瘾。人们不愿意被胁迫或被强迫去参与游戏，他必须自由地参与。虽然高端职业中存在着一定数量的深层次游戏，但社会上绝大多数的工作都是枯燥无味且无聊重复的，如果不是生活所迫，这些工作会被毫不犹豫地摒弃。最后，游戏往往存在于一种无时间的状态，没有严格的开始和结束。游戏具有自发性，所以常常呈开放状态，当沉浸在游戏的乐趣中时，玩家往往会失去所有的时间感。在游戏中，时间不再是用最有效的方法来满足功利目标的制约，相反，时间在游戏中通常会被暂停。

跟游戏相比，工作的属性通常被描述为枯燥乏味和带有剥削性。但现在，就连游戏也被产业所利用，被管理顾问所接受，被商学院赞颂，以服务于效率至上主义。工人现在被称为"人才"。表现已成为成就的代名词，而游戏则堕落成一个黑暗代表，被称为"游戏化"。

游戏化的目的不言而喻，就是利用游戏向劳动力灌输管理所需的合理化规则和程序，使他们能够更加高效地思考和行动，以便跟上自己负责的机器的节奏和技术流程的步伐。在生产力发展的漫长道路上，游戏化已经确立了自己的地位，成为最后也是最有效的必经之路。

詹妮弗·德温特（Jennifer DeWinter）、卡里·A. 科库莱克（Carly A. Kocurek）和兰德尔·尼科尔斯（Randall Nichols）在《游戏与虚拟世界杂志》（Journal of Gaming and Virtual Worlds）上撰文指出，游戏化是网络经济中出现的全球劳动力的"再定型器"，已成为资本主义下一阶段的基本特征。他们认为：

> 计算机游戏成功地表现为泰勒所倡导的那种科学管理的工

具；然而，由于计算机化媒介本身的属性，游戏化的培训成为科学管理向新空间扩展的一种形式。……这种形式把虚拟游戏空间和现实世界结合在了一起，巧妙地瓦解了劳动和休闲的界限……将艺术或游戏中的另类现实制度化的问题在于，艺术和游戏一道被系统选择，服从于主流的世界观。……玩家服从于游戏的逻辑，并在参与游戏算法的过程中得到训练。[40]

科罗拉多大学管理学教授特蕾西·西茨曼（Tracey Sitzmann）进行了一项研究，调查了 65 个不同的学术样本，以确定模拟游戏在提高员工业绩和效率方面的效果。他发现："对受训者来说，模拟游戏教学组比对照组在陈述性知识方面要高 11%，程序性知识提高了 14%，留存率提高了 9%，自我效能感提高了 20%。"[41]

詹妮弗·德温特等人举了一个美国冰激凌连锁店酷圣石（Coldstone Creamery）使用游戏对员工进行培训的例子。这个游戏既有趣，同时还能教会新员工如何在不同的轮班场景下成功地为客户服务。游戏模拟了非常复杂的冰激凌店的场景，这使得游戏更加有趣。在模拟游戏中，学员竞相在服务客户的速度、分量的准确性和正确识别食谱上角力，这些将决定他们的总分。完成游戏后，玩家会被告知"他的错误将使店铺损失多少钱，精确到美分"[42]。

这个游戏非常有趣，以至学员们通常会把更多的空闲时间花在"游戏任务"上，而不是花在"学习"传统的培训手册上。模拟游戏是训练员工完成任务的有效方式，因为游戏很有趣，员工更有可能以同样的方式思考他们的实际工作。换句话说，它将在提高效率和激励员工方面取得成效，使员工成为埋头苦干的劳动大军，或者更好，成为"游戏大军"。

将传统泰勒主义与游戏化联系起来的是，两者都采用合理化的流程培训员工。不同之处在于，在传统的泰勒主义中，工人会警惕地去抵制，或者只付出最小的努力来应付老板；而游戏化掩盖了合理化的操纵，让玩家觉得自己用自我能动性掌握了游戏，然后在实际工作的过程中也会有同感。

在员工的整个任职期间，通过游戏化收集的数据可以有第二生命——提供丰富的信息，企业可以通过分析法来挖掘这些信息，进行修改和修饰，并且调整员工状态以适应不断变化的市场环境。数据也是评估员工绩效的一种手段，从而使持续监控成为游戏化体验不可或缺的一部分。

未来，更多企业把游戏广泛地应用于企业管理，这肯定会缩减员工的休闲时间。或许游戏化最阴险的地方在于，商业力量把握住了游戏的力量，并利用它来改造数以百万计的人，让他们接受一种无休止地工作的生活，而企业则在提高效率和增加投资回报上坐享其成。

弗雷德里克·泰勒对商业运作的影响是独一无二的，而且，他的影响在整个 20 世纪乃至今天都深入社会的每个角落。他对效率的痴迷已经渗透到人类能动性的骨髓深处，改变了人类看待自己的方式，这不仅对人类的心灵有害，对自然世界也产生了有害的影响。

哈佛商学院教授加里·哈默尔（Gary Hamel）对泰勒的成就和影响力的赞扬得到了一些人的广泛认同，但也受到了一些人的指责。他这样写道：

> 由于他（泰勒）对研究、规划、沟通、标准、激励和反馈的重视，我们可以看到泰勒主义对每个部门的影响。商业、政府、医疗保健和教育行业都将这些原则纳入其运营规范的细节。在泰勒最著名的著作出版 100 年后，他的潜在影响就像他的秒表的嘀嗒声一样永恒持久。[43]

被称为"现代企业管理之父"的彼得·德鲁克对泰勒推崇备至。他表示,泰勒的工作是"自《联邦党人文集》以来,美国对西方思想做出的最有力、最持久的贡献"[44]。

但这还没有结束,泰勒主义还有最后一幕要上演。泰勒主义可能正处于成功的巅峰时刻,因为机器人技术和人工智能带来的效率提升开始让最优秀、最聪明的劳动力的能力黯然失色,令他们难以跟上步伐,难以与时俱进。高科技公司的管理层谈论更多的是所谓的即将来临的奇点,也就是智能技术将变得比人类更智慧、更高效的那个时间点,这将迫使人类在管理自己命运方面的角色发生根本性的范式转变。

1997年,IBM的"深蓝计算机"在一场国际象棋比赛中击败了世界冠军加里·卡斯帕罗夫,这让公众惊醒,并引发了一场关于机器人和人工智能有朝一日是否会超越人类智能并主宰世界的全球辩论。牛津经济研究院、麦肯锡和世界经济论坛等一流大学和管理公司的一系列最新研究预计,新智能技术将导致数百万人失业。[45]

每个工业部门对更高效、更便宜的技术的追求和渴望都是永无止境的。郭台铭是全球最大的代工制造商富士康的负责人,其客户包括苹果等行业巨头。他对全球人力资源状况进行了严厉的谴责,而其他诸多企业的董事会更倾向于不公开表态。郭台铭说:"鸿海(富士康)拥有超过100万的劳动力。人类也是动物,管理100万只动物让我很头疼。"[46] 郭台铭正努力实现他的野心。富士康仅在2016年就用机器人取代了6万名工人,并宣称要在不久的将来实现"熄灯工厂"(100%自动化)的目标。牛津大学的一项经济研究预测,到2030年,全球将有8.5%的劳动力可能会被机器人取代。[47]

预言家们忽略了一点,在韧性时代,将有数亿人进入新类型的"弹性就业",他们将在生态管理中从事有意义的工作,而这些工作即使对最智能的机器来说也太过复杂了。新的时代将改变我们对能动性的观念，使人们远离以生产和消费为中心的"职业道德"，转而关注自然世界的"管理道德"。我们将在本书第四部分讨论劳动力的性质和功能的变化，并深入剖析韧性革命中的经济构成。

人类大家庭能否拥有未来，在很大程度上取决于我们能否作为一个物种团结起来，一道应对危及我们和其他同伴生物生存的一个共同威胁。这些生物与我们一道寄居在地球上，我们得益于它们，也正开始理解和珍惜我们与其他生物之间的那种依存关系。那么，我们如何在时间和空间上重新看待我们的存在，又以什么方式来调整适应一个因全球变暖而迅速升温的星球？放眼四周，地球各圈层都在挣扎着重新调整，以适应人类在化石燃料驱动的工业时代对地球造成的破坏，我们在敬畏和恐惧中见证了这一切。我们曾经坚信人类的能力足以掌握支配地球生命的强大行星力量，但现在开始意识到自己错得多么离谱。

在上一代人之前，站在全球文明的高度进行思考和行动可能有些夸张甚至愚蠢，但今非昔比。尽管前景似乎黯淡，但我们还有最后一张牌，它可以让人类和其他生物一道经受住即将来临的风暴和大火。要了解这最后一手将如何发挥作用，我们需要以全新的方式重新思考地球上生命的本质，以及我们人类如何融入。

查尔斯·达尔文于1859年出版了他的著作《物种起源》，这本书改变了我们对历史上生命如何演变的看法。虽然今天该书中的许多前提仍然成立，但他所描绘的图景已远不能讲述整个故事了。近年来，化学、物理学和生物学领域突飞猛进的发展，开始为我们描绘出一幅幅生命如何形成、如何进化、如何维持的宏大图景。尽管这些成果尚未在大众当中广泛传播开，但新的、更宏大的进化图景打破了我们对塑造生命的力量的基本假设。

这些新发现告诉我们的，将从根本上改变人类在生机盎然的地球上的意义，这颗星球包含多种多样相互作用的组成部分，它们共同决定着我们赖以生存和繁荣的条件。正是这种新的理解，如果被人类恰当地吸收，就能提供洞察，使人类能够在这一历史时刻改变方向并重新调整旅程，希望这可以及时拯救我们人类和我们延展的生命进化大家庭。

第三部分

我们如何到达这里：
重新思考地球上的进化

第七章

生态自我：
我们每个人都是一种耗散模式

　　大多数人思考自我时，都认为它是一个基本不存在争议的主题。我们每个人生来就具有某种遗传特征，它部分地决定了我们会成为什么样的人，剩下的部分则由我们的个人驱动力、激情、经历和关系所影响，这些因素综合起来使我们每个人都独一无二。尽管会受到生活偶然性以及遇到的好运和厄运的影响，可我们还是喜欢把自己视为自主的主体。我们愿意接受这样一个概念，即并非所有人的想法和感受都一样。我们也承认有些人生活在不同的现实中，甚至可能是精神病患者。然而，在其他问题上，我们对作为一个具有意识的人的真实意义，大体看法一致，而且一直都是这样的。

成为人类

　　其实不是这样的。从中世纪到后现代短短 500 年的历史中，人类有 25 代人对"做一个有意识的自我"究竟意味着什么曾怀揣各种各样的信念。基督教先辈相信，每个婴儿都是带着原罪出生的，他不知道自己将来是会在天堂获得永恒的救赎还是在死后永远堕入燃烧着的地狱，因此深感恐惧绝望，而且一生都活在这种蚀骨啮肌般的痛苦之中。到了现代，查尔斯·达尔文反对原罪之说，他认为人类意识之说更像是一句废话，父母随机遗传给后代的性状不仅决定了一个人的身体，在一定程度上也决定了一个人的意识。西格蒙德·弗洛伊德坚信，婴儿出生到这个世界上时，都带有一种强烈想要满足自己性欲的需求，而他们活着的每一刻都竭力要达到这个目的。至少自18世纪启蒙运动以来，关于"人到底是什么"的所有更现代的观念汇集到了一点，即每个人的独特性格作为一个相对"自由"的"主体"，不断地与无数的力量进行对抗，但通常会回归到一种平衡——正如牛顿所预测的那样——并始终保持非常清晰的自主人格意识。

18世纪的哲学家康德认为，自主是人的最高呼唤，但需要终其一生的奋斗来确保他的行为是纯粹理性的，不被情绪或任何外部因素阻碍，而这些影响因素可能会玷污一个人在世俗经验中运用纯粹推理的自然倾向。

在过去，把自己视为自主的主体这种想法会有些不可理喻。我们旧石器时代靠狩猎采集为生的祖先几乎没有我们今天视为理所当然的那种个性的概念。他们的迁徙生活建立在技能差异甚微和用极少手段来储存和分配盈余的基础上，难以区分人与人之间的地位差异。人类学家路先·列维-布留尔（Lucien Lévy-Bruhl）指出，"'我'的概念在原始人中并不存在——只有'我们'"。[1] 生活是集体生活，差异化体现在队列按年龄和性别来组织，每个成员的身份在时间仪式上与从幼年到老年的生命周期的不同阶段绑定在一起。

每个狩猎采集群体中都确实存在着原始的社会秩序。族群的长者继承和保留祖先的记忆和集体智慧，族人们向这些长者寻求指导，但人们的生活却比之后的任何历史时期都更加平等。他们几乎无法区分任何类似于个人人格这样的东西，更没有意识到自己作为一个物种的独特性。这些狩猎采集的原始人生活在一个形态和力量尚未被区分的世界中，这些形态和力量持续不断地融合，布留尔将其描述为"统一的迷雾"。在那个世界中，其他动物也没有被区分为"它们"，而是被看作跟人一样有生命的东西，只是外貌不同而已。甚至山川、瀑布和森林也被认为是生机勃勃、充满活力的。

达尔文在他的旅行笔记中指出，原始人不断观察其他动物并模仿它们的行为，在某种意义上，也就将它们的精神融合到了自己的身上。历史学家刘易斯·芒福德（Lewis Mumford）观察到，由于借鉴了其他生物的能动性，我们的祖先获得了如何更好地生存的线索。

> 他既喜欢模仿又充满好奇：可能从蜘蛛那里学会了诱捕，从鸟筑巢的过程中学会了编织篮子，从海狸那里学会了筑坝，从兔子那里学会挖洞，还从蛇那里学会了用毒的技巧。与大多数物种不同，人类毫不犹豫地向其他生物学习并模仿它们的方法。通过侵吞其他动物的食物、模仿它们获取食物的方法，人类极大地提升了自己的生存机会。[2]

我们旧石器时代的祖先在举行仪式时，头戴鹿角，身着毛皮，用羽毛装饰自己的身体，同时还模仿其他动物的动作。这种现实世界和精神世界的无缝交织是"万物有灵论"的精髓。这种古老的宇宙观坚守的信念是，所有现象，无论是物质的还是非物质的、肉体的还是精神的，都具有能动性，而且无时无刻不在一个相互关联且无边界的空间维度中相互作用。那种认为一个人周围的一切——不仅是其他生物，甚至是非生命体——都有自己鲜活的灵魂，与我们并无二致，这几乎是每个五六岁的小孩眼中的世界，他们同样生活在一个被活力四射的生命力量环绕的"魔法世界"中，当然其中也有许多是没有生命的。

旧石器时代的人们生活在一个季节和周期交替的世界中，历史学家米尔恰·伊利亚德（Mircea Eliade）将其描述为"永恒的回归"。[3]由于他们的迁徙生活与出生、成长、死亡和重生这一季节循环紧密相连，他们也逐渐理解了自己生命的各个阶段。一个人死后的灵魂会处于游离状态，直到最终找到一个途径融入其他生命的形式——无论是继续做人还是成为其他动物，甚至是嵌入无生命的世界。19世纪的人类学家爱德华·泰勒爵士是第一个将这些社会归为"万物有灵"文化的人。

中东、北非、印度和中国伟大的水力农业文明兴起，后来出现四处征服扩张的帝国，以及最终工业时代到来，每一次社会的重新定位都是一次与万物有灵论世界观的无情决裂。我们的早期祖先认为地球是有生命的，对地球的征用、圈占和财产化一直是我们所谓的文明的中心主题。然而，直到最近，学术界才开始着手研究这种文明的潜在动力。

目前，世界地质学家和其他学者正在就要不要把一个新的地质时代命名为"人类世"展开热烈讨论。之所以新提出这个地质时代名称，是因为它标志着这样一个时期，即人类对地球地质的吸收、消耗和改变是如此重要，以至于将在地质记录中留下独特的历史足迹，许多地质学家认为，在数亿年以后，这些足迹仍将清晰可辨。越来越多的地质学家认为，人类世始于200多年前人类开始从地下采掘化石燃料。其他地质学家建议，人类世的历史可以追溯到水力文明兴起之时，以及自那时起人类圈占、掠夺地球各圈层和消耗环境的累积影响。

至于归咎何处，的确，西方神学至少在炫耀"人类"对地球的掌控和开发方面一直是一马当先的，他们认为对地球的统治是无所不能的上帝赐予亚当和夏娃及其继承人的礼物。东方的宗教和哲学则更加精致、温和，保持着很强的包容性，他们认为人类不是自然的主人，而是复杂自然的一部分，人类必须将自己的文明与地球上其他众多的有机组成部分协调一致，这样每个物种都会从中受益。然而，在实践中，伟大的亚洲文明却经常迷失方向，虽然它们对地球其他部分的影响一直都比较温和，但是，在过去半个世纪里，随着亚洲的第二次崛起，它们对地球各圈层的侵占和剥削也在加剧。

在人类历史时间轴上的哪个位置标记人类世的开始并不重要，现实是，地球的各个组成部分越来越多地被圈占、操控在我们人类手中，这已经改变了我们在与自然界其他生物的联系中定义自己的方式。随着人类对地球圈层的征用和财产化不断演变和加剧，在漫长的农业时代和现代短暂的工业时代，集体生活让位于公共生活，公共生活反过来又让位于私人生活，并且随着一次次的时代变迁，个性或人格本身逐渐显现了。

随着"进步时代"趋于成熟，个体的自主性增强了，而人的个性却退缩到了门后，在一个"被魔控的地球上"，被个人所有物重重包围着。人类越来越封闭，每个人都变得更加自主和孤立，而数以百万甚至千万计的人口一起挤在密集的城市里和无序蔓延的郊区，与日益荒凉的外部环境逐渐隔绝。2006年是人类发展历史中具有标志性的一年。那一年，地球上66亿人口中的大多数都聚集在密集的城市空间中，这标志着"都市人"的最终崛起。[4]

然而，气候变化给我们的"硬教训"，以及新发现的人类真正的生物构成给我们的"软教训"，让我们看到了希望，这可能使人类回到一个新起点，并有机会重新书写未来。这种新灵感始于我们从根源上反思，在最深层次的生物学意义上，人究竟意味着什么。我们关于人类作为生物实体的大部分认识都错得离谱，这些错误的认识将我们带到了人类历史上的绝望时刻。

从最严格的生理意义上讲，清醒地认识到我们作为一个物种的真实身份是一种解脱，它可以引导我们走上一条新的道路，回到充满活力和不断演变的地球的脉动中。这一次，与上帝馈赠给亚当和夏娃及其后代的感觉截然不同，人类以一种全新的代理意识重新加入了地球大家庭。

对存在的反思：从对象和结构到过程和模式

如果要说数字革命和信息论的创立者，那么控制论之父诺伯特·维纳及与他同时代的一般系统论之父路德维希·冯·贝塔朗菲（Ludwig von Bertalanffy）都会榜上有名。他们都是各自学科领域的带头人，正是有了他们的理论，人类才步入信息时代，才有了人工智能、网络空间、虚拟世界和其他科技成果。他们都通过各自的工作了解到，人类长期以来对时间、空间和存在本质的假设是一个可悲的错误，人类的生存能力也因此而受到了损害。

1952年，贝塔朗菲写道："所谓的结构，是一个长期的缓慢过程，而功能则是一个短期的快速过程。"[5] 两年后，也就是1954年，维纳从一种更紧密的角度审视我们这个物种，他认为自己的观点适用于所有生命和整个物质世界。他在谈到人类生命时写道：

> 这是一种由内环境稳定维系的模式，是我们个人身份的试金石。我们的身体组织会随着生命进程而变化：我们吃的食物和呼吸的空气变成了我们的肉中肉、骨中骨，而构成我们血肉之躯的元素，每天都会随着排泄物离开我们的身体。我们不过是不停奔流的水中的漩涡。我们不是永恒不变的，而是延续自己的模式。[6]

贝塔朗菲、维纳和其他一些科学家，包括化学家伊利亚·普利高津（利用其耗散结构理论和非平衡态热力学理论）、尼古拉斯·乔治斯库-罗根（用他的互补热力学理论对经济理论和实践进行修正），开始在各自的学科领域重新定义存在。他们重塑了人类对时间和空间的理解，也给人类理解生命的本质提供了一种新的方法。

他们开创性的本体论进程得益于反传统哲学家阿尔弗雷德·诺思·怀特海。怀特海早期从事数学研究，与伯特兰·罗素合著了《数学原理》，这是一部关于数学基础的三卷本。这部形式逻辑著作成为 20 世纪无可争议的数学"圣经"。在职业生涯的后期，怀特海的兴趣转向了物理学和哲学。他的主要著作《过程与实在》于 1929 年出版，并在 20 世纪影响了许多科学和哲学领域的大思想家。

怀特海直击牛顿关于不受时间流逝影响的物质和运动的描述，他说：

> ……它有这样一个预设的终极情况，即不能再简化的纯粹的基本物质或材料以一种不断变化的形态分布在整个空间中。这种物质本身没有知觉、没有价值、没有目的。它只是做它本来该做的事，遵循一个由外部关系施加给它的特定例行程序，而这些外部关系并非源自其存在的本质。[7]

怀特海强烈反对牛顿将"存在"描述为由"零持续"的瞬间构成，而"不参考任何其他瞬间"。他认为，说白了，"某一个瞬间的速度"和"某一个瞬间的动量"简直就是荒谬。[8] 怀特海还认为，孤立的物质"在空间和时间上具有简单的方位特性"的想法，令"自然依旧没有意义或价值"。[9]

激怒怀特海的是，科学界对自然界的主流想法"忽略了自然界内部各种基本活动的区别"[10]。牛津大学的历史学家和哲学家罗宾·乔治·柯林伍德（Robin G. Collingwood）指出，关系和节奏只有存在于"一条足够长的时间轨道上，才足以让运动的节奏建立起来"。[11] 例如，一个音符如果脱离了与前后音符的联系，它就什么都不是了。

公平地说，怀特海如果没有做过充分的基础研究，是不会获得这个新的顿悟的。其他的裂缝已经在沿着经典物理学的断层线出现。20世纪初，物理学家开始意识到，他们原先对有关原子作为固体物质占据某固定空间的物理性推断是"错位的"。他们还意识到，原子并非物质意义上的东西，而是以某种节奏运作的一组关系，如此一来，"原子在某个瞬间根本不具备这些性质"[12]。

正如物理学家弗里乔夫·卡普拉（Fritjof Capra）所解释的那样：

> 在原子水平上，经典物理学的固体物质对象分解成相互联系的概率的模式。量子理论迫使我们不再把宇宙看作物理对象的集合，而是将其视为统一整体的各个组成部分之间相互关系的复杂网络。[13]

随着新物理学时代的到来，结构与功能相互分离的传统观念不再成立。从字面上看，不可能将"某物是什么"与"某物做什么"分开。一切都是纯粹的运动，没有什么是静态的。事物不是孤立存在的，只是通过穿越时间而存在。怀特海总结了物理学的新观点：

> 旧观念使我们能够从变化中抽象出来，并构想出自然界某一个瞬间的全部现实，即从时间持续性中抽象出来，并仅用空间中的物质的瞬时分布来表征其相互关系……以现代观点看来，过程、运动和变化才是事实。在一个瞬间，其实什么都没有。每一个瞬间只是对事物进行分组的一种方式。因此，既然没有"瞬间"这种简单构想出来的基本实体，那么也就不可能有"一瞬间的"自然界。[14]

其实，不仅仅是新物理学在解构旧物理学。19世纪后期出现了一种新的生物学方法，它也将重新书写时间和空间的历史。达尔文将时间性引入生物学。他反对传统的主张，即认为物种是作为整体出现的，是上帝伟大创造的部分，其存在不随时间的推移而变化。相反，达尔文具有革命性的论点认为，随着时间的推移，越来越复杂的物种通过自然选择的方式进化而来。尽管新特征是随机出现的，但那些能赋予物种某种优势、使其能够更好地适应不断变化的环境的特征，才最可能留存下来。

尽管达尔文的进化论将时间性引入了生物学的"方程式"，改变了我们对自然的理解，但生物学家仍旧对探索每个生物体的"结构"并评估其对环境的适应能力兴致盎然，这至少使新的生物学专业的一部分依旧专注于分类学。

1866年，德国博物学家恩斯特·海克尔（Ernst Haeckel）开始让人们了解到生态学这一新领域，人们对生物进化时间性的有限观点也开始发生改变。新一代生物学家对"生命有机体与栖息地、习俗、敌人、寄生虫等外部世界的关系的科学"更感兴趣。[15] 生态学标志着与生物学领域的部分脱离，它更专注于研究生物群落如何随着时间的推移发展并适应不断变化的环境。

物理学的新领域和生态学新兴衍生领域正在重新创造时间和空间，怀特海成为他们的代言人。他用一句话概括了对自然本质的新感悟："无变化即无自然界，离开时间则无变化。"[16]

虽然对时间与空间、存在与发生之间的关系的思考在改变，而且这对科学家和哲学家来说可能是智力上的刺激，但对我们这些自认为是独特且相对自主的物理存在的人而言，在一个充满竞争的世界里，我们不断地强化和保护着我们的独立人格，那么这些思考的改变对我们可能产生什么意义呢？很难想象，我们每个人都更像是一个容器或者媒介，装载着世界上各种旋转着的元素——力、场、原子和分子，它们不断地在我们体内进出，时时刻刻在挑战我们的自主意识。这就是现实。

我们都是生态系统

让我们从水开始说起。尽管科学界尚未揭示水与地球上生命的出现和进化之间的深层联系，但每个生物体都主要是由来自水圈的水组成，这是一个事实。在某些生物体中，水占其体重的90%以上，而人类来说，水约占成年人体重的60%。[17] 心脏大约有73%的成分是水，肺组织的83%是水，皮肤成分的64%是水，肌肉和肾脏各自成分的79%是水，骨骼含有31%的水。[18] 血浆是运输血细胞、酶、营养素和激素的淡黄色液体，其中90%是水。[19]

水在管理生命系统最深层次的各个方面都扮演着最基本的角色。下面列举一些令人印象深刻的特别角色。

> 水是每个细胞的重要养分，首先担负着细胞的"建筑材料"的重任。人体通过出汗和呼吸来调节体温。作为食物被我们的身体使用的碳水化合物和蛋白质通过血液中的水进行代谢和运输。人体主要通过排尿（主要成分是水）排泄废物。水充当了大脑、脊髓和胎儿的减震器。水是唾液的主要组成成分，关节的润滑也离不开水。[20]

每时每刻都有水分流入和流出我们的身体。从这个意义上来说，我们的半渗透开放系统将来自地球水圈的淡水带进我们的身体，执行基本的生命功能，然后又返回水圈。如果要用一个案例来证明人体和所有其他生物更像是一种活动的模式而非一个固定的结构，并以一个消耗能量和排泄熵废物的耗散系统在运行，而不是一个封闭的机制，只会输入能源以确保自己的自主性，那么 H_2O 的循环和再利用再恰当不过了。

一般男性的身体由大约 30 万亿个细胞组成。[21] 尽管每个细胞都包含有机体的基因遗传蓝图，但特定的细胞在身体中发挥特定的功能。2005 年，由瑞典斯德哥尔摩卡罗林斯卡研究所的研究员科斯提·斯伯丁（Kirsty Spalding）领导的一个研究小组在《细胞》杂志上发表了题为《人体细胞的回顾性诞生日期注明》的文章。[22]《纽约时报》科普作家尼古拉斯·韦德（Nicolas Wade）为此写了一篇题为《你的身体比你想象得更年轻》的文章，引起了轰动。[23] 研究发现，成年人体内所有细胞的"平均"寿命可能只有 7~10 年。虽然我们体内的一些细胞——尤其是大脑皮质中的一些细胞——会从我们出生一直存留到我们死亡，但其余的细胞会被不断替换。从物理学的角度来看，这说明我们的一生是在几个不同的身体里度过的。[24]

大多数人都知道，生成皮肤细胞、指甲、趾甲和毛发的细胞来来去去不断更替。然而，长期以来，我们一直认为重要的器官会伴随我们一生，这让我们相信每个人都是一个独特而持久的个体。但事实并非如此。

红细胞的平均寿命约为 4 个月，30 多岁的成年人的肋间肌细胞的平均寿命为 15.1 年，排列在胃里的细胞会在 5 天内完成一次更新，结肠隐窝细胞每 3~4 天更新一次，破骨细胞每两周更新一次，小肠的帕内特细胞每 20 天更新一次，气管表皮细胞每隔一到两个月更新一次，脂肪细胞每 8 年更新一次，骨骼细胞每年更新约 10%，肝脏细胞每 6~12 个月更新一次，成年人的肝平均 300~500 天更新一次。中枢神经系统的细胞终生保持不变，晶状体细胞也是如此。[25]

大约 3% 的表层骨骼和多达 1/4 的四肢关节处的骨松质每 12 个月更新一次，并且一个人的全部骨骼大约 10 年就会更新一次。然而，牙釉质会保持终身。[26]

构成细胞的分子和原子更新的速度更快。一个成年人由70亿亿亿（$7×10^{27}$）个原子组成。[27] 所以，虽然器官是由细胞组成的，细胞是由分子组成的，分子是由原子组成的，但当我们到了原子这个最基本的层次时，构成人体的东西看起来更像"一个活动模式"，是随时间而存在的，而不是存在于空间中的自主结构。让我们想一下其中的原因。

每当我们呼吸空气、喝水和吃食物时，地球生物圈内的大量原子会被我们摄入体内。反过来，每当我们呼气、出汗、排尿和排便时，原子就会返回生物圈，其中的许多原子最终会嵌入其他人和 / 或动物的体内。

按重量计算，人体中有大约65%的氧、18.5%的碳、9.5%的氢、3.2%的氮，其余的由钙、磷、钠、钾、硫、氯和镁等元素构成。当我们将构成这些不同分子的所有原子累加起来时，结果表明，人体内的原子可能比宇宙中的所有星辰还要多。[28] 同样，每过去一年，人体内90%以上的原子都不再是原来的，取而代之的是新的原子。[29]

进入我们体内的大部分氧和氢来自大气层、水圈和岩石圈，这些圈层共同构成了所有生命存在的生物圈。当这些分子返回生物圈时，它们很容易通过地球上的气流和水流传播。每个人的身体都有超过$4×10^{27}$个氢原子和$2×10^{27}$个氧原子，可以肯定的是，其中一些原子曾在某个时候存在于其他人或其他在我们之前的生物的体内。同样，曾经存在于我们体内的一些氢原子和氧原子也将以某种途径进入在我们之后出现的人和其他生物体内。[30]

从科学的角度来看，我们的身体并不是一个相对封闭的自主系统，而是一个开放的耗散系统。事实上，每个细胞都被包裹在半透膜中，半透膜有选择性地让全部来自生物圈的分子——氧、氢、氮、碳、钙、磷、钾、硫、钠等——进入细胞内部。[31] 因此，我们的身体只是承载地球基本元素的众多媒介之一。

但化学元素并不是唯一在我们的细胞、器官和系统中穿梭的东西。想想细菌，这种地球上最微小的生命形式。2018 年，魏茨曼科学研究所和加州理工学院的研究人员在《美国国家科学院院刊》上发表了一篇文章，题目是《地球上的生物质分布》。他们报告说，所有类群的生物质总重量约为 5500 亿吨碳，其中植物占 4500 亿吨，令人惊讶的是细菌紧随其后，为 700 亿吨，其他按降序排列分别是真菌 120 亿吨、古菌 70 亿吨、原生生物 40 亿吨、动物 20 亿吨和病毒 2 亿吨。在这个庞大的物种分类中，人类的生物质还不到 0.6 亿吨。[32]

说到人体，我们的大部分身体都与各种细菌共享。根据魏茨曼研究所的另一份报告："人体内细菌的数量实际上与人体细胞的数量处于同一数量级，它们的总重量大约为 0.2 公斤。"[33] 大部分细菌生活在结肠中，胃、皮肤、唾液和口腔黏膜以及全身其他各处也有细菌。我们在自己的身体中并不孤单，我们最早的亲戚——细菌——与我们共同生活在一起。消化系统中的细菌帮着分解食物，尤其是分解植物纤维；它们还为消化系统提供重要的维生素，包括 B 族维生素和维生素 K。[34] 细菌还可以帮助免疫系统抵御病原体的入侵。[35]

大多数人都知道细菌寄生在我们的身体里。然而，我们体内也生活着其他种类的微生物，包括真菌、古菌、原生生物。尽管研究人员尚未精确计算出人体内真菌细胞的数量，但知道它比细菌要少一个数量级。[36] 一些真菌类生物，比如白念珠菌，对免疫功能低下的个体来说可能是致命的。这种特殊的生物在胃、阴道和口腔疾病中也起着重要作用。肺部的新型隐球菌可能会大量繁殖并导致危及生命的疾病。肺孢子菌会导致免疫功能低下的人患上肺炎。其他种类的真菌也在保持身体健康方面发挥作用。一种叫布拉迪酵母的酿酒酵母变种是一种益生菌，有助于缓解一些人的肠胃炎。[37] 最近的一项研究在人类样本中发现了 101 种不同的真菌，每个人身上都带有 9~23 种不同的菌株，包括引发哮喘的枝孢菌和可导致器官移植患者真菌感染的黑酵母菌。[38]

古菌可能是生活在我们体内的最不为人知、被研究得最少的微生物。古菌是缺乏细胞核的单细胞生物，被归类为原核生物。最近的研究发现，古菌存在于人类的胃肠道、皮肤、肺和鼻腔中。迄今为止，科学家已从人体中分离并培养出 4 种产甲烷的古菌。超过 96% 的人的肠道中携带有史氏甲烷短杆菌。另一种叫作斯氏甲烷球形菌的古菌在大约 30% 的测试对象身上被发现。卢米尼马赛产甲烷球菌不太常见，在大约 4% 的人身上有发现。[39]

古菌在人类结肠中普遍存在，有人怀疑它们会导致肥胖。其他研究表明它们还与慢性便秘有关。它们也可能是心血管疾病的标志物并与牙周病有关。[40] 它们在人体中的存在表明古菌在人体生理调节过程中发挥着重要作用。

原生生物在人体内也很丰富。这些真核生物包含一个单细胞核，但不是动物、植物或真菌，而是一个单独的生命类别。原生生物包括原质团、变形虫、纤毛虫和贾第虫等。在自然界中自由生活的原生生物占据了那些包含水的环境以及很大部分的海洋和陆地区域，它们也是海洋和陆地生物质的重要组成部分。海藻是一种原生生物，也是人类饮食中的重要组成部分。类植物原生生物——浮游植物——通过光合作用产生地球上一半的氧气。[41] 原生生物被用于医学和生物医学研究。有 70~75 种原生生物生活在人体的各个部位，包括皮肤、牙齿、眼睛、鼻孔、消化道、循环系统、性器官和脑组织。一些原生生物是有害的，而另一些则相对无害。[42] 原生生物会造成许多致命的人类疾病，包括疟疾、阿米巴痢疾、滴虫病和非洲锥虫病。

然后，还有病毒。我们已经将病毒视为入侵者，它们会像新冠病毒一样侵入我们的身体、制造疾病、散播传染病和造成死亡。马克斯·普朗克分子遗传学研究所的卡琳·莫林（Karin Mölling）在一篇题为《病毒比敌人更像朋友》的文章中指出，病毒"是地球上最成功的物种……它们遍布于土壤、海洋、空气、我们人类的身体，甚至整合到我们的基因组当中"。尽管病毒通常被归类为病原体，人们提到病毒会立即联想到埃博拉、非典、艾滋病、寨卡病和中东呼吸综合征等致命疾病，但莫林提醒我们，"大多数病毒并不是敌人或杀手，它们在我们这个星球上所有物种生命的起源、发展和维持中扮演着重要角色"。莫林还指出，"病毒帮助我们建立起免疫力，有些病毒可以抵御其他病毒……它们是进化和适应环境变化的驱动力"。[43]

虽然我们体内有 38 万亿个细菌，但与居住在我们体内的 380 万亿个病毒相比，它们的数量就相形见绌了——这个生物群落如此普遍和多样化，以至于被正式命名为"人体病毒组"。[44] 幸运的是，这些病毒大多是无害的，但有一个事实是，尽管科学家们对各种细菌菌株以及它们在人体中的功能知晓很多，但对这些病毒在调节或破坏人类健康方面发挥什么作用却了解甚少。

病毒在人体中无所不在。它们存在于血液、肺、皮肤、尿液等几乎所有地方。病毒活着是为了杀死细菌，这是病毒一生中唯一的使命。科学家们已经开始将注意力转向人体病毒组中的病毒，想要找出某些病毒如何保护人类免受致病细菌侵害的线索，尤其是那些会引发严重的甚至致命感染的细菌，还有那些对大多数抗生素产生越来越强的耐药性的细菌。[45] 目前，要找出影响人体内数万亿细菌甚至更多病毒并存的众多关系，以找到预防细菌感染的新方法，是一项很艰巨的任务。

当我们将生活在人体内的这些共生物种加起来时，会发现人体细胞仅占细胞总数的 43%。其他 57% 的细胞来自驻扎在我们体内的微生物。如果我们从基因组层面更细致地分析人的构成，会发现我们每一个人都是由大约 2 万个基因组成，这些基因提供构成我们生理组成的指令，而构成居住在同一个人体里的微生物的全部基因则有 200 万～2000 万个。[46]

加州理工学院的微生物学家萨尔基斯·马兹曼尼亚（Sarkis Mazmanian）讲述了一些我们以前从未想到过的事情。从生物学上讲，"我们不只有一个基因组……我们的微生物组的基因本质上是第二套基因组，它增强了我们自身基因的活性"。此外，他还说："在我看来，使我们成为人类的是我们自己的 DNA 加上我们肠道微生物的 DNA。"[47]

从生物学的角度来看，真正可以算作一个人的人体的部分只占我们所谓"人的身体"的不到一半，这就提出了一个问题：我们是否应该将人类看作嵌合体？从某种意义上来说，它的确是一种嵌合体。尽管这种想法可能让我们寝食难安，也与我们长期坚守的人类是物种大家庭中独树一帜的样本的信仰格格不入，但科学现实比这更为复杂。美国国立卫生研究院国家人类基因组研究所的普拉巴纳·甘古利（Prabarna Ganguly）对构成人类的范式提出了一个新的描述：

> 在你的体内存在着一个庞大但无形的微生物王国。这些数以千计的物种和数以万亿计的居民生活在你身体的各个部位，它们个体虽小但功能强大，构成了多样化的人类微生物体。这些微生物群落支持和维护我们的健康，同时也与几百种人体疾病有关联，例如癌症、自身免疫疾病和心血管疾病……研究者迄今还没有搞懂的问题是，是微生物群落的变化导致某种疾病，还是微生物群落的变化是对某种疾病的发展做出的反应。[48]

2014 年，美国国立卫生研究院的人类微生物组项目启动，目的是描绘清楚驻扎在人体内的微生物类型，并描述它们在协同编排人类生命中扮演的角色。在那之前，我们对与人体共居的其他生命形式的普遍存在还知之甚少，而且很多生活在我们体内的微生物还没有被识别和归类。

人体微生物组项目标志着世界知名的科学研究机构和隶属美国政府的先进医学研究机构首次将人体视为一个生物群落（生物群落是"一个自然出现的大型的动植物群落，它们占据一个主要的栖息地"[49]）。通过承认人体以及其他物种的身体的延展是一个微生物共生体，美国国立卫生研究院正式指出人类这个物种以及每个人都是一个生态系统。生态系统是"其中的生物与其物理环境发生相互作用的一个生物群落"[50]。将人体生理学用微生物组来进行重新定义，是一个人们对其还没有十足把握的历史性事件。项目负责人阐述了这一开创性的举措：

> 人体微生物组项目将解决当今一些最鼓舞人心、最棘手和最基础的科学问题。重要的是，它还有可能打破医学微生物学和环境微生物学之间的人为障碍……有关人类微生物组的问题很新颖，这只是从它们应用的系统维度而言。几十年来，类似的问题一直激发和困扰着那些从事宏观规模生态学研究的生态学家。[51]

科学揭示了每个人都是一个生物群落。由此可以得出结论，地球的生态系统不会止步于我们物种的身体界限，而是继续向下延伸到每个人身上的微生物群落。这标志着"生态自我"概念的出现。我们每个人都是一个生物群落，它深至我们的内脏，远至生物圈的边界，甚至更远。构成人类本质的新范式发生转变，它也开始改变研究人员对待疾病和守护患者健康的方式。

加州大学圣迭戈分校的罗伯·奈特（Rob Knight）教授提出一个观点："这些微小的生物完全改变了我们的健康，所用之方式超越我们的想象，我们直到最近才发觉。"[52]研究人员正在探索一个人的微生物组中的微生物在消化、调节免疫系统、预防疾病和生成关键维生素方面的重要角色。奈特博士和其他人相信，监测微生物组将成为标准的医疗实践，我们将把一个人的粪便看作是微生物DNA信息的"数据转储"[①]，通过挖掘数据来评估患者的健康或疾病状态。

韦尔科姆基金会桑格研究所（Wellcome Trust Sanger Institute）的特雷弗·劳勒（Trevor Lawley）认为，未来治疗疾病和促进健康的方法将会是按照医生开的处方把10~15种细菌植入患者的微生物组中，这并不是一件很难想象的事。[53]

每个人的内脏和所有同伴生物都是生物群落、生态系统和生物圈的单纯延伸，有了它们，我们的星球才能生机勃勃。这个事实现在看很明显，可是长期以来都被忽视了。每个生物和构成生物体的细胞都是被半透膜包裹的开放系统，允许地球上的元素穿梭其间，维持生命的模式。认为地球充满固定结构的想法不准确。伊利亚·普利高津用一句最简洁的话指出：就像在化学中一样，在生物学中被识别为物体的东西实际上都是过程。每个生物都是一个耗散系统，其形成依赖于吸收地球上可用的能量，结果总是增加熵废物。

但可以肯定的是，并非一切事物都是一种活动模式。构成地球大部分实体的固体岩石又是怎样的呢？当然，它们不符合"一切都是不断进化的模式"而不是固定不变的观点。不过，实际上它们也是不断演变的。回想一下贝塔朗菲的观察："所谓的结构，是一个长期、

---

① 数据转储是恢复数据库的一种基本技术。所谓转储，即定期地将数据库复制到另一个磁盘上，将其保存起来的过程。当数据库遭到破坏时，可以将后备副本重新装入，并将数据库恢复到转储时的状态。——译者注

缓慢的过程，（而）功能是短期的快速过程。"[54] 乍看阿尔卑斯山、喜马拉雅山、落基山脉和安第斯山脉等雄伟的山脉，我们会惊叹不已，它们的巍峨让人敬畏，它们的孤独让人联想到崇高，它们的永恒存在使我们感到安慰。不幸的是，我们的这些感觉是一种幻觉。这些看似惰性的结构永远在运动。它们也具有随时间变化的活动模式。

如果我们可以为珠穆朗玛峰拍摄一部时间长达数百万年的延时影片并快进播放，我们将见证它时时刻刻都在进行的模式演变。上过地质学课程的人都知道，地壳随着时间的推移而发生巨大变化。例如，在 3.2 亿年前的古生代和中生代早期，有一个被广阔海洋包围的超级大陆——泛大陆，它在 2 亿年前开始分裂，最终形成我们今天所知道的大陆板块。[55] 但是，人们不必回到那么久远的过去来体验岩石的变化，其变化时时刻刻在进行。

回想一下，我们在第三章曾提到，岩石通过风化作用以及树根、植物、昆虫和动物的活动，被分解成越来越小的颗粒，从而降解成土壤。退化的岩石中的矿物质成为土壤的基本元素，并被植物吸收。当我们吃这些植物时，矿物质会转移到我们的身体中。其中两种矿物质——磷和钙——是构成我们的骨骼和牙齿的主要元素。同样重要的是，包裹在每个细胞周围的半透膜也由磷元素组成，半透膜充当了让营养物质进和熵废物出的守门人。[56]

事实上，我们部分地由来自岩石中的元素组成，这些元素在维持我们自身形成模式的过程中发挥着关键作用。这些细碎的石头缓慢地穿越了亿万年，找到了进入我们人类生态系统的途径，并从这里继续向其他地方行进。

我们每个人都是一种模式。在这种模式中，在不同时间和空间上运行的很多部分和功能成为我们生命形成过程的参与者，它们只是随之前行并参与到其他模式中。但这不是故事的全部。还有另外两个主要功能机制——生物钟和电磁场，它们帮助协调地球上所有物种的生命模式，而且共同补充了关于生命如何在地球所有其他机制功能中进化的重要信息。接下来，我们来了解一下生物钟和电磁场。

第八章
一个新的起源故事：
生物钟和电磁场助力同步和塑造生命

故事是这样的。1953 年 2 月 28 日的中午，两位科学家冲进了老鹰酒吧，这是英国剑桥大学的教师和学生聚会时常去的地方。其中年长的那位是 37 岁的英国物理学家弗朗西斯·克里克，另一位是他 25 岁的年轻同事——美国分子生物学家詹姆斯·沃森。克里克向聚集的人群大声宣布："我们发现了生命的秘密。"这句话从此名垂青史。后来，两人因为发现 DNA 的双螺旋结构而获得诺贝尔生理学或医学奖。[1] 然而，故事才刚刚开始。

生物钟：编导生命之舞

这得从 1729 年说起。众所周知，植物的叶片在白天是伸展的，晚上会闭合起来。然而，法国天文学家让-雅克·德奥图斯·德梅朗（Jean-Jacques d'Ortous de Mairan）突发奇想，他想知道植物在黑暗的房间里是否也会舒展和闭合它们的叶子。于是，他将一株含羞草放在一个黑暗的橱柜里进行观察。他发现，植物即使 24 小时都处于完全的黑暗中，还是会展开并重新闭合叶片，这说明一定有某种独立于光线提示的因素在起作用。

1832年，法籍瑞士生物学家阿尔丰沙·皮拉姆·德堪多（Alphonse Pyrame de Candolle）证实了德梅朗的发现，而且有趣的是，他从另一个角度得到了相同的推论。德梅朗的实验排除了光照是含羞草叶片舒卷的原因，但德堪多认为，叶片的舒卷过程也可能与植物对温度的反应有关。他将植物连续暴露在光照下，发现即使没有明暗循环，植物也会每隔22~23个小时就"像发条一样"舒展或折叠叶片，这表明植物内部必然有某种计时器。[2]

在20世纪60年代，约翰斯·霍普金斯大学的柯特·里克特（Curt Richter）做了一系列残忍的实验。他用冷冻、电击、致盲、停止心跳，甚至切除一部分大脑等方法，希望破坏老鼠的昼夜节律。然而老鼠的昼夜节律依旧继续。[3]

瑞士日内瓦大学的时间生物学家乌里·希布勒（Ueli Schibler）描述了生物钟如何监控哺乳动物的时间模式。

> 大多数哺乳动物的生理过程每天都会经历由昼夜节律系统控制的振荡。这个系统包括位于大脑视交叉上核（SCN）的主起搏器和存在于几乎所有体细胞中的外周从属振荡器。每日的明暗循环会影响SCN的相位，而SCN再通过神经元、体液和体内生成的物质对动物的行为和生理过程进行有规律的控制。一部分SCN输出对昼夜节律行为有直接的影响，而其他输出则作为外围细胞中无数昼夜节律振荡器的输入信号，从而使它们达到同步。动物每天的进食－禁食周期是许多外周器官振荡器同步的主要授时因子（即时间线索）。[4]

众所周知，DNA编码了生物钟，但它并不是生物钟唯一的来源。2011年1月，《自然》杂志发表了一篇题为《人类红细胞中的昼夜节律》的科研论文，作者是剑桥大学临床神经科学系代谢研究实验室的约翰·S. 奥尼尔（John S. O'Neill）和阿基勒什·B. 雷迪（Akhilesh B. Reddy）。这项研究特意使用人类的红细胞，因为它们没有细胞核，因此不存在 DNA。尽管红细胞中不存在 DNA，但研究人员仍发现红细胞中存在明显的 24 小时昼夜节律。

这意味着这种昼夜节律一定是由细胞质产生的。这项研究和其他类似的研究并没有否定 DNA 时钟的存在。DNA 编码的生物钟确实在动物和植物身上得到了证实并被详细归类。奥尼尔和雷迪的研究要告诉我们的是，基因并不是生物钟的唯一来源，这与新达尔文主义的拥趸所持的观点不谋而合。[5]

人体内的生物钟不断地随着昼夜节律进行调整，尤其是明暗周期和冷暖变化。能够预测和对外部环境变化做出反应，对维持健康的机体至关重要。当机体处于活跃状态的时候，尤其是在觅食和捕猎时，生物需要做好时间准备来迎战或逃跑。安排和组织消化功能、免疫系统功能和组织再生发生在休息和睡眠周期中，这需要完全不同的时间安排和部署。生物的所有其他体内活动，像心率、激素水平等，都随着昼夜节律不断变化以适应外部环境，这需要持续的时间管理和同步。

大量的证据也将人的疾病与生物钟紊乱密切联系起来。以人造光为例。在此前大约 20 万年的时间里，人类和共存的同伴生物主要依靠太阳直接发出的自然光和间接反射到月球上的光生活。如今，电气照明为漫漫黑夜带来了人造光，搅扰了无数人的清梦，也影响了无数上夜班的人。

生活在拥堵的城市中的人一天 24 小时都被光亮包围着，从未体验过目睹满天星光、银河璀璨的感动。[6] 可悲的是，人们想要体验宇宙的浩瀚辽阔，只能跟着旅游公司去到地球上少数无人居住的地方，这些所谓的"黑暗天空公园"是旅游业最新的噱头。

近年来的研究表明，夜间人造光会抑制松果体产生褪黑素，从而扰乱我们的生物钟。而褪黑素的减少会增加患前列腺癌和乳腺癌的风险。[7]

一些关于成人注意力缺陷多动障碍的研究发现，这个疾病与睡眠障碍有关，缺少睡眠会使病情恶化。[8] 大量研究已经证实，夜班工人患心脏病、糖尿病、感染和癌症的概率往往更高。同样令人担忧的是，许多研究表明，昼夜节律系统紊乱也是引发精神分裂症和双相情感障碍等常见精神疾病的重要因素。[9]

这些发现将越来越多的人类疾病直接与位于大脑视交叉上核中的生物钟主时钟联系起来。牛津大学研究昼夜节律的神经科学教授罗素·福斯特（Russell Foster）表示，一系列严重疾病与昼夜节律所控制的睡眠周期之间的深层联系，"说明面对很多疾病，我们有了一个开发新的循证治疗和干预的大好机会，这将改变无数人的健康和生活质量，更好地应对各种疾病"[10]。但不幸的是，现在培养未来医生的医学教学中几乎没有提及与时间有关的疾病。

科学家们发现，有些物种的生物钟与月球或潮汐的周期同步。例如，矶沙蚕只在10月和11月出现下弦月的弦潮①期间繁殖。[11] 肯尼斯·费希尔（Kenneth C. Fisher）和埃里克·本杰雷（Eric T. Bengelley）将一只松鼠关在一个没有窗户的房间里，并持续给它提供食物和水，同时把房间里的温度设定在冰点。这只松鼠的体温一直保持在37摄氏度，但是一到10月份，它就停止了进食和饮水并开始冬眠，就跟在户外时的习性一样，而冬天一过去，它又恢复了正常活动，就好像知道早春来了一样。[12]

除了昼夜节律、月度节律、潮汐节律和年度节律，科学家们还发现了短昼夜节律。这些节律的周期都出现在24小时以内，并且长短

---

① 弦潮，是指在上弦月或下弦月出现时产生的潮汐，此时太阳与月球引发的潮汐力互相垂直并部分抵消，所引发的潮汐较弱。——译者注

不相同，例如心跳的周期持续不到一秒钟。我们现在知道，动物体内有数百个生理过程，远少于植物，之所以能够保持其自身的耗散模式，完全依赖于在每个细胞中运行的内源性生物钟，这些过程被同步在一个精心制作的"交响曲"中，成就了我们的"存在"，或者更准确地说，我们才能"成为"自己。

英国加迪夫生物科学院的微生物学家戴维·劳埃德（David Lloyd）对生物内源性时钟所起的主要作用做了一个总结，他说："严格的体内计时系统是协调控制我们体内的每一个生化、生理过程，以及控制我们的行为甚至情绪和活力而固有的东西。"[13]

最常见的短昼夜节律称为"点半节律"。有研究证实，我们人类有一个基本的活动/休息节律，其周期大约为90分钟。[14] 半个世纪前，在芝加哥大学任教的美国心理学家纳撒尼尔·克莱特曼（Nathaniel Kleitman）发现，人每次对集中活动的关注时间持续约90分钟，随后就进入间歇期。

短昼夜节律规定各个物种活动模式的日常安排包括：同步各个相容过程和防止不相容过程同时激活；让生物系统做好准备以响应刺激，例如细胞与细胞之间的通信，维持神经元的完整性和警惕性；与昼夜节律相互交流。[15]

举例来说，短昼夜节律管理卵巢周期的时间性，使生殖活动与内外环境的变化同步。[16] 短昼夜节律通过提高体温和组织反应的各个阶段来提醒动物警惕捕食者的威胁。

生物钟最重要的作用之一是把功能同步到24小时的周期之内。例如，细胞内的空间，甚至一个器官内的空间，都是有限的，因此，需要日程安排在时间分配上确保各项生理活动能够按正确顺序进行。[17] 格拉茨医科大学生理学研究所的马克西米利安·莫泽（Maximilian Moser）强调了时间顺序在维持机体活动模式方面的核心作用。

> 时间分割允许完全对立的事件同时发生在同一个空间单元：我们身体的宇宙里存在着相反和对立的事物，但不能同时发生。收缩和舒张、吸气和呼气、工作和松弛、清醒和睡眠、还原状态和氧化状态……这些都是不能同时同地进行的。[18]

生物钟教会我们的是，一个健康的细胞保持与其生物钟和代谢过程步调一致。也就是说，细胞必须按照短昼夜节律和生物钟所分配的时间，按计划执行每个代谢功能。简而言之，考虑到每一个有机体的内部动态，在 24 小时昼夜节律周期内为每一个功能设定好时间，以确保生物体作为一个整体正常发挥功能。

尽管了解到人类越来越脱离昼夜节律周期，而我们这个物种是靠这个循环来确保自己的生存模式的，如此孤立下去让人寝食难安，但一场更深远的灾难正在整个生命王国展开，如果我们不及时采取行动，可能就没有机会逃脱了。

问题是这样的。每一个生物体的每一个细胞中都嵌入了其他特定的事先设定好的生物钟，通过赋能物种预测即将到来的季节性变化并做出适当的反应，从而使每个物种都能够蓬勃发展。这些调整每个物种适应季节变化的其他节律称为光周期。光周期通过测量日照时长判断季节变化，以确定动物进行迁徙、觅食、狩猎、繁殖、睡眠和苏醒的最佳时机。

举例来说，如果一只动物在错误的时间出现在错误的地点，它可能会被天敌捕食；如果一个种群太早或太晚到达新栖息地，它们可能会错过觅食和狩猎的机会，或者错过繁殖、迁徙或冬眠的最佳时间，从而减少生存的机会。这些活动都必须在正确的时间进行，一旦错过，后续将要发生的事情的选择范围会越来越小，例如，如果种群到达栖息地的时间不对，就会影响动物为冬眠储存脂肪或为迁徙飞行换羽的准备过程。目前的困境是，气候变化不断加剧，地球的圈层正在彻底再野化，迫使每个物种的内部生物钟节律与季节变化脱节。

大脑视交叉上核不但调节生物钟，使机体能够遵循24小时的清醒/睡眠周期，还会通过某些与日照时长相关的神经信号来调节机体，使之适应季节性变化。已退休的美国国家心理健康研究所科学家、精神病学家托马斯·A. 韦尔（Thomas A. Wehr）解释说："日照时长的信号被对等地编码，从而反映到褪黑素在夜间分泌的持续时间上——冬季分泌时间变长，夏季分泌时间变短。对褪黑素信号做出反应的部位会诱发行为和生理机能的变化，这些带有季节性特征的变化反映了信号持续时间的长短。"[19]

那些坚持认为自己的生理状态和情绪会随着季节变化而发生改变的人，例如季节性情感障碍（SAD）患者，会在冬季到来时由于日照时间减少而感到悲伤、沮丧和疲倦。他们的这种体验并非出于想象，而是发生在他们的生理上。

韦尔指出："导致猴子和其他哺乳动物产生光周期季节性反应的几乎所有解剖学元素和分子，在人类中都已被发现。"[20] 该领域的研究人员表示，进入工业时代，随着我们这一物种越来越依赖于人造的环境，人类对季节性变化的反应可能已经减弱了。

在全新世过去的11700年中，地球上温和的气候是相对可靠的季节模式的特征，可是，气候正在随着全球变暖而发生巨大变化，这令气候科学家、生物学家和生态学家越来越担忧。气候变化造成的水文循环的改变，导致了不可预测的极端天气事件频繁发生，这不但对当地的生态系统造成了严重破坏，而且由于每个物种与生俱来的生物钟与气候密切相关，气候的剧烈变化正在将每个物种都置于危险之中。

总而言之，我们人类和其他所有物种都在体内配备了一个生物钟迷宫，昼夜节律和年周节律分别根据地球24小时的自转周期和365天的公转周期不断地调整每一个细胞、组织和器官的活动。短昼夜节律时钟安排生物体一天内应该发生的生理过程，以保证其生存。其他以日照时长为依据的生物钟保证了物种能适应季节变化以生存和繁荣。这些生物钟的存在意味着人类和所有其他生物存在的核心是时间模式，它使生物能够不断适应这个充满活力的星球所呈现出的节律、动态和多样性。

2017年10月的一个早上，诺贝尔奖委员会在5点10分打来了电话。在黎明前听到电话铃声响起，布兰代斯大学的生物学教授迈克尔·罗斯巴什（Michael Rosbash）说，他的第一个念头是有人死了。当他拿起电话，听说自己与布兰代斯大学的另一位生物学教授杰弗里·霍尔（Jeffrey Hall）和洛克菲勒大学的遗传学教授迈克尔·杨（Michael Young）一起获得诺贝尔生理学或医学奖时，他脱口而出："你是在跟我开玩笑吧？"[21]

虽然发现DNA结构（它蕴含着生成有机体的代码和指令）是科学史上的一个重要里程碑，但诺贝尔奖委员会对这三位生物学家的成就的认可也同样具有重要意义。自德梅朗首次发现即使是在黑暗的房间里，含羞草也会在24小时内周期性地舒展和闭合叶片以来，这个未解之谜在将近三个世纪里一直困扰着生物学家们。

1971年，美国神经科学家西摩·本泽（Seymour Benzer）和他的学生罗纳德·科诺普卡（Ronald Konopka）很偶然地发现，一批突变果蝇的体内计时器似乎有缺陷，随后他们追踪并找到了一个他们称之为"周期基因"的特定基因。[22] 1984年，霍尔和罗斯巴什开始研究周期基因。他们对这个基因产生的蛋白质特别感兴趣，这种蛋白质被称为PER。他们发现，这种蛋白质在夜间会在细胞中积累，而在白天会被分解。周期基因产生的PER蛋白每24小时循环地增加和减少。尤里卡①！他们发现了第一个调节生物钟的关键蛋白——

---

① 尤里卡（Eureka），来源于古希腊语 εὕρηκα，意为"我找到了"，是古希腊哲学家阿基米德在发现浮力定律时喊出的名言。——译者注

随后还会发现更多。

1994 年，杨发现了第二个生物钟的关键蛋白，称为 TIM。当 TIM 蛋白与细胞中的 PER 蛋白结合时，它们会粘在一起并进入细胞核，在那里它们会关闭周期基因。到 20 世纪 90 年代后期，其他科学家发现了更多的生物钟和相关蛋白，并且不断有新的发现。

诺贝尔奖委员会在颁奖时指出，"为了让机体适应一天中的不同阶段，我们的内部计时器以极其精确的方式调节着我们的生理活动，以适应当天差异极大的阶段"，因此，"生物钟调节行为、激素水平、睡眠、身体温度和新陈代谢等关键功能"。[23] 正如预期的那样，诺贝尔奖委员会强调了发现生物钟对健康的实际意义。然而，他们没有提到这个发现更加根本性的意义，即每个生物都是一种耗散模式——它的原子、分子、细胞和器官在不断地来来去去，而这种模式是由一系列错综复杂且相互关联的生物钟维持的，我们刚刚揭开这些生物钟的神秘面纱。

我想，未来的学生学习生物学时，将赋予生命的时间性质的科学发现和基因所携带的遗传指令同等重要性。当孩子们长大后认识到生命是一种时间模式，与地球的各个圈层、地球自转、季节变化和地球公转的相互作用时，他们会因持有这样的观念而感到欣慰：我们这个物种既不自主独立也不形单影只，而是众多模式中的一种，这些模式相互关联、彼此依赖，都是这个星球上不可分割的一部分。

虽然生物钟协调每个生物体的内部活动模式，并使其与地球的昼夜节律、季节和年度节律同步，但我们知道，还有一种力量在生物体建立时间和空间的模式方面起着关键作用，它就是电磁场。

生命的建筑师：电磁场和生物模式

鲁特格尔·韦弗（Rütger Wever）是一位名不见经传的物理学

家，在德国慕尼黑著名的马克斯·普朗克研究所工作。1964年，他建了一个有两个实验室的地下掩体，这两个实验室与所有外部环境线索（阳光、气流、降雨、声音等）隔离开来。他为受试者提供食物、水和舒适的生活，可以让受试者在那里隔离长达两个月。其中一个实验室安装了一个电磁屏蔽系统，可以将来自外界的地磁节律减少99%。[24]

实验人员24小时不间断地监测所有受试者的日常节律——体温、清醒/睡眠周期、排尿和其他生理活动。日复一日，从1964年到1989年，韦弗做了418次实验，在各种可能的条件下对497名受试者进行了监测。1992年，他在一篇题为《人类昼夜节律的基本原理》的研究报告中总结了他的最终成果。[25]

下面是他的研究发现。虽然没有屏蔽电磁波的房间不见阳光，但仍暴露在外源电磁场中，房间里的受试者的睡眠和清醒模式仅略有减弱，平均周期为24.8小时。然而，在屏蔽了外部电磁场的房间内，受试者的昼夜节律明显改变，生理活动变得更加不规律。事实上，完全与外源电磁场隔绝的受试者不仅完全失去了他们的昼夜节律，而且其他一系列代谢功能的时间周期也开始变得紊乱。

在一些实验中，韦弗将人工电磁脉冲有规律地发送到房间里，房间外部的电磁波仍然是被屏蔽的。结果显示，在屏蔽外部电磁波的密封房间内产生一个非常微弱的10赫兹的电磁场后，受试者的昼夜节律立即恢复了。它第一次显示了外源电磁场在调节人类昼夜节律方面发挥着作用，这是一个令人难以置信的发现。[26]

詹姆斯·克拉克·麦克斯韦（James Clerk Maxwell）是第一个正式提出覆盖地球的电磁场的动力学理论的人。他的理论为20世纪的现代物理学奠定了基础，并为解释存在的本质建立了纲领。这一理论将成为主流的科学范式和哲学范式，并使牛顿的物理学黯然失色。

在19世纪60年代，麦克斯韦写了两篇极有影响力的论文。他认为,是所谓的"电磁场"为地球注入了活力。麦克斯韦的贡献是通过一系列方程证明电磁场的速度与光速大致相同。这个结论是正确的:

> 我们几乎无法避免得出这样的结论,光产生横向波动的介质同样也是引起电磁现象的原因……结果的一致性似乎表明,光和磁受同一物质的影响,光是依据电磁定律在场中传播的电磁干扰。[27]

麦克斯韦的巨著《电磁通论》于1873年出版,为20世纪阿尔伯特·爱因斯坦的相对论奠定了基础。

电磁场对宇宙的运动和地球上的生命来说至关重要。地核由熔融的镍和铁混合而成,是一个巨大的电磁铁。它的磁场由在熔融的核心流动的电流维持。当行星旋转时,这些强大的电流在地球自转时以每小时数千英里的速度延伸数百英里。磁场从地核穿透地壳进入大气层。[28]

地球磁场进入外层空间的部分称为磁圈,它形成的磁等离子体就像一个保护层,保护地球免受太阳和宇宙粒子的辐射,同时防止太阳风从大气层剥离,它对维持地球生命不可或缺。[29]

麦克斯韦的电磁场理论催生了一种全新的物理学思考方式,并激发了自那以后这个领域发生的一切。其中,更深层次的宇宙学意义在20世纪的怀特海心中引发了共鸣。正如我们在第七章提到的,怀特海对牛顿坚持认为"自然只是由存在于固定位置的孤立物质组成"感到懊恼,于是他仿佛在麦克斯韦的电磁场理论中找到了知音。

怀特海意识到,电磁学理论"完全放弃了位置是事物参与时空的主要方式的概念",因为它表明"从某种意义上来说,一切事物无时无刻无处不在"。[30]怀特海于1926年在他的《科学与近代世界》一书中写下了这些话。到 1934 年，怀特海关于麦克斯韦电磁场理论的本体论意义的思想已经发展成为一种完全成熟的哲学，今天它正在重塑我们对生命作为一种时间模式的理解。在《自然与生命》一书中，他探讨了电磁场对重新思考存在的本质可能具有的意义。他写道，电磁学告诉我们：

> 基本概念是活动和过程。……自给自足、完全隔离的概念在现代物理学中是不存在的。在有限的区域内没有本质上孤立的活动。……大自然是展示各种相互关联的活动的剧院。一切都在变，包括各种活动和它们之间的相互关系。……在（空间）形式（外部相关的物质碎片）行进的地方，现代物理学已经替代了"过程的形式"概念；它肃清了空间和物质的概念，也替代了对活动的复杂状态里的内部关系的研究。[31]

怀特海确信自然的关联性或他所谓的"事物的共同性"。在怀特海的世界里，"每一件事情的发生从本质上来说都是其他事情发生的一个因素"[32]。怀特海已经进入状态了，但他还是无法将冰冷的物理学电磁场理论转化为生物学和充满生命活力的那种温暖世界，这让他对生命意义的直觉悬而未决。

在怀特海对物理领域进行反思的同一时期，俄罗斯科学家亚历山大·古尔维奇（Alexander Gurwitsch）正在重新思考形态发生的本质，这是一个"通过细胞、组织和器官的胚胎分化过程形成有机体"的生物学过程。[33] 古尔维奇于 1922 年首次提出"生物场"的概念，用以描述生物体形状和形态形成的过程。然而，直到 20 世纪 40 年代，他才发展出一套完整的生物场理论。古尔维奇认为：

> 细胞在它周围创造了一个场，也就是说，这个场将细胞从其

外表延伸到细胞外间隙的空间……因此，在任何时候，在一群细胞中存在一个由所有个体细胞场组成的单一生物场……这个生物场利用生命系统中放热的化学反应所释放的能量，赋予分子（蛋白质、多肽等）有序、定向的运动……细胞场的点源与细胞核的中心重合，因此，细胞场通常是辐射状的。[34]

古尔维奇的生物场理论仍然遵循传统的观点，即认为场由基本组成部分决定，因此，当胚胎成形时，每个发育阶段都来自前面那个较不复杂的阶段，都是从细胞核的中心向外延伸的。换句话说，能在建立胚胎发育和最终形态的模式中发挥作用、孤立于胚胎的力场是不存在的。古尔维奇的生物场理论仍然跳不出正统观念的窠臼，他将发育变化中的胚胎看作各种组件的组装——这是机械论的一个经典隐喻，只不过他往其中撒了一点场论的调味料。

其他生物学家更急切地要彻底探索场论在物理学中的含义，以此来重新思考生物学。保罗·韦斯（Paul Weiss）是一位拥有物理学和医学工程背景的奥地利生物学家，曾在洛克菲勒大学任教。他对电磁场理论有自己的理解，而这些重要的知识与见解将使下一步假设出一个完整的生物学场论成为可能。经过多年对生物学和物种进化规律的研究，他得出结论，"整个系统动态的模式化结构作为一个整体协调各个组成部分的活动"，而非传统观念所认为的，有机体是各个独立的部分以某种方式将自己组装起来而形成的一个集合体——这是典型的机械论的隐喻。[35]

韦斯以面部的形成为出发点来阐述他的观点。他提出了一个问题：脸如何能被所有微小基因组装而成？相反，他认为脸是一种无形的模式，以某种方式协调各个部分。就像铁屑在磁铁的无形和非物质之力下排列一样，相应的细胞通过无形的磁场在面部的正确位置排列。在1973年出版的《生命科学》（*The Science of Life*）一书中，韦斯描述了研究人员从正在发育的胚胎中取出肢芽，并将其移植到囊胚的不同位置的实验。他们发现，肢芽发育成右肢还是左肢"实际上取决于其相对于身体主轴的方向，或者更准确地说，取决于其周围环境的轴向模式"[36]。

类似地，螳螂被切下的触角可以发育成另一根触角还是一条腿，取决于它被移植到生物体的哪一个区域。韦斯明确表示："这两种选择中的哪一种会占上风，取决于细胞群在更大的复合体中所处的位置。"[37]

生物场的本质是什么？它能否揭示"有机体是如何形成的"这一最大的谜团？这两个问题还没有最终的答案。第一个实验性的答案来自对场研究了几十年的耶鲁大学解剖学教授哈罗德·萨克斯顿·布尔（Harold Saxton Burr）。他于1914—1958年在耶鲁大学执教，深入研究了生物体发育与电磁场之间的关系。1972年，他在《永生的蓝图》（*Blueprint for Immortality*）一书中阐述了他的发现。他是第一个基于场研究提出生命进化的电磁场理论的人。他在书中写道：

> 任何生物系统的模式或组织都是由一个复杂的电动力场建立的……这个场在物理意义上是电场，它的特性与生物系统的实体以一种极具特点的模式形成联系。[38]

与早期对生物场的纯理论推测不同，布尔通过数十年的场研究来支持自己的主张。例如，在与康涅狄格农业实验站联合进行的一项研究中，布尔检测了7个玉米品种的电模式——其中4种玉米种子是优质品种，3种是杂交品种。他的研究表明，"种子的电磁活动与其生长潜力存在直接的相关性"。多年来，这些实验以及他在树木和其他生物身上进行的类似实验，让他提出了独到的观点，他指出:"遗传构成和电模式之间存在非常密切的关系这个结论似乎难以回避。"[39]

对于什么构成一个特别的有机物或物种这样老生常谈的问题,布尔认为,"化学提供能量,但电动场的电现象决定了能量在生物体内流动的方向"[40]。

韦斯和布尔尝试性地建议对达尔文的理论进行部分改写,以便为有机体的遗传密码及其电动力场的整合留出空间。在之后的几十年里,实验室和场研究开始关注有关构成生命的动态过程的问题,以填补那些留下的空白。在这个过程中,新一代的生物学家和生理学家开始将物理学、化学和生物学领域结合在一起,形成一个新的综合体,这开始看起来像是我们对生命意义的理解范式出现了历史性转变,特别是我们如何看待我们与这个充满活力、生机勃勃并不断进化的地球的关系。

新达尔文主义综合学说的旗手们从生物学领域内部发起的反击不过是蚍蜉撼树。在大多数情况下,直到后来,他们都在为新达尔文主义综合理论辩护,并对那些敢于提出物理学,特别是内源和外源电磁场可能在建立细胞、器官、组织和整个身体的组织模式方面起作用的新来者避而远之。如果他们承认生物场的存在,那就意味着虽然遗传密码是创造细胞、器官、组织和身体的"指令",但内源性和外源性的电磁密码可能是编排"模式"不可或缺的动因,这些模式决定了基因如何被安排形成身体的各个部分,最后成为完整的有机体。

起初,人们不愿考虑电磁场在生命进化和编码中起重要作用这一激进的新观点,但是,进入 21 世纪的第一个 10 年后,人们的态度发生了一个急转弯。原因在于,出现了极富商业化前景的电磁场诊断工具和疾病疗法,提高了取得非凡医学进步的可能性,挑战了人们长期以来的观念,即认为管理和治疗疾病的新方法主要属于基因疗法和基因组医学的范围。在过去的 20 年中,不产生电离辐射的电磁场在医疗中的使用大幅增长。以下是目前已广泛使用或处于实验阶段的一些 EMF（电动势）应用：

> 磁共振成像（MRI）；癌症治疗；肿瘤治疗；治疗肌肉疼痛的射频透热疗法；刺激迷走神经治疗癫痫；脉冲 EMF 用于促进骨折愈合；电穿孔以增加细胞膜的通透性，从而将药物或基因输送到肿瘤细胞中；电休克疗法；治疗神经系统相关的疾病，包括深部脑刺激；治疗帕金森病和其他震颤；治疗慢性疼痛；治疗顽固型抑郁症；促进神经再生的治疗；治疗偏头痛和神经退行性疾病；治疗骨关节炎；促进伤口愈合；调节免疫系统；治疗皮肤癌和其他皮肤病。[41]

我们离对地球生命进化的根源进行重新思考还有多远呢？过去 10 年间的一系列实验使社会大众对生命系统的本质有了更多的新认知。沃森和克里克在 1953 年发现基因双螺旋结构并破解了"遗传密码"，这一成就开启了诸多人眼中的基因组学时代。今天，新一代生物学家大多接受过物理学和人工智能的交叉训练，已越来越接近破解所谓的"生物电密码"。生物电密码是指渗透每一个生物的电磁场，它可能在决定每个细胞、器官、组织和有机体的形状、模式和形态方面发挥着作用。越来越多的科学实验表明，电磁场可能是建立每个有机体的模式和形态的"先行者"。

瑞士巴塞尔大学环境科学系的丹尼尔·费尔斯（Daniel Fels）简要描述了生物电场在生物体内的作用方式。

> EMF 在细胞动力学中起着至关重要的作用。……细胞内部的 EMF 不仅在细胞内振荡，也在组织内部振荡……导致模式的

形成……。(例如) 当卵子遇到精子时，只有在所谓的"锌火花"①产生之后才能成功受精。只有在与"锌火花"相关的膜电压大幅变化的事件发生后，胚胎才能开始正常发育。生命过程中发生的这种膜电压依赖性在多细胞生物的发育中持续存在，并且人们发现它们是基因激活和表观遗传控制的触发因素，也触发再生或干细胞的分化……。生物体外部的电磁场对生命也会起到可评估的影响，因此也属于细胞和有机体的外部环境。[42]

最近的几项科学发现为生物电场如何作用于生命系统提供了不容忽视的证据。2011年7月，塔夫茨大学艺术与科学学院的生物系教授丹尼·亚当斯（Dany Adams）的一篇开拓性报告公布于世，她的新发现十分有趣。她发现，在青蛙胚胎发育的早期阶段，在它的面部形成之前，"胚胎表面会露出一张脸的模式"——一张电子脸。不同寻常的是，这一发现完全是偶然的。2009年9月的一个特别的晚上，亚当斯彻夜开着一台相机，持续拍摄一个发育中的青蛙胚胎。第二天早上，她和团队成员观看了这一段延时视频，视频中一个生物电信号先形成了一张青蛙脸的图案，随后这些图案就被生物填充并凸显出来。她这样说道：

> 这与我所见过的任何东西都不一样……图像揭示了生物电活动的三个阶段或三种过程。首先，一阵超极化（负离子）波在整个胚胎中一闪而过，同时纤毛出现了，它使得胚胎能够移动。接下来，出现了与正在形成的这个面孔即将发生的形状变化和基因表达域相匹配的模式。明亮的超极化信号标志着表面正在形成

---

① 哺乳动物的卵母细胞在受精过程中出现锌离子含量和定位的显著变化，最引人注目的是大量锌离子的快速胞吐，即所谓的"锌火花"现象。——译者注

凹陷的部位，而超极化和去极化的区域与定形头部模式的基因的区域重合。在第三个阶段，局部超极化的区域产生、扩大和消失，但没有干扰在第二阶段创建的模式。与此同时，球形胚胎开始伸长。[43]

在随后的实验中，塔夫茨大学艺术与科学学院的研究团队发现，如果他们通过抑制质子转运蛋白（一种运输氢离子的蛋白质）干扰生物电发出信号，那么胚胎会出现颅面异常发育，一些胚胎会长出两个大脑，有些胚胎会发育出异常的下颌和其他变形的面部特征。[44]

该团队的博士后研究员劳拉·范德伯格（Laura Vandenberg）对他们的发现的重要性总结道：

> 我们的研究表明，细胞的电场状态是发育的基础。生物电信号似乎在调节一系列事件，而不仅仅是一个……。发育生物学家习惯于思考基因产生蛋白质产物的序列，认为这些蛋白质产物反过来最终引导眼睛或嘴巴的发育。但我们的研究发现，在此发生之前还需要别的东西，那就是生物电信号。[45]

越来越清楚的是，达尔文主义的世界观在各个领域经过长达160年的盛行，至少现在开始被一种扩大的叙述加以修订。这并不意味着达尔文的所有见解以及后来出现的对他的理论的各种修正、增添和扩展都被抛到了一边。其中有一些被证明是错误的，而另一些则继续成立。随着一路走来的每一个新发现，人们对生命到底是什么这个问题有了更为复杂的理解，也更加接近破解生物电密码。

破解生物电密码快速成为科学的焦点，正在将物理、化学和生物学结合在一个新的综合体中，它与一个充满生气的地球对话，不用类比或隐喻的术语，而是作为一个可验证的有机体——也许在宇宙中是独一无二的。

到2014年,物理学家、生理学家和生物学家在领先的科学期刊上发表了大量实验论文,对新达尔文主义的拥护者进行了围攻,动摇了长期以来人们所持有的观点,即遗传密码本身操持着生命进化的全部秘密。那年6月,《生理学》杂志出版了一期特刊,标题极具煽动性:《进化生物学与生理科学的整合》。

在介绍特刊的社论中,五位著名科学家勇敢地提出这样一个问题:"现代理论是将被扩展还是被新的解释结构所取代?(如果是被取代)那么生理学在这种结构形成的过程中所起的作用是什么?"他们挑战了达尔文理论的中心观点,写道:"选择之后的随机变化机制只是成为进化变化的许多可能机制中的一个。"他们还大胆地对遗传密码至高无上的观念发起挑战并断言:

> 从广义的角度来说,生理学现在已进入进化生物学的舞台中央,因为我们终于能够在概念上和技术上走出达尔文主义"现代综合体"的狭窄框架,并对跨越时间和空间的更广泛的进化现象和模式承担起解释的责任。46

查尔斯·达尔文提出了一种关于生命进化的新理论——自然选择——来解释物种如何出现,如何随着时间的推移而进化,并产生具有共同祖先的新物种。他认为,可遗传的生物特征出现随机的变化可以让个体在生存斗争中占据优势,并把这种优势传递给它们的后代,使这些优势在种群中保留下来。在一段时间内,这些渐进的性状变化慢慢积累起来,最终会产生源于同一祖先的新物种。然而,达尔文承认,这些特征的积累如何形成像眼睛这样复杂的器官,的确也让他大惑不解。他写道:"眼睛是精巧绝伦的发明设计,可以将焦点调整到不同的距离,可以接受不同数量的光,还能校正球差和色差。如果说这些功能可以通过自然选择形成，我必须坦白地说，这种假设荒谬至极。"[47]

148年后，在塔夫茨大学的再生和发育生物学中心，由生物学教授兼中心主任迈克尔·莱文（Michael Levin）领导的一个团队进行了一项实验，该实验将震撼生物学界并给出另一个电磁场在协调器官、组织和整个有机体的组装中起作用的证据。而且，他们正是用眼睛的发育来证明自己的观点。

2007年12月，莱文的研究小组宣布，"科学家首次改变了细胞之间的自然生物电通信，直接明确在脊椎动物体内特定的位置造出新的器官类型"。塔夫茨大学的博士后研究员瓦伊巴夫·帕伊（Vaibhav Pai）是论文《跨膜电压潜在控制非洲爪蟾胚胎的眼睛发育模式》的主要作者，他描述了这一研究过程。[48]

他们的团队改变了蝌蚪背部和尾部细胞的电压梯度，来匹配眼部细胞正常发育位置的电压梯度。结果，"针对眼睛的具体电压梯度驱动背部和尾部的细胞——通常会发育成其他器官——发育成了眼睛"[49]。

根据帕伊博士的说法，这个实验的假设是，对于身体的每个结构，都有一个特定的膜电压范围来驱动器官生成。"通过使用特定的膜电压，我们能够在本不可能形成眼睛的区域生成正常的眼睛。这表明身体任何部位的细胞都可以被诱导形成眼睛。"[50]

莱文的团队很快指出这项工作在医疗方面具有巨大的潜在益处——使用特定范围的膜电压促进修复先天性缺陷的每一个器官、组织和肢体，并且可以在一系列再生和发育的医疗实践中发挥作用，但他并没有忽视这项研究对更广泛领域的可能意义，他的结论是：这个单一的实验只是"破解生物电密码的第一步"。[51]

第九章
超越科学方法：
复杂适应性社会/生态系统建模

我们对自然本质的发现与支撑"进步时代"的传统科学叙述如此不相称，所以，我们长期坚持的科学探究方法受到质疑也就不足为奇了。这种破解自然秘密的科学范式存在严重缺陷并非出于混乱或偶然。四个多世纪前，它被一个人强力推介到公共领域，不仅成为用于理解自然的经验法则，还被打造成人类家庭几近专属的准绳。

弗朗西斯·培根 1561 年出生于伦敦，长期以来一直被视为现代科学的守护神。培根在他的著作《新工具》中痛斥了古希腊的哲学家们。在回顾自柏拉图主义被引入社会以来的西方文明史后，培根得出结论，柏拉图主义的核心主题对改善人类命运毫无助益。他认为，尽管希腊人有着伟大的思想，但并没有"提出任何一个能减轻人类负担或能改善人类境况的实验"。[1]

通过强调重视事物的"方法"作为哲学的基石，培根开辟了一片新天地，将世俗的力量置于神圣的启示之上。他认为，人类最基本的能动性是能够把自己与自然分开，从远处不偏不倚地观察自然，破解自然的秘密以掌握关于世界的"客观知识"，并"将人类帝国的边界扩大到对一切可能的事物产生影响"。[2]

对培根来说，思维是一种非物质的东西，其存在的理由就是为了驾驭物质世界。他一边追求推理，一边推动改革运动来恢复上帝对亚当和夏娃的承诺，即人类将统治自然。用他的话说，"上帝是为人类创造了世界，而不是为世界创造了人类"[3]。培根为即将成形的科学方法概述了知识基础。他鼓吹说，有了这种新方法，人类将拥有"征服和制服"自然的力量，并"动摇她的根基"[4]。他预言，这种方法的目标是"建立和扩大人类对宇宙的统治权"[5]。

培根作为现代科学之父的声誉与日俱增。随着1660年英国皇家学会在伦敦成立，以及其后在欧洲乃至世界各地建立了类似的科学学会和学院，他的科学方法也将大展拳脚。

培根对科学探究方法的天真的简化、归纳，显得客观、孤立和线性，伴随着"进步时代"前进的脚步，事后来看，在如何接近自然世界方面，它显得如此一知半解和幼稚。不断演变的耗散模式和组合自组织系统的过程构成了地球的生命力——直到现在它们才开始被理解并催生了一种新的科学方法，这种方法更符合我们对世界的觉醒认识。

一种研究再野化地球的新科学

克劳福德·斯坦利·霍林（Crawford Stanley Holling）是一位加拿大生态学家，他曾在英属哥伦比亚大学任教，后来到佛罗里达大学任教。1973年，他发表了题为《生态系统的韧性和稳定性》的论文，阐述了有关自然环境的形成和运行的一种新理论。霍林在生态系统理论中引入了"适应性管理"和"韧性"的概念，与其他先驱者一起，将生态学与社会学融合，为创建一门全新的科学方法奠定了基础，并对传统经济理论指导原则和实践发起了挑战。[6]该理论被称为"复杂适应性社会/生态系统"（CASES）。

我们使用首字母缩略词 CASES①来更恰当地描述用在复杂适应性社会/生态系统中的调查类型。案例是一种"需要调查的情况和/或需要解决的问题",可以更好地描述这种新的科学探究方法,相比于"实验",它更能适应即将到来的时代。[7]尽管有些冗长拗口,但新的理论和实践开始重塑社会对时间和空间的思考方式以及我们这个物种与自然世界的相互关系。

霍林提出,"生态系统的行为可以由两个不同的属性来定义:韧性和稳定性"。[8]他的论文简单而优美,同时又不回避探索自然界的复杂关系,以及人类与自然的相互作用。从那以后,他的韧性理论拓展到心理学、社会学、政治学、人类学、物理学、化学、生物学和工程科学等几乎每一个学科。商业领域和工业产业也开始效仿,尤其是金融和保险行业、制造业、信息通信技术和电信行业、电力行业、运输和物流行业、建筑行业、城市规划行业以及农业。但最重要的是,"新的"大颠覆的零点位置恰恰处于经济学和生态学的交叉点。霍林解释说:

> 韧性决定了系统内部各种关系的持久性,是这些系统接受状态变量、驱动变量和各种参数的变化后仍然保持稳定状态的能力的量度。在这个定义中,韧性是系统的属性,而持久性或灭绝概率是结果……。因此,优先选择的主要策略不是效率最大化,也不是为了获得某种特定的回报,而是通过保持灵活性而使持久性高于一切。一个种群在面对任何环境变化的时候都会做出响应,它会启动生理、行为、生态和遗传等一系列变化,来恢复其对之后不可预测的环境变化的反应能力……。环境在空间和时间上越趋于同质化,系统的波动性和韧性可能就越低……。一种基于韧

---

① 即英文单词"案例"。——译者注

性的管理方法……将强调有必要保持选择的开放，有必要在区域范围而不是本地背景下看待事件，有必要强调异质性。由此产生的将不是我们心存已获得足够知识的妄想，而是承认我们的无知；不是假设未来事件可预知，而是承认它们总会出乎意料。韧性框架可以支撑这种观点的转变，因为它不要求精确预测未来的能力，而只需要具备一种设计、开发系统的定性能力，无论未来发生何种意想不到的事件，它都会生成能够吸收和适应这些事件的系统。[9]

在接下来的 30 年里，霍林对韧性和适应性理论的开创性工作被其他人改进、拓展和定性，为该学说增加了更多的复杂性。2004 年，他与人合著了一本修订后的关于韧性和适应周期理论的书，书名为《社会生态系统中的韧性、适应性和可转变性》。在修改后的模型中，霍林和他的同事们越来越关注自然系统的"可转变性"。也就是说，系统可能无法自我维持，这就迫使它向一种新的自组织系统转变。

这种对韧性的解释的修正很重要，因为早期文献中对韧性这个词的描述可能给人一种错误的印象，即认为韧性是衡量一个复杂适应性社会/生态系统可以承受多大程度的破坏并仍能恢复其原始状态的参考指标。虽然这是一个应当考虑的因素，但韧性涵盖生物群落生命周期中更广阔的时间跨度，该时间跨度延伸到很远的未来，甚至包括一系列生态演替。生态学家使用术语"生态演替"来描述生物群落的诞生、成熟、消亡和转化。

生态群落的最初阶段通常被称为"先锋期"。在这个阶段，经历火山爆发、岩浆覆盖、野火、洪水等灾难性事件和气候变化（例如冰期和间冰期之间的气候变化）之后的荒芜地区开始出现生命的萌芽。随着人类对环境的开发所造成的破坏，例如过度采伐、露天采矿和有毒废物在地下水中扩散，生态群落也出现了新的先锋阶段。在生态演替的早期阶段，我们看到了土壤、植物、地衣和苔藓的出现，然后是草、灌木和乔木的出现。食草动物随之而来，它们以植物为食，后来出现了肉食动物，它们以食草动物为食。每个新阶段都会迫使进化中的生物群落中所有先前出现的元素去适应一个新兴的自组织系统。

生物群落生命周期的最后一个演替阶段称为成熟期或高潮群落。这个时期的生物群落中，几乎没有有机质的年积累量。每年产生和消耗的能源相对平衡，而且四季气候相对稳定。多样性的物种在复杂的食物链中相互作用。群落的初级生产总量与整体呼吸作用之间的比例、群落通过光合作用捕获和使用的能量与分解之后释放的能量之间的比例都接近1：1。同样，从土壤中吸收的养分与枯枝落叶腐败后重返土壤的养分之间也存在微妙的平衡，比例也接近1：1。随着时间的推移，每个物种都在不断地适应其他物种的不断变化，并非蓄意而是必然。

生态群落的韧性意为"只要司机多样化，不怕乘客多如毛"。埃默里大学环境科学系的兰斯·冈德森（Lance H. Gunderson）在观察后得到了具有说服力的证据。他观察到生态群落的韧性取决于多个过程的重叠影响，"单个来看都是低效的个体效应，但合在一起，它们会显示出稳健的运转方式"[10]。

其实，从霍林提出他的初步理论开始，无论是人类的还是生态群落的韧性，通常都被误解为系统对大规模破坏的反应能力，这种能力具有足够的稳定性，使其能够恢复到初始的平衡状态。但我们在前几章中已经了解到，在自然、社会和宇宙中，当各部分相互作用时，它们从不回到原来的位置，因为相互作用本身改变动态，无论它们是多么微不足道。每次相互作用都改变每个参与者与其他参与者的相对关系，也影响它们所在的多元系统。充其量，人们可以说系统相对地"恢复"到一个新状态，在这个状态下，那些可以识别生态群落的行为、结构和关系与之前的粗线条有可比性，在性质、过程、动势和个体数量方面也或多或少有相似之处。

关键是，韧性绝不意味着重新达到跟以前一模一样的状态。时间和事件的流逝总是在改变模式、过程和关系，无论痕迹多么轻微，这在自然界和人类社会中都是如此。韧性永远不该被认为是世界上的一种"存在的状态"，而应该是一种作用于世界的方式。反过来，适应性是一种时间能动性，单个生物、整个物种或更大的生物群落都靠它将自己融入所有相互作用的过程和模式，这些过程和模式在这个互动星球上构成了地球的微生物群落、生态系统和生物群落。

这里的大部分困惑在于社会对韧性的定义方式，尤其是在社会科学学科中。学会增强个人韧性已经被用作一种治疗方法，帮助一个能动性被破坏的人调节适应造成的创伤，其中会经常有未阐明的希望，希望将患者的个人和集体生活恢复到被破坏之前的样子。但正如任何经历过这种创伤的人都可以证明的那样，通往恢复和韧性的道路永远不会倒退。一个人永远回不到过去，只能向前迈进，从情感和认知的经验教训中建立起一种新的能动性。

更复杂的是，韧性通常被视为克服脆弱性的一种方式。然而，处在脆弱状态并非总意味着有生命危险，这也是我们对他人敞开胸怀的一种能力。在脆弱状态中也可能意味着冒险，离开自己的舒适区，通过体验未知和培养更多样化的关系和生活方式来提高个人的能动性。韧性从来不是简单的关于重获控制权的问题，而是一种建立新的融入渠道的开放性。

墨尔本大学的管理研究和地理系的费奥纳·米勒（Fiona Miller）指出了在韧性时代生活的困难："从（社会）韧性的角度来看，挑战是要学会与变化共存和培养应对能力，而不是试图遮挡所有变化。"[11]这是一个紧要关头，人类放弃了效率并紧紧抓住适应性，把适应性作为一种时间手段，重新建立与地球的关系，从剥夺地球资源到与自然界重修和谐。适应性也成为我们从进步时代跨入韧性时代的分水岭。

尽管业内人士还没承认，但经济的堡垒正在坍塌，主要有两个原因：首先，气候变化的威胁和日益严重的疫情占据了主导地位，其影响规模足以令经济学武器库中为应对危机而保留的任何手段黯然失色和无能为力；其次，人们陷入迷茫而困惑不解，对商业界纠正错误的意愿失去信心，而那些错误的行为已经使人类和其他生物落入环境浩劫的深渊。

经济学学科如果要生存下去，就需要转变思想，用一种全新的方式来思考人与自然世界的关系。这种转变在一定程度上需要人们重新评估该学科长期秉持的一些信条，包括一般均衡理论、成本效益分析、对外部性的狭义定义，以及对生产力和 GDP 的误导性概念。这种转变从根源上需要减弱甚至挑战这个学科对效率至上的追求，并开始开发能使该学科与适应性异曲同工的工具和商业模式。最重要的是，商界需要逆转与自然世界的关系，不应再把大自然视为一种为我所用的"资源"，相反，要把大自然重新视为一种"生命力量"，而我们人类只是物种大军中的一员；在地球上，我们只是过客，应该秉承与我们的身份相当的价值。

更困难的是，人类需要承认这个世界并非"唯我独尊"。说实话，如果人类像那些很久以前就变成化石的物种一样，也消失在长长的灭绝物种名单中，那么如今生活在地球上的所有其他物种都会过得更好。诚然，这是一个让我们难以面对的假设，但却是对今日现状的诚实评估。如果我们要改写人类的未来，谦卑肯定是必要的。问题是，我们应如何重新开始？

重新建模经济理论的绝好抓手是跟着科学走，伴随着"韧性时代"发展的科学，那些将其他学科从"进步时代"萎靡的传统科学探究的制约中解脱出来的科学。复杂适应性社会/生态系统的贡献超越了仅作为一种科学研究的新理论，它足以在我们思考存在的意义的方法上带来一种本体论的飞跃。理解这种认知转变的意义的最好方法，就是将这种新的科学探究模式与几代人所接受的传统科学方法进行比较。

尽管定义科学方法是一个可多可少甚至含糊不清的过程，但仍有一些被大家普遍认可的共同点。《斯坦福哲学百科全书》是这样描述科学方法论的性质的："在经常被认为具有科学特征的活动中，有系统实验、归纳和演绎推理，以及假设和理论的形成和检验。"科学方法伴随着一系列目标，包括"知识、预测或控制"，以及每个学生都知道的一组凌驾一切的价值观和正当理由："客观性、可重复性、简单性或对过往成功的解释"[12]。

CASES 所用的科学探究方法与传统的科学方法有着根本的不同。第一，如前文所述，传统的科学方法通常关注孤立的单个现象，通过观察其组成和部分的运作规律来了解整体的集合。第二，传统的科学研究方法长期以来被吹捧为客观无偏见地观察和调研自然，事实上完全相反。学生在进入实验室的时候，已经有了一套关于自然本质和人类与自然世界关系的先入为主的观念。例如，每个学生都被告知要始终保持"客观"，并将先入为主的偏见抛诸脑后，而没有意识到"客观"这个英文词的词根是"对象"或"物体"。不言而喻，这里的偏见是将世界视为由各种各样的物体组成，这些物体在本质上是被动的，甚至是惰性的，很少或没有能动性。第三，自然通常被看作为了社会利益而开发的"资源"。

相比之下，在复杂适应性社会/生态系统方法中，自然带给的体验是"能够通过信息和能量交换，自组织其结构配置的开放动力系统"。[13] 复杂适应系统也会学习适应新的情况、模式和环境，还有那个转变自己进入新状态的过程——被称为"涌现"。

丽卡·普里瑟（Rika Prieser）、雷内特·比格斯（Reinette Biggs）、阿尔塔·德沃斯（Alta De Vos）和卡尔·福尔克（Carl Folke）等研究人员在 2018 年发表了一篇文章，题为《社会–生态系统暨复杂适应性系统》（Social-Ecological Systems as Complex Adaptive Systems），对跨学科的科学家和研究人员所做的关于复杂适应性社会/生态系统现状的数百个研究、报告和文章做了一个总结。以下是复杂自适应系统研究方法与传统科学方法相区别的一些特征。

从局部的特征到系统的属性：这涉及从孤立地研究局部的特征转变为关注从组织的根本模式中出现的系统属性。系统属性在分解时被破坏，因为涌现的属性不能被分解为其组成部分的属性。

从对象到关系：系统属性通过交互的动态模式出现。因此，了解潜在的组织流程、联系和涌现的行为模式很重要。

从封闭系统到开放系统：复杂现象嵌在网络和层次结构中，通过这些网络和层次结构不断交换信息、能量和材料。社会生态系统（Social Ecological Systems，SES）内部或外部没有明确的区别，因为所有实体在不同的空间和时间尺度上都通过组织过程联系在一起。

从测量到捕获和评估复杂性：复杂现象合理地由动态的相互作用构成，这些相互作用形成了涌现的行为模式。因此，一个永恒的转换变成必要条件，它促使我们捕捉和理解那些无法用物理由来衡量的关系。此外，通过对关系、连接和多个复杂因果路径的动态绘图和评估，我们可以追踪配置并表征网络、循环和跨尺度交互。这些工作可以解释清楚 SES 如何被合理配置，以及行为模式如何出现。这反过来又让我们更有能力预测适应性和变革性的行为和路径。

从观察到干预：复杂适应系统（CAS）被情景化和合理地构置，系统特征和动态等信息不能与定义一个系统的组织属性分开。研究 SES 意味着一个构建系统边界的过程，该过程依赖观察者的观察，并且需要与客观观察完全不同的干预。[14]

迄今为止，CASES 科学研究方法没有达到科学领域所寻求的那种可预测性。任何试图在自组织系统上建立边界的尝试都忽略了一个基本事实，即所有自组织系统都是其他模式中的模式，这些模式散布在穿越地球所有的运营圈层的时间和空间中，以微妙而深刻的方式相互影响，几乎不可预见。运用 CASES 思维最重要的一个教训就是，放下对"预测"的部分执念，安于"预期"和"适应"。

甚至关于气候变化的许多发现通常都是事后诸葛亮。该领域的科学家承认，在影响变得明显之前，很难预测全球变暖给地球圈层和生态系统带来的变化。因为地球变暖的正反馈循环是如此普遍，级联效应在各个方向上蔓延，以至预测变得困难重重。

例如，几十年来，气候科学家一直没有关注覆盖整个北半球陆地 24% 的永久冻土地带，直到他们注意到全球变暖对冰川融化的影响。[15] 他们意识到，冰层下有大量碳沉积物——那是在上一个冰期开始之前，在北部地区繁盛的动植物生命的遗迹。更令人不安的是，他们注意到冰川的融化正在加速，因为之前不透明的白色冰层可以将太阳能量反射回大气层，而冰层融化后留下了大片裸露的黑色土地，它们吸收了更多的热量从而加速了融化——又是一个正反馈循环的例子。

科学家开始测量从地下渗出的二氧化碳和甲烷排放量，意识到这些温室气体的泄漏正在以指数级的速度增加。温室气体排放量的增量之大与过去 200 年工业活动产生的二氧化碳排放量旗鼓相当。这个现实是以前没有人预料到的——一个未知的未知。我们终于体会到预测之困难，在剧烈变化的气候中，预测演变中的自组织复杂系统的演变航向以及它们如何影响社会可谓难上加难。

那么在科学探索前进的道路上，我们至少要部分地将重点从预测转向适应。做预测仍然具有重要的作用，即使深陷气候变暖煎熬中的地球逐步再野化，这条道路愈加变窄。同时，适应性科学已经成熟，可以在重新引导社会应对气候变化方面发挥作用。毕竟，适应是所有物种在不断发展的世界中对不可预测的变化加以调整的方式。适应性在科学中并不是一个新概念。只是由于社会面临的风险越来越多，适应性正获得第二次生命。

从预测到适应

约翰·杜威（John Dewey）是实用主义哲学的创始人之一，也是最早在科学探索和解决问题的方法中看到适应性的价值的人之一。杜威对强调客观性和超然性的科学正统观念缺乏耐心。他更不喜欢科学探究的演绎主义方法，这种方法通常从预先确定的假设开始，然后进行实验以检验其有效性。作为旁观者，他也特别嫌弃研究人员。对杜威来说，知识的寻求者总是从对一个问题提出问题开始，以一个积极的参与者的身份，近距离体验问题并受到问题的影响，从而开始对问题的探索。

早期的实用主义者，包括查尔斯·桑德斯·皮尔斯（Charles Sanders Peirce）和乔治·赫伯特·米德（George Herbert Mead），对可用于解决问题和制订新计划的"具有可操作性的"知识感兴趣。杜威和其他实用主义者也倾向于经验的相互联系，认为问题绝不是孤立的事件，难以轻易地从它们所依附的许多关系中分离出来，因此需要以整体的方式加以处理。

杜威回避了理论与实践的二元论观点，而是"视知识产生于人类有机体对其环境的积极适应"。[16] 杜威和其他早期实用主义者赋予适应性的重要性以新鲜生命，将其立于作为所有生物的基石属性的重要地位。

虽然适应性在20世纪到来的"进步时代"获得了一些进展，但很快就被效率运动所超越。通过优化时间的分配来管理未来，在工业革命的鼎盛时期为狂热追求未来产出的风潮又注入了一剂兴奋剂。现在，随着化石燃料驱动的工业革命陷入穷途末路，内部人士甚至质疑其指导原则，对适应性的重视也突然复苏。

另一方面，效率直到最近才渗透到每一次商业对话中，但随着社会从一场危机踉跄到另一场危机，现在面临的是不断升级的传染病和气候变化导致的灾难前景，效率的呼声开始越来越小。人们讨论的主题已经从机会无限转变为减少风险，效率已经开始让位于适应性，尤其是要适应再野化的地球。"进步时代"曾经为现代化提供了一个总体框架，并为几代人的规划和生活提供了一种叙事方式，但现在它已经从公众视线中悄然淡出，甚至连一首挽歌都没有。到处都在谈论适应性和韧性，尤其是在科学杂志和期刊上。

在新冠肺炎疫情最严重的时候，美国《国家地理》杂志认为，刊登一篇关于在自然界中"适应与生存"的文章恰逢其时。文章介绍了动植物为增强自身的韧性、增加繁殖和生存的机会而采取的各种适应方式。这些例子中富有创意的适应方法颇具启发性，可能会引起商业界和整个社会的模仿和实践。

一开篇，《国家地理》的编辑们就让深受大家喜欢的动物考拉出场。考拉已经适应了只吃桉树叶，桉树叶恰巧是蛋白质含量非常低、对许多其他物种来说具有毒性的东西，却为考拉提供了一种非常有竞争优势的营养来源。

有一些适应方式是结构性的，利用了某些物理特性。例如，多肉植物通过"将水储存在其短而粗的茎和叶中"来适应干热的沙漠气候。[17]

其他一些适应方式表现在行为上。灰鲸每年从北极的寒冷水域长途迁徙数千公里，到达墨西哥的温暖水域，在那里产下幼崽，然后再返回北极，这样，幼鲸就可以在富含营养的水域成长。

英国的桦尺蛾是动物适应环境变化的一个典型例子。在19世纪工业革命之前，大多数桦尺蛾是带有黑点的奶油色，只有少数是黑色或灰色的。但是，随着工业活动产生的烟尘落在树上，颜色较深的桦尺蛾在数量上占了主导地位，因为它们的体色融入了较暗的植物背景。鸟类看不到黑蛾，只好以白蛾为食，结果黑蛾就成了优势种群。

"同域物种形成"是指各种近乎相同的物种共享相同的栖息地，因为每个物种都适应了某一特殊的饮食，因此不与其他物种竞争。坦桑尼亚的马拉维湖生长着各种各样的兰花。有一种兰花以藻类为食，另有一种以昆虫为食，还有一种以小鱼为食。

《哈佛商业评论》最先公开肯定适应性将成为未来商业价值的一种新的定义要素。波士顿咨询集团的作者马丁·里夫斯（Martin Reeves）和麦克·戴姆勒（Mike Deimler）在一篇题为《适应性：新的竞争优势》的煽动性文章中指出，最成功的公司"围绕规模和效率建立业务，这些优势的建立有赖于一个基本稳定的环境"[18]。但是，正如他们解释的那样，在一个风险和不稳定因素越来越难以预测的世界里，这些久经验证的价值观变成了沉重的负担。相反，企业如果要生存，就得承认适应性的内在价值。这意味着愿意尝试和接受失败，即使它减少了短期收益。这是重整旗鼓和待在场上的生存之道。

同样，适应性倾向将中央集权的官僚机构甩在身后，这些机构垂直整合的规模经济过于僵化和脆弱，难以在一个危机层出不穷的世界中生存下来。文章作者倾向于"创建去中心化、流动甚至相互竞争的组织结构"，并且认为这样的方法"毁掉了僵化等级制度的垄断优势"。他们指出，切换到播种培育一个广泛的替代业务平台，为企业提供了多种多样的选择，使企业具备所需要的灵活性，可以适应快速变化、险象环生的环境。[19]

尽管更多地根据适应性和韧性重新思考商业模式这种想法让人兴奋不已，而且目前的实际内容较少，但是几个绿芽已经破土，预示着前方巨大的变化即将发生。毫无疑问，将复杂的适应性思维应用于社会/生态系统意义深远。这是一种系统性变革，其变革的方式被社会理解和接受，社会可以依此重新整合人类物种，使其回到作为寻求韧性的适应性代理人的角色，进而融入一个生机勃勃的星球的节奏。他们希望自己能成为在人类世时代生存繁衍的物种之一。

无论在理论上还是实践上，在启动了复杂的适应性系统思维带来的变革面前，传统经济学和资本主义体系的运行都不会再以目前的形式存在。经济学专业指导思想的前提假设与生机勃勃的地球的运作方式大相径庭。当我们人类重新适应地球上纷繁复杂的组织和系统的时候，工业资本主义的一些价值观和那些能为人类提供养分、能量、流动性和栖息地的方式将延续下去，但构成新古典主义和新自由主义经济理论堡垒的大部分残余物，将随着当前的工业资本主义模式和"进步时代"的完结一起消失。

复杂自适应系统的思维也要求学术界对我们原来的所思所想进行再造。在启蒙运动中出现并与"进步时代"一起发展成熟的学术和专业学科都有自身的目的，各有各的故事、语言、指标和参与规则。在某种程度上，每个人都试图从自己有限的视角来理解整个现实。

在教学法方面，至少直到最近，几乎每个学校系统和高等教育机构都在内部形成了一个个严格定义的学术孤岛。学者们因发表的研究论文和著作超出其学科范围而受到惩罚，并经常因"通才"和博学的谦逊而受到嘲笑。

诚然，在大学层面，甚至在一些先进的中学系统中，跨学科研究已成为课程安排的一部分，但还很边缘，通常被作为选修课程或研讨主题，而非纳入正式学术研究的核心，这标志着仍然需要变革教学方法，将教师、学者和学生一起组织在复杂的自适应系统思维下。近年来，气候变化的严酷现实和由此引发的公众对地球上所有现象相互关联的认识，以及对多行星系统功能相互影响相互适应的日益了解，已将人类带到一个历史性的危机面前。这种现状只能通过复杂的自适应系统思维来理解，而这反过来又要求学术界和所有课程对知识采取跨学科方法。

那么，由适应性支配的韧性经济是一种昙花一现的新时尚吗？不太可能，因为与气候变暖相关的风险和现实不是暂时现象。至少到目前为止，人类为阻止气候变化所做的所有集体努力基本上都是徒劳的。而现在，科学界正警告我们，地球灭亡并非不可能。人类需要继续努力减少温室气体排放，也必须找到方法来不断适应地球气候变暖导致的生存环境变化。为一个有韧性的社会奠定基础，也许是我们这个物种可以自信地迎接并拥抱未来的唯一保证。

所有这些都指向一个问题，即如何最快地学会适应、变得有韧性、学会生存，它甚至可能与我们惯常认为的美好生活的概念完全不同。公众意识中才刚刚开始出现适应性和韧性这些术语，人们几乎还没有去深入挖掘它们的深刻含义，也没有尝试去重新思考未来地球上的生命会是什么样子。

我们靠采集、狩猎为生的祖先可能会给我们一些启示，有证据表明，他们在冰期和间冰期具有高度的适应性和韧性，而当时的自然条件对今天最顽强的物种来说也是一种挑战。过去20年的科学研究揭示的证据令人大开眼界，即智人可能是地球上适应性最强的物种之一。

智人的思维：为适应而生

在20世纪90年代中期，生物学家、认知科学家和人类学家发现的新数据表明："人类思维进化的结构适应了更新世狩猎和采集的生活方式，但不一定适应我们现代的环境。"[20] 2014年，纽约大学和史密森尼国家自然历史博物馆的科学家发表了一项关于早期人类祖先进化的研究，修正了之前的理论。长期以来，进化生物学家的共识是，人属出现在"非洲开始出现干旱、开放大草原不断扩张"的时候。[21] 人类适合在非洲大草原生存的特征包括：魁梧且呈线形的身躯、细长的腿、大号头颅、性别二态性减弱、肉食性增加，以及独特的生活史特征，包括长寿、制作各种工具和社会合作增加等。[22]

新发现的化石证据进一步修正了人类起源的理论。根据参与这项研究的科学家的说法，"新的环境数据集表明，人类是在长期栖息地不确定、叠加在基本干旱趋势之上的背景下进化的"。研究发现，"人属能成功进化并繁衍、扩大的关键因素在于，在不可预测的环境中，他们的饮食具有灵活性，再加上合作哺育后代和成长的灵活性，使他们可以扩大生存范围并降低死亡风险"。[23] 研究人员通过仔细完善过去的气候模型，并将其与人类化石记录进行比较而得出结论：人类谱系并非像之前认为的那样起源于温和、凉爽、稳定的气候时期。

研究人员之一、史密森学会人类起源项目主任理查德·波茨（Richard Potts）总结他们的发现称，不稳定的气候条件"有利于我们的祖先进化出人类灵活性的根基"。他还补充说："人类基因的起源以各种形式的适应性为特征。"[24] 使用"不稳定的气候"一词描述这一时期气候的不稳定程度不太贴切，此期间覆盖了地球上230万年中的大部分，这也是从我们的古人类祖先进化的时代一直到智人出现才结束。

在此期间，冰期之后的冰融恰是那时的常态。《国家地理》杂志提醒人们，"到80万年前，出现了一种周期性模式：冰期持续大约10万年，随后是温暖的间冰期，每次持续10000~15000年。上一个冰期结束于大约10000年前"，人类当时进入了气候相对温和的"全新世"，农业为主的生活方式也得以出现。[25]

理查德·波茨在接受《科学美国人》杂志采访时表示，在那个天气极端恶劣的地质时期，人依靠聪明才智，也就是能够想出创造性的方法来适应这些恶劣条件，这种能力是我们人类生存的关键。波茨坚信："人类大脑的进化是我们如何为适应而进化最明显的例子。"[26]

波茨在总结对人类起源的研究后建议道：

> 我们的大脑本质上是社交的大脑。我们共享信息、创造和传递知识。这是人类能够适应新环境使用的工具，也是区别人类与早期祖先以及我们的早期祖先与灵长类动物的关键。这让智人进入了一个比尼安德特人能够忍受的极限更加寒冷的环境，同时，他们迁移到了沙漠、热带森林、草原和冰川环境……这种瘦弱、四肢修长的原始人如何能够在这些不同的环境中生存下来，对我来说，是一个关于人类如何变得具有适应性的故事。[27]

气候变化正快速改变地球的水文循环，人类适应性能力能否跟上全球变暖的速度是我们这个时代需要解决的根本问题。

人类对疯狂变化的气候机制的适应性能力恰是我们的护身符，正是它使我们成为地球上最具韧性的物种之一。这也许是我们这个时代最鼓舞人心的消息，在韧性时代开始时，我们有资格充满热情地欣然承认和接受这个事实。但这种让人类在气候的剧烈波动中处于优势的适应性也一直是我们的软肋。适应能力是一把双刃剑。

在过去11700年中，在全新世相对可预测的温带气候条件下，认知属性使我们能够在旧石器时代的漫长时期适应剧烈变化的气候，从而反客为主并迫使自然世界来适应我们的欲望。这也有关适应。从农业革命开始，到更近些的工业革命，人类重新调整了自己的适应本能，从与变化的季节共生到储存盈余。在以化石燃料为基础和标志的200多年的工业文明中，或我们所说的"进步时代"，这种盈余成倍增长。

这并不是说工业革命的成果对很多人没有好处，尤其是在西方世界。可以说，在高度发达的国家里，我们中的大多数人比生活在工业时代之前的祖先要富裕得多。然而，公平地说，世界上近一半的人口（46%）平均每天的生活费不到 5.5 美元，这是定义贫困的分界线。[28] 他们的生活水准充其量只比他们的祖先稍微好一点，也许还不如他们的祖先。与此同时，最富有的人大获全胜。到 2017 年，世界上最富有的 8 个人的财富之和相当于地球上一半人口——35 亿人的总财富。[29] 当年甘地就认识到了摆在我们面前的选择。他是这样说的："地球所提供的资源足以满足每个人的需要，但无法满足任何人的贪婪。"[30]

第四部分

韧性时代：工业时代的没落

第十章
韧性革命的基础设施建设

自人类文明诞生以来,人类与自然世界互动方式的每一次重大转变,都可以追溯到那个时代的基础设施革命。尽管大多数历史学家认为,基础设施只是在集体生活中将人们联系在一起的脚手架,但实际上它们发挥着更为根本的作用。每一次基础设施革命都体现了维持集体社会存在不可或缺的三个要素:新的通信形式,新能源和电力,以及新的运输和物流方式。当这三项技术进步出现并无缝、动态地结合在一起时,就从根本上改变了人们日常经济、社会和政治生活中的"交流沟通、能源助动,以及人、物搬移"方式。

基础设施变革的社会学

基础设施类似于每个有机体维持在地球上生存所需要的最基本的东西,也就是说:相互交流的手段、维持生命的能量来源,以及某种形式的机动性或在环境中移动的能动性。人类基础设施革命提供了一个技术假体,使非常多的人能够在更复杂的经济、社会和政治安排中聚集在一起,扮演更具差异化的角色,这就是所谓的大规模"社会有机体"——作为一个整体的自组织系统。

生命与外部环境紧密关联。正如每个有机体都需要一个半透膜——例如皮肤或外壳——来协调其体内与体外世界之间的动态关系，基础设施革命中形成的各种建筑物和外壳就像人类社会的"半透膜"。这些人造半透膜使我们人类得以生存，储存维持身体健康所需的能量和其他资源，为我们提供安全的庇护场所来生产和消费我们需要加强自己存在的商品与服务，也为我们提供一个聚集的场所来养家糊口和进行社交。

这些伟大的基础设施革命还改变了时空取向。带来这些改变的是新的集体生活安排方式，同时，经济活动、社会生活和治理形式的性质，需要与伴随新的更具差异化的集体生活模式出现的机遇和制约一致，而新的基础设施让一致成为可能。

在19世纪，蒸汽驱动印刷和电报、富足的煤炭和国家铁路系统上跑着的机车，三者匹配融合在一个共同的基础设施框架中，给社会提供通信、电力和机动能力，催生了第一次工业革命和城市化、资本主义经济，以及由国家政府监督的国家市场。在20世纪，集中式电力、电话、广播和电视、廉价石油，还有国家公路系统、内陆水道、海洋、空中走廊上的内燃机运输统统汇聚在一起，为第二次工业革命、郊区的兴起、全球化和全球治理机构的形成创造了必要的基础设施。

今天，我们正处于第三次工业革命之中。数字化宽带通信互联网与由太阳能和风能供电的数字化大陆电网相融合。数以百万计的房主、地方和国家企业、社区协会、农民和牧场主、民间社会组织和政府机构等，正在他们生活和工作的地方利用太阳能和风能发电，为其运营提供清洁电力。任何剩余的绿色电力都被售回给日益一体化和无缝连接的数字化大陆电力互联网。电网使用大数据、分析法和算法来分享可再生电力，就像我们目前在通信互联网上分享新闻、知识和娱乐内容一样。

现在，这两个数字化互联网正在与数字化移动和物流网融合，物流互联网由太阳能和风力发电驱动的电动和燃料电池交通工具组成。在接下来的 10 年中，这些交通工具将在公路、铁路、水上和空中走廊上更加自动化，并通过大数据分析和算法进行管理，就像我们对待电力互联网和通信互联网一样。

这三个互联网将越来越多地共享连续的数据流和分析结果，创建流体网络算法来同步通信、绿色电力的发电、储能和输配，还有跨地区、跨大陆乃至全球时区的零排放自动运输。这三个互联网也将不断地从嵌在社会中无处不在的传感器中获取数据，这些传感器实时监控各种活动，包括生态系统、农田、仓库、道路系统、工厂生产线，特别是住宅和商业存量建筑，使人类能够更加灵活地管理、赋能和推动日常经济活动和社会生活。这就是物联网（IoT）。

在即将来临的时代，建筑物将被翻新改造以实现节能并提升适应气候的能力，还要嵌入物联网基础设施。它们将配备边缘数据中心，让公众直接控制其数据的收集、使用和共享方式。在更加分布式的零排放社会中，智能建筑还将充当绿色微型发电厂、储能站点，以及以电动和燃料电池汽车为主的运输和物流中心。

第三次工业革命中的建筑将不再是被动的、封闭的私人空间，而是潜在的、积极参与社会生活的节点实体。共享可再生能源、节能、储能、电动交通的使用以及广泛的其他经济和社会活动，均由居住者自行决定。自给自足的智能建筑是新兴的韧性社会的关键组成部分。

对于那些有理由担心这种数字星球基础设施只会被黑暗势力占据，从而将权力集中在新贵手中，同时从大部分人类身上吸走权力，最终掠夺地球的人来说，有一条更令人信服的前进道路。背景故事始于第二次工业革命达到顶峰并开始出现缓慢下滑的时候，正值构成第三次工业革命的许多创新组件开始崭露头角。

改变以超越资本主义

随着数字化的第三次工业革命基础设施在欧盟、中国乃至每个地方铺开，出现了资本主义制度始料未及的奇怪现象。越来越明显的是，管理数字平台的数据、分析法和算法正创造出与众不同的新方法来组织经济活动、社会生活和治理，它动摇了资本主义理论和实践中伴随前两次工业化平台的诸多关键要素。

美国生物化学家劳伦斯·约瑟夫·亨德森（Lawrence Joseph Henderson）说过这样一句话："科学欠蒸汽机的比蒸汽机欠科学的更多。"这意味着，科学家通过研究蒸汽机的工作原理以及它如何发电，从而抽象出它的运行原理并提出热力学定律的假设。同样，资本主义在理论上和实践上更多地得益于工业基础设施的运行原理，而非反之亦然。

前两次工业革命的基础设施在设计上为集中式、自上而下金字塔式运行，而且，如果嵌入层层的知识产权和物理产权保护，则表现最佳。集中式基础设施也倾向垂直整合，通过各行业如插座般插入系统来创造充分的规模经济以确保投资回报。这使得一小部分先行者能够赢得对新兴市场的控制，并且统辖每一个行业或部门。

组织商业模式别无他法。这是因为构成基础设施骨架（例如铁路、电报和电话系统、电力传输、输油管道和汽车工业等）的技术的开发、部署和运营成本非常高，甚至超出了最富有的家族或政府的单独财力。它们要求现代股份制公司、金融资本和新生资产阶级不断增长。同样，与依靠化石燃料驱动的工业革命基础设施相关的每一个其他行业都受到了限制，它们被迫接受资本主义股份制商业模式，并建立足够的垂直规模经济以谋求立足。结果是，截至2020年，位列《财富》世界500强榜单的这些全球最大的企业的收入总计为33.3万亿美元，占全球GDP总量的1/3，它们雇用的劳动力仅有

6990 万,而全球劳动力数量为 35 亿人。[1]

前两次工业革命的基础设施主要由化石燃料提供动力,还需要广泛的地缘政治和军事承诺以确保其运行不中断。每一次工业革命的基础设施在设计上都旨在优化效率,以使公司给予股东越来越高的利润回报。反过来,提升效率导致了材料的无限增加,但几乎没有什么保护措施来防范运营产生的负外部性。最后,第一次和第二次工业革命的这些工程的运作方式的特征几乎相同,无论它们是部署在资本主义国家还是社会主义国家。

相比之下,第三次工业革命的基础设施被设计为分布式而非集中式。如果保持开放和透明,而不是私有化,则网络效应得到优化,那么它的表现最好。共享网络和平台的人越多,所有参与者积累的"社会资本"就越多。与第一次和第二次工业革命的基础设施不同,第三次工业革命的基础设施被设计为横向扩展而不是纵向扩展。蒂姆·伯纳斯-李(Tim Berners-Lee)设计了万维网,允许任何人从边缘进入与其他人共享信息,而无须征求许可或向位居中心的代理人支付使用特许权的费用。

此外,第一次和第二次工业革命的基础设施在设计上更多的是为了在零和游戏中奖励少数人而非多数人,但第三次工业革命基础设施的设计在某种程度上是,如果允许按照设计的方式运行,将更广泛地分配经济权力,促进经济生活的民主化。

当然,第一代初创公司,如苹果、谷歌、脸书(现在的元宇宙)等,确实成功地创建了占主导地位的全球平台,在短期内,这些平台获得了对运营系统的控制权,至少是对通信互联网的控制权。所用手段是允许用户免费、开放地访问其平台,但代价是数十亿用户的个人数据被捆绑并被出售给第三方。第三方则利用这些数据获取接触消费者的机会,实现直接向消费者进行广告宣传和销售他们的商品和服务的目的。

但从长远来看，这些全球寡头的垄断不太可能长盛不衰。欧盟和其他一些国家的政府已经开始与这些新的数字寡头叫板，对它们获取访问用户数据的方式加以限制。同样重要的是，越来越多的努力聚焦在反垄断立法，以打破寡头们过去的垄断地位，恢复原来设计的基础设施分布式、开放和民主的特性。

更重要的是，全球垄断企业（如果不是完全靠边站）很可能会被"圈起来"而陷入困境，因为第三次工业革命的基础设施不断自我迭代和演变，使平台被集中指挥和控制的可能性大大降低。在一个不断演变的物联网基础设施中，数十亿甚至数万亿传感器被引入，正在迅速遍布每个街道和社区甚至世界各地，而且已经产生了海量的数据。

这正迫使数据的收集和存储以及分析法和算法的管理发生空间的转变——从传统垂直整合的大型跨国公司转移到分布在全球各地的本地和分布式高科技中小型企业（SME）。

信息和通信技术（ICT）行业的许多人都预测，物联网的数据量将很快极大地超过集中式数据中心的数据存储容量及它们实时利用数据的能力。小型"边缘数据中心"已经随着物联网基础设施而出现，它们现场收集数据，并且在多个平台上实时共享数据。

ICT 行业的领导者也开始理解，云计算——将本地生成的数据远程发送到大型数据中心——速度太慢，无法对本地发生的事件做出实时反应。这被称为"延迟因素"。例如，如果自动驾驶汽车即将发生碰撞，而把最新数据发送到云端并在地面接收传回的指令之间的回应时间过于漫长，汽车将无法做出反应并避免碰撞。鉴于这一现实，一个新术语已进入 ICT 词典，即"雾计算"。

在接下来的几十年里，数百万存在于家庭、办公室、本地企业、街道、社区和环境中的更廉价的边缘数据中心，将使现场数据的收集和储存横向化，并允许人们在区域连接的网络中实时应用分析法和算法治理,逐渐绕过代表着第一代数字企业特征的垂直集成和集中式ICT网络。

新的数字化和分布式基础设施在全球范围内带来商业和贸易的巨大民主化前景。许多跨国公司将在转型中幸存下来并蓬勃发展,但它们的新角色将更多地集中于整合供应链、协同化任务,以及为本地和更灵活的中小型企业提供技术专长和培训,这些企业对于经济增长举足轻重。

虽然第一次和第二次工业革命的基础设施主要由政府持有和运营,或者在某些情况下被私有化并交到大型企业手中,但构成第三次工业革命的基础设施的许多组件本质上是分布式的并由大众拥有。风机叶轮、屋顶太阳能板、微电网、配备物联网的建筑、边缘数据中心、蓄电池、氢燃料电池、充电桩和电动汽车等都是分布式基础设施的一部分,由数亿家庭、数十万本土企业和社区协会持有。

随着这种高度分布式的基础设施在未来20年内推出,数十亿人将能够通过流动区块链平台在他们的社区随意部署、聚合、分解和重新聚合基础设施的特定组件,甚至进行跨区域、跨大陆和跨海洋的连接。无论从字面上还是实质上看,这都是"赋权百姓"。

基础设施复杂但高度分布式和高度集成的本质,使系统运行起来更像一个由无数交互节点和机构组成的生态系统。使用过智能平台的人都知道,贡献一个人的社会资本的确切概念更多的是一种适应性的贡献,而非一种有效的征用。社会资本的每一次增加都是一种投入,使平台得以发展并以更自组织的方式变得更加相互依存,同时增加所有贡献者的整体社会资本……想想维基百科这个例子。

基础设施的关键组成部分(如通信、能源、交通和物流,以及物联网)的互联互通促进了循环。前两次工业革命是线性的。第三次工业革命与前两次不同,它是循环的,每个要素和输入都相互反馈,很像一个顶级生态系统中的过程,它创造了一个更重视再生性而非生产力的经济过程，同时减少了负外部性。

将第三次工业革命的基础设施视为一组智能的、非线性的自组织生态系统很有启发意义。这些生态系统交流、自供电力和管理自己的移动性，并不断从众多反馈循环中学习，在交互中不断进化和自我转变。这种新兴的基础设施动力完全区别于第一次和第二次工业革命中以商业实践为特征的静态集中式均衡经济体系，两者不可同日而语。第三次工业革命的基础设施正在催生一个运行原则和目标都截然不同的新经济体系。

从模拟基础设施到数字基础设施的转变，彻底摧毁了资本主义理论的一个支柱——市场交易业务的价值。每个想成为企业家的人都在寻求更加低廉的技术和精简的商业实践，只为可以降低固定成本，更重要的是降低制造商品和提供服务的边际成本。只有这样，经营者才能够增加单位销售的收入，并为投资者返还足够的利润。最佳市场是以边际成本进行销售。但在资本主义扩张的 200 年里，没有人料想到会有一场技术革命在降低边际成本方面如此强大，它甚至可以把边际成本降到越来越接近于零。当边际成本降到如此之低时，通过在市场上"交换"某些商品和服务来赚取利润几乎是不可能的。这就是数字革命正在发挥的作用。

市场已经变得过于僵化，无法容纳数字基础设施。想想看，卖家和买家必须找到对方并确定交易价格，然后才会分开。市场交易之间的停工时间是棘手的事。在此期间，卖方仍有成本需要应对，比如库存、租金、税收、工资和其他间接费用。此外，卖方必须再进行营销、广告和招揽顾客，这些都增加了市场交易之间的时间和费用。

市场交易的启动 / 停止机制在数字化经济中实际上是一种时代错误。市场具有交易性。另一方面，网络是数字驱动和控制连接的，以流动而非交换的方式运行。这促使商业生活从市场中的启动 / 停止交易转向网络中的持续流动。网络不需要停机。由于这种根本性的变化，经济开始了一个历史性的飞跃，从"所有权"转向"访问权"，从市场上的卖家和买家转向网络中的供应商和用户。

尽管数字互连的边际成本较低，但其实是供应商-用户网络中持续不断的服务递送，才使得网络能够弥补不间断的数据流量造成的边际成本的急剧下降。在供应商-用户网络的新经济时代，每一项经济活动都可能是一种服务，从知识共享到能源共享再到车辆共享。由于服务提供商通常拥有资产，因此他们更倾向于制造具有较长使用寿命的高质量和高性能的机械，配备内置冗余的供应链和物流，使系统更具韧性，以节省停机的时间成本，并确保企业面对意外干扰时仍然能维持运转。

一些边际成本暴降至接近于零，从而让产品几乎是免费的，这将数字经济带入了一个新的经济体系，对这种经济体系最好的描述是"具有韧性的共享经济"。一些共享服务催生了像优步和爱彼迎这类资本驱动的网络企业，它们以近乎零的边际成本连接供应商和用户，但用户要为使用服务付出费用。从长远来看，这种模式难以长久。例如，拥有自己的汽车，自己支付汽油、保险和维护费用并提供劳动的司机，已经开始在地区性的（很快将成为全国性的）为他们服务的数字合作平台上组织起来。这将使他们有足够的收入来维持生计，而不必将很大一部分收入交给第三方。其他共享服务的平台，如维基百科等，服务也是免费的，并且这些非营利性平台靠各方的小额捐款资助维持。此外，许多人还学习过由世界一流大学的优秀教授讲授的免费在线大学课程，而且可以通过这种课程获得大学学分。数以百万计的人正在数字平台上创建和分享新闻博客、音乐、艺术和其他各种商品和服务。这些活动均未计入GDP，但它们有助于提高社会生活质量。

愤世嫉俗者可能会对此嗤之以鼻，但现实是，随着宽带、可再生能源和自动驾驶汽车共享服务变得越来越便宜，分布式经济将继续扩张。一些共享经济将继续依托企业模式和付费接入，而更多的共享经济将转向高科技合作，将供应商和用户无缝连接在一起，而其他供应商-用户活动将几乎免费。

数字互联和分布式共享经济虽然仍处于起步阶段，但它是自 18 世纪资本主义经济和 19 世纪社会主义经济出现以来第一个进入世界舞台的新经济体系——这是新经济秩序与我们所熟知的工业资本主义经济体系的不同之处的另一个标志。例如，在数字互联经济中，GDP 正在迅速失去其作为经济运行指标的地位。它从来都不是一个好的指标。GDP 是衡量经济产出的粗略工具，它不区分经济活动是对生活有益还是对社会福祉有损害。清理有毒废物倾倒场、制造更致命的大规模杀伤性武器系统、建造更多监狱、因接触化石燃料燃烧排放的二氧化碳而患肺部疾病需要住院治疗的人增加、因气候灾害不得不重建居民区和社区，这些经济活动都包含在 GDP 中。

近年来，包括经合组织、联合国和欧盟在内的全球各机构开始转向用 QLI（生活质量指标）来衡量经济健康状况，GDP 开始失宠。新指标包含婴儿死亡率、预期寿命、教育水平、可获得的公共服务、空气质量和水质、休闲时长、志愿者活动、公共资源的可用性，以及生活社区的安全性等方面，从而改变了年青一代评价美好生活的方法。

到 2020 年，几十亿人拥有智能手机，每部手机的计算能力都超过了将宇航员送上月球所需的计算能力。[2] 随着智能手机固定成本的直线下降，其边际成本现在接近于零，人类正在连接到众多平台，在上面玩游戏、工作和社交。这种新兴的全球互联正在开辟新的沟通渠道，绕过传统的守门人——国家政府和跨国公司。结果是，新的数字基础设施正在使时间和空间关系民主化，世界各地广泛建立起以商业、贸易以及社会生活为目的的各种隶属关系。这使社会从全球化走向全球本地化。

随着社区开始越发注重自给自足和对生物圈的管理，一个更加全球本土化的经济将生产（部分地）从离岸转移到在岸。同时，横向规模经济中的商品、服务的生产和分销的固定成本和边际成本急剧下滑，使得中小型高科技合作社能够在全球范围内参与区域间的商贸，通常比跨国公司更具有灵活性和竞争力。

从一个全球范式到另一个全球本土范式的转变，伴随着从模拟基础设施到数字基础设施的转变——为经济增长、社会生活和治理提供通信、能源动力和交通方式，将要求对人力资源进行全面重新定位。虽然19世纪和20世纪的工业劳动力注定为掠夺和消耗地球资源而生，但21世纪的劳动力将越来越多地以管理生物圈为己任。生态系统保护和服务将产生新的就业类别和数以百万计的新工作岗位。在监测和管理生态系统服务方面，机器人和人工智能将来只会起到次要作用，因为要应对越来越多的气候灾难，其繁重的工作将需要人类的大规模参与，并采用富有想象力的新方法去适应不可预测、正在再野化的地球。

布鲁金斯学会已经在所有主要行业识别了320个独特的工作类别，这些工作将致力于零排放韧性经济的部署和运营。[3]这些新工作类别涵盖了普通职业技能和专业技能。第三次工业革命咨询服务公司（TIR Consulting Group, LLC）发布的一项研究预测，2022—2042年，仅美国就将净增1500万~2200万个新的工作岗位，随着美国大陆第三次工业革命基础设施的大力部署，以及随之而来的新业务和就业机会，这些业务和就业机会将与新的数字平台互动。[4]

社区之间也开始共享当地产生的太阳能和风能电力，在未来20年，他们将在局部甚至在世界范围内共享绿色电力，把全人类连接起来。共享太阳能和风能电力，结束了与化石燃料驱动的工业文明如影随形的噩梦——人们为了争夺化石能源储备而发动的区域性战争和20世纪的两次世界大战，无数人在战争中丧生。

韧性时代将我们人类从军事化的地缘政治中（这种地缘政治始

终围绕着对煤炭、石油和天然气富集的矿床进行争夺）集体解放出来，并将我们带入一个鼓励在横跨大陆、海洋和时区的数字泛大陆上共享太阳能、风能的"生物圈政治"新时代。对那些担心当今的某些超级大国可能会试图控制全球能源互联网并让全人类屈服于其意志的人来说，这有点杞人忧天了。在韧性时代，每片大陆上的数十亿家庭、数百万企业和数十万社区——无论大小——都将在他们工作和生活的地方利用太阳能和风能，将新能源储存在微电网中，并在新兴的全球能源互联网中分享剩余的绿色电力。

与仅集中分布在少数地方的化石燃料不同，太阳能和风能是分布式能源，无处不在，但由于它们有间歇性，这就迫使电力共享必须与天气、季节和地球自转周期同步。

任何一个国家或权力集团妄图充当把门人的尝试都注定会失败，因为任何地方都能随时从全球能源网中分离出来，并重新聚集形成社区和区域微电网。这些微电网很快就会覆盖所有的大陆，为当地输送电力。全球能源互联网的高度分布式特性，使得任何国家都不可能控制遍布各大洲的数百万个本地微电网。

我们总结了一些在向第三次工业革命的智能数字基础设施转变过程中可能出现的基本经济变化。这些正在发生的巨大变化表明我们对经济生活的构想方式发生了根本性转变：从所有权到使用权，从卖方-买方市场到供应商-用户网络，从模拟官僚机构到数字平台，从零和游戏到网络效应，从增长到繁荣，从金融资本到自然资本，从生产力到再生力，从线性过程到控制论过程，从负外部性到循环，从纵向集成的规模经济到横向集成的规模经济，从集中式价值链到分布式价值链，从 GDP 到 QLI，从全球化到全球本土化，从跨国企业集团到在流动的全球网络中灵活使用区块链的高科技中小企业，从地缘政治到生物圈政治，等等。第三次工业革命的基础设施是一种过渡型的经济范式——一部分仍被锁定在旧的工业经济模式中，而另一部分却表现出新兴韧性革命的许多特征。

过去70年间，第三次工业革命不断演变，从第一台商用计算机上市，以及数控技术、机器人技术和自动化的引入，到完全集成的数字化全球界面；从外层空间的GPS导航，到遍及陆地和海洋的无处不在的物联网传感器。在这个逐渐展开的进程中，这个自组织系统的内部动态及其衍生产品已经在形态上转变为与一开始所预期的完全不同的东西。也就是说，我们正在见证一种新的经济范式意想不到的飞跃。到21世纪40年代中期，这种范式可能不再被看作在严格的资本主义经济模式下运作的第三次工业革命。我们的全球社会开始脱离长达250年的工业革命，正在步入以韧性革命为特征的新时代。

如果说中世纪的人们重视虔诚和相信天堂的救赎，现代的人们崇尚勤劳和无限的物质进步，那么即将到来的时代则处处体现出韧性，以及将人类重新调整到融入地球的节奏和流动中的前景。这次变革的主要标志是韧性基础设施的部署带来的时间和空间的转变，效率让位于适应性，自然的超脱和商品化让位于生机勃勃的地球的深度再参与。韧性时代就在我们面前。

美国的滩头堡

欧盟和中国都在向数字集成的韧性基础设施转型，但美国基本上仍处于观望状态，只有少数几个州和几个大城市的市长跟上了它们的步伐。美国其他地区仍沉溺于第二次工业革命以碳为中心的范式。碰巧的是，2019年1月，我的一位商界朋友（我一直为其提供非正式咨询，我们在气候问题上也"惺惺相惜"）在一次会议期间的发言被打断，他不得不接听当时民主党少数党领袖、现任美国参议院多数党领袖查尔斯·舒默（Charles Schumer）的电话。通话结束后，我问这位朋友他与参议员的关系，他说他们是一辈子的朋友。

我知道参议员舒默长期以来一直支持应对气候变化。但他关于应对气候变化的公开声明一直与构建智能绿色基础设施交织在一起，这让他的观点有点与众不同。这样的绿色革命可以把ICT/宽带、可再生电力生产和燃料电池运输结合到一个有韧性的社会中——欧盟和中国已经采取了类似的方法。我问朋友是否可以安排我与参议员会面，他告诉我这很容易办到。

2019年3月11日，参议员和我在美国国会大厦会面，我向他讲述了我们在欧盟和中国构想和部署的与气候相关的第三次工业革命基础设施转型工作。参议员表达了他对采用"有美国特色的方法"来推进同一目标的热情。他还询问了我们的全球团队是否可以直接与他和他的团队负责立法的人一起，为美国制订一个"韧性3.0"基础设施计划，我同意了。我们立刻开始拟订计划。

2019年3月—2020年3月，我和参议员共会面10次。其中5次会面在他的办公室举行，4次是视频会议和电话交谈，还有一次会面由参议员安排我与其他7名参议员共进晚餐，他认为这些人对参与智能"韧性3.0"基础设施的部署很重要。在12个月的时间里，应参议员的要求，我的办公室就拟议的新基础设施的构想和部署向他提交了3份战略备忘录。参议员每次都签署了意见，支持我们继续向前推进。

在提交最后一份备忘录之后，我建议我们的团队采取更加细化的方法，制订详细的基础设施计划，其中包含能在未来20年使美国进行新的零排放绿色经济的基础设施转型所需的所有相关指标。参议员舒默同意了，于是我们的办公室开始工作。

此刻，骑手已就位。美国已经有许多关于未来如何过渡到绿色零排放社会的建议，但几乎都是一个个孤立的项目建议书和只是勉强关联或者根本不相干的倡议清单，没有人能够拿出像我们帮助欧盟和中国制订的那种无缝的韧性基础设施计划，即使有，也只是生拉硬扯、牵强附会。少数几个涉及基础设施的建议主要来自学术圈，他们在部署长期建设工程以实现我们所设想的那种基础设施革命方面几乎没有实际经验。即使是几个关键州具有进步思想的州长们和美国几个绿色城市的市长们，更多地也是关注孤立的项目，没有可以将国家带入新的经济范式和后碳时代的明确计划。

我们召集了一些多年来与我们办公室密切合作的业内领先企业以及他们的专业人员。我们首先提出了一个问题：到2040年，将美国的基础设施转变为具有韧性的3.0基础设施、无二氧化碳排放，且具有可操作性，是否可能实现以及需要什么条件？我们制订的计划将时间设定在2020—2040年，该计划完全基于技术上和商业上可行的做法，并考虑了现有的技术水平和广泛一致的行业标准，以及对未来成本、节余和收入的预测。结果是一份237页的详细计划，它阐述了美国这一历史性的基础设施转型。很明显，这份报告代表着到21世纪上半叶末，美国将从仍在发展的第三次工业革命基础设施系统性转型到新兴的韧性革命基础设施。

参议员舒默审查了该计划，然后于2020年8月25日，与我们的全球合作伙伴在Zoom会议上会面，讨论了计划的重点、细节、预测，以及如何很好地推进国家的这个新愿景。参议员说，他认为这个计划"很棒"，并且"非常乐意"在民主党核心小组以及国会、州和地方各级的政治通道中寻求支持。他还建议我们的团队与他的团队一起尽快充实细节，包括参与美国国会主要参议员的简报会，为2021年1月的新一届政府和国会做准备。

以下是报告中的重点和预测的详细介绍。

美国韧性3.0基础设施转型（2020—2040年）

- 投资16万亿美元，用于扩展、部署和管理智能数字化、零

- 排放的第三次工业革命基础设施，建设 21 世纪的经济。
- 2022—2042 年，净创造新就业岗位 1500 万~2200 万个。
- 2022—2042 年，在美国，在 3.0 基础设施上每投资 1 美元，预计将为 GDP 带来 2.9 美元的回报。
- GDP 的年增长率从常规的 1.9% 上升到 2.3%。到 2042 年，GDP 增长 2.5 万亿美元（当年从的 29.2 万亿美元增长到 31.7 万亿美元）。
- 投资 3770 亿美元，用于铺设 2.2 万英里的地下电缆，安装 65 个终端，在全国建设和管理最先进的大陆高压直流电力互联网。
- 投资 2.3 万亿美元，在美国各社区安装和维护 7400 万个住宅微电网、9 万个商业/工业微电网和 1.2 万个公用事业规模的微电网，用于生产和共享可再生电力。
- 投资 970 亿美元，用于美国 1.21 亿家庭安装基于光纤的宽带。
- 投资 1.4 万亿美元，用于建设和维护全国范围的电动汽车充电基础设施，为 2020—2040 年进入市场的数百万辆电动汽车提供动力。
- 投资 4.4 万亿美元，用于改造国家的商业和工业建筑。
- 投资 4.3 万亿美元，用于在商业建筑上或其周围安装太阳能光伏设备。
- 投资 1.8 万亿美元，用于改造住宅。
- 投资 1.61 万亿美元，用于在住宅建筑上或其周围安装光伏设备。
- 在整个美国经济中，总效率——潜在工作量（实际 GDP 的数值）与有用能源的比率——大致翻一番。
- 避免 3.2 万亿美元的空气污染和医疗保健成本，以及 6.2 万亿美元与气候相关的灾害的成本。

- 在美国指定的 8700 个机会区（最贫困和风险最高的弱势社区）中优先考虑美国 3.0 基础设施。
- 完成商业模式从所有权向访问权、从市场到网络、从卖家和买家到供应商和用户、从强调生产力到强调再生能力、从 GDP 到 QLI，以及从整个价值链的负外部性到价值链的循环的转变。

该报告深入分析了未来 20 年韧性基础设施的构思和分阶段部署的几乎每个技术和商业方面，细致地介绍了各种组件的制造、采购和组装，以及它们与贯穿美洲大陆建筑工地的整合。除了技术方面，报告还提出了基础设施的成本预测及其随着时间推移的投资收益率（ROI）。

报告还讨论了需要部署的数百种专业和技能，也讨论了要通过专业培训来打造一支 21 世纪的智能基础设施建设大军来完成施工。

虽然该研究旨在提供一个模板，以启动一个全国性的建设项目，其规模可与美国在 19 世纪和 20 世纪的两次基础设施革命相媲美，但它的实施不会那么集中，在本质上更加分散，具体目标会根据 50 个州及各地方的需求、愿望和目标来设定。每一个州都将在一个无缝且流动的数字平台中贡献自己的力量，它们像支流一样相互补充，最终汇集成一个具有适应性、复杂性的社会生态系统。为参议员舒默准备的整个 237 页的报告，题为《美国 3.0：韧性智能社会、第三次工业革命基础设施和美国经济复苏》，它是开源的。

在第一次和第二次工业革命期间，基础设施更倾向于短期的效率收益和快速的利润，而不是长期的韧性和稳定可靠的投资回报。结果是，我们现在生活在一个高度脆弱的社会，容易受到意想不到的大规模破坏，比如日益严重的气候灾害、流行病和恶意软件入侵，使整个社会陷入瘫痪，破坏自然环境、经济，以及数百万美国民众的健康和福祉。

短期效率与长期韧性的权衡，最明显的莫过于美国那摇摇欲坠的第二次工业革命基础设施。例如，美国在地面上建造了国家电信和电网基础设施，以节省在地下铺设电缆的费用。现在，几乎每个季节人们都要经历电话和输电线故障，导致大规模通信中断和停电，这是由全球变暖引起的洪水、干旱、野火和飓风造成的，每年给美国经济和社会造成数十亿美元的损失。

美国存量的住宅、商业和工业建筑也存在类似问题。很多工程为了快速获取短期利润而节省材料、缩短工期，使得房屋、办公室和厂房变得更加脆弱，对不断升级的自然灾害的抵抗力也越来越弱，造成生命、家庭、企业和财产损失。还有，美国的大陆电网由地方电力公司和一个已经陈旧的电网组成，它正在成为网络恐怖分子调查的目标，他们的任务是关闭部分国家电网，使美国各地的部分区域和社区陷入混乱。

此外，过去 40 年来，美国政府为了削减成本、提升短期效率、增加短期收益和利润，对公共基础设施（道路、供水系统、监狱、学校等）进行了大规模私有化，这削弱了关键基础设施的韧性，而公众的经济活动和社会生活正是依赖这些基础设施所提供的传播交流、电力和运输服务。

气候灾害、网络犯罪和网络恐怖主义不断加剧，未来这些因素可能会快速破坏供应链，使社区甚至整个社会处于危险之中。反过来，全球流行病可以在一夜之间关闭供应链。当物流系统受损，食物、水和药品等基本的生活必需品将无法交付，所有人口都处于危险之中。新冠肺炎疫情大流行使美国和世界经济陷入瘫痪，也切断了重要医疗设备、药品和食品的供应，使很多地方不仅在经济上孤立无援，而且无法获得基本必需品以维持百姓的健康和福祉。这给人们带来了深刻的教训。

在物流系统和供应链中建立韧性非常重要，这需要更多地依靠区域制造中心的本土化和稀土材料的采购。此外，当我们向智能道路系统转型，自动驾驶电动车和氢动力燃料电池驱动的货运卡车成为主流时，在整个道路系统中提供备用电源以确保供应链和物流的顺畅尤为重要。这要求州际高速公路沿线服务中心的加油站在现场或附近配备专门的太阳能和风能发电装置，为充电站和氢燃料电池泵发电，以保证电动汽车和氢动力长途货运卡车在路上正常行驶。仓库和配送中心也需要在现场或附近配备类似的太阳能和风能发电设备，为照明、供暖、空调以及机械和机器人服务提供电力，以确保基本必需品能够顺利流转。

美国 3.0 韧性基础设施计划会优先考虑国家基础设施各个方面的韧性。例如，山火、洪水或飓风等灾难可能会导致部分地区电网和手机信号中断，使数百万家庭和企业的计算机和手机断电。如果发生这种情况，家庭、当地企业、社区和市政当局可以迅速从中央电网转移到数以百万计的靠太阳能和风力发电的微电网。这些微电网设置在家庭、办公室、工厂、社区附近，并汇集到分布式网络中，可以保持电力流动，为计算机和手机供电，确保人们与外部世界能保持联系，直到区域或国家电网重新启用。

以类似的方式改造现有建筑，加固房屋、办公室和工厂，使其更有韧性，能抵御气候灾害，正迅速成为生存的必要条件。大量现有建筑将不得不进行全面改造：密封内部空间、最大限度地减少能源损失、优化节能，以及加固建筑结构以抵御与气候相关的灾害。天然气和石油目前是建筑供暖的主要能量来源，也是全球温室气体排放的一个重要源头，因此需要对住宅、商业、工业等存量建筑进行改造，采用电供暖。在建筑物节能方面的改造投资一般会在几年内收回成本，业主或承租人可以在接下来的数十年内稳定地节省能源成本。

"水互联网"的形成基于将物联网传感器嵌入水库和输水管道，

通过这些管道，淡水被输送给消费者，而废水将被回收送回处理厂进行再次净化。物联网传感器会实时监控管道压力、设备磨损程度、潜在泄漏风险，以及水的透明度和化学变化，并利用数据和分析法来预测、干预甚至远程修复沿线故障点。智能传感器和仪表监控还提供有关水流的即时数据，包括水的使用量和使用时间，以更有效地管理水资源（从保障清洁水的供应和分配到废水的回收和净化，再到可以供消费者再次利用的清洁水，从而在系统内形成节约用水的良性循环）。根据美国土木工程师协会的数据，美国每天有近60亿加仑处理过的水由于管道泄漏、计量不准确和其他错误而被浪费掉，因此，把供水系统接入水互联网是特别合时宜的。[5]

美国3.0韧性基础设施的物联网神经系统正成为监测气候变化影响不可或缺的技术。例如，在地球的生物圈布置传感器，监测洪涝和干旱状况以及气流变化，衡量气候变化的影响并提醒当局注意那些可能暴发汹涌洪水或大面积山火的潜在危险地区，第一时间通知救援人员采取适当的措施进行干预。

其他物联网传感器沿着生态系统廊道设置，用于跟踪野生动物并提供濒危物种的数据，如种群的疏密程度等。通过挖掘、分析数据，我们可以评估在各个生态区保护野生动物和维持生物多样性的干预手段。物联网还可以通过提供有关大气空气质量的最新数据，监测和控制空气污染（这对于患有哮喘和其他与污染相关疾病的高危人群来说是一个严重的健康问题）。传感器甚至可以被植入地表之下，对土壤（岩石圈）的状况进行监测，告知科学家"临界区"（地球上的所有生命都有赖于此）的"土壤健康状况"。

从某种意义上说，物联网相当于我们这个星球的神经系统，它会实时监测地球的重要器官（水圈、岩石圈、大气层和生物圈）的健康状况。我们开始意识到，地球上任何一个圈层的变化都会影响其他圈层，进而影响每一个物种，也包括我们自己。这种深刻的认识很可能从根本上改变人类的世界观，告诉我们地球上的所有现象，无论是生物的、化学的还是物理的，都密切相关。地球这套复杂的、层次分明的"神经系统"中任何地方发生变化都会影响其他方面，可谓牵一发而动全身，包括我们人类自己的福祉。这种新的理解将我们带入了韧性社会，让我们人类有了新的社会契约。

上述的所有变化本质上都是变革性的，它们将结束"进步时代"短短 250 年的神话。在新兴的韧性时代，我们理解和驾驭周围世界的方式可能变成一种开放式的时间和空间的重新定位。关键是我们挖掘"已知的未知"和人类世面临的"未知的未知"的能力，并创造新的、具有适应性的治理方式，这将对地球的生命产生深远的影响。

那么，我们该何去何从呢？

第十一章
生物区域治理的优越

代议制民主制度在工业时代初期被证明是一种可行的政治妥协，能够在一段时间内维持国家和地方之间微妙的、不是有争议的平衡。然而，在一个充满可怕灾难的再野化的地球上，有的地区被肆意破坏，没有什么事先通知一说；治理变得更像是一项社区事务，经常是当地所有人都参与其中，忙于保护、抢救、恢复和准备应对下一轮袭击。"一方有难，八方支援"体现了一种新的公共治理，它更加突出个人的参与。

毫不奇怪，气候灾害往往跨越辖区并影响整个生态区。我们开始认识到一个现实，即在一个气候灾害频发的世界，旧的行政界限无助于救灾，而且往往成为寻求解决方案时的障碍。美国和其他地方的地方政府开始明白，他们的福祉与一种更基本的治理管辖区——他们居住的生态区——密切联系在一起。例如在美国，五大湖生态区的各州遭遇的洪水灾害一年比一年严重。在太平洋西北部的卡斯凯迪亚地区，干旱和夏季山火席卷而来，迫使当地做出响应。在墨西哥湾生态区，每年6—11月，人们都会遭受无情的飓风袭击。生态区的每个人都受到影响。

一个人的政治身份、隶属关系和忠诚度取决于他所处的生态区的环境状况，这种意识的转变在未来的几年、几十年和几个世纪只会越来越明显和成熟。人类开始寻找回归自然世界的方式，我们一直依附于自然世界，无论是否承认。这种与自然的政治重组已经开始，但无法保证我们能及时到达那里。美国和其他国家不稳定的政治力量可能会阻碍或加快这一进程。

脱离热

脱离热正在世界各地蔓延。国家政府受到来自内部的攻击，许多地区开始要求独立。最令人担忧的是，这种曾经罕见的政治现象已经开始动摇美国的政治稳定，长期以来，美国被认为是最稳定的国家政府和代议制民主制度的典范。

2020年，美国在总统大选前夕进行的一项民意调查发现，近40%的可能选民认为，如果他们支持的候选人落选，他们可能会支持所在州退出。[1] 这种想法很大程度上源自数百万美国人认为他们的选票没有被记录。在最近的两次总统选举中，失败者曾获得更多的普选票，但在选举人团中失利。2020年总统大选刚结束，77%的共和党人就表示，他们认为总统选举"存在广泛的舞弊行为"，只有60%的登记选民"认为拜登的胜利是合法的"。[2]

虽然美国选民人心日益疏离是受政治因素影响，但危机的核心可以归结为地理问题。与其他国家一样，美国经历了农村地区人口减少的阶段，城市化和郊区化程度越来越高，这使农村社区受到冲击，但它们并非没有政治影响力。同样，城市和农村选民在教育程度、收入、向上移动性、社会价值观和世界观方面的差距不断加大，国家两极分化加剧，人们生活在不同的世界中。类似的政治分歧在世界各地高度城市化和工业化的国家中都有显现。这种分歧导致极端民粹主义运动的扩散，小城镇和农村政治动荡日益加剧，往往会造成针对中心城市的暴力抗议。

工业革命和世界主义叙事更倾向于城市而非农村，结果是农村社区变成了贫困的温床。与经济的其他组成部分一样，农业开始越来越多地垂直整合，少数行业巨头几乎控制着生产和分销的各个方面，从基因工程种子的专利到纤维和谷物的仓储，再到将成品分销到零售市场。至少在西方高度工业化的国家，家庭农场变得越来越边缘化，小城镇萎缩，数百万农村居民在孤独凄凉中度日。

反向移民：重返农村社区

韧性革命改变了游戏规则。在新兴的人类世，农村社区将可能复苏和崛起，人口在 5 万 ~20 万的智能中等城市和中心城镇也可能会再次复兴。这一历史性的地理转变背后有许多原因。

首先，在一个数字化互联和全球本土化的世界中，生产和分销的固定成本和边际成本正在迅速下降，作为工业时代标志的垂直整合的规模经济正在迅速让位于横向规模经济，这有利于中小型高科技企业，而不是 20 世纪主导第二次工业革命的垂直整合型的跨国公司。伦敦大学学院巴特利特建筑学院建筑理论和历史学教授马里奥·卡波（Mario Carpo）解释了这种转变：

> 工业世界的技术逻辑基于大规模生产和规模经济。大多数工业大规模生产的工具都使用铸模、模具、染料，……我们生产相同版本产品的数量越多，单个产品就越便宜。而数字制造……不使用机械矩阵、铸件或模具。没有机械矩阵，就不需要重复相同的形式来分摊生产设置的成本，因此，每件作品在进行数字化制造（例如铣削或 3D 打印）时都是一次性的：制造更多相同物品的相同副本不会使它们中的任何一个更便宜。……生产的边际成

本始终相同。规模经济不适用于数字制造。³

这意味着智能高科技初创公司可以在农村地区的小城镇开设店铺，那里的土地和管理成本较低，而其产品在全球市场上将仍然具有竞争力。

甚至物流成本也开始接近于零，因为中小型企业可以创建 3D 打印制造产品的程序，然后将指令以数字方式即时发送给世界任何地方的制造商、批发商或零售商，产品可以在任何地方打印出来并交付给终端用户。随着韧性智能数字基础设施覆盖各大洲，这种跨越更多农村地区，地理上日趋分散的商业模式将形成趋势。

新冠肺炎疫情的大流行还加速了农村地区的人口再迁移，年青一代寻求开放空间，寻找更有吸引力的自然环境，在那里安家落户、经商和工作。此外，越来越多在农村地区的小城镇长大的年轻数字原住民通常会迁移到城市寻求就业机会，但随着当地就业环境的改善，他们决定留在原地。2018 年，盖洛普做了一项调查，询问各个年龄段的美国人更愿意住在大城市、小城市、大城市的郊区、小城市的郊区和农村地区等五种地理区划里的哪一个。有 27% 的人选择了农村地区，是比例最高的。另外，有 12% 的人更喜欢位于农村地区或靠近农村地区的城镇。⁴

人们可能会有一种日益强烈的感觉（尽管在很大程度上是无意识的），那就是与自然世界隔绝、聚集数百万居民的巨大城市中心注定会导致文明崩溃。与此同时，城市和郊区走廊周围的农村地区将逐渐成为恢复地球生态系统和重塑文明的前沿。

气候变化将城市、郊区和农村社区凝聚成一个利益共同体，每个人的政治隶属关系都会向更高层次转移，去关注那厚达 19 公里的生物圈——这是我们整个人类的栖息地，是我们人类将越来越多地称之为"家"的广阔社区。这种新的空间感、位置感和归属感的出现，将使我们对认为是经济支柱的事物重新排序。韧性时代的生计较少附着于物品的生产和消费，而更多的是参与到地球生态区和各圈层的再生中。这是构成基本经济服务的要素发生变化的关键时刻。围绕生态系统业务和服务的韧性经济，标志着受过高等教育并以生态为导向的农村劳动力的出现，还标志着一直意见相左的农村和城市人口之间的潜在和解。

虽然人生苦短，但我们已经开始了解到，地理环境——一个人所依恋的地方——在很大程度上决定了一个人的世界观及其对生活的叙述。了解农村人口和农村社区如何与自己所在的环境和自然世界建立联系，以及它们与郊区和城市人口视野的反差，对建立起围绕共享生态区域治理的团队精神很重要。2020 年，杜克大学尼古拉斯环境政策解决方案研究所发表了一项研究，主题是"了解美国农村对环境和自然保护的态度"。该研究对弥合城乡鸿沟，以及对共同管理美国和世界其他地方的生态区域达成一致等论题具有重要的指导意义。该研究对农村领导人和焦点小组进行面对面采访，对那些以农村为主的州采用电话调查。

研究表明，美国的农村人口对联邦政府干预农村事务的行为更倾向于持批评态度。他们不信任环保组织，并对全球变暖的预言持怀疑态度。与城市和郊区人口相比，农村人口的宗教观念更加保守，也不太容易接受社会习俗的变化。同时，农村居民深深地依恋着土地，对环境管理也有着深厚的感情。

一项针对农村居民的全国性调查要求受访者对接受强有力的环境政策的动机进行排序，62% 的受访者把为了子孙后代而保护、管理自然环境的强烈道德责任列为最关心的问题，这鲜明地表明农村社区发挥着保护生态区域的领导作用。[5] 理解在发挥作用的文化动态对人类在地球上的未来前景至关重要，从数百万人口集中的城市的去人口化，到沿着生态系统线更加分布式的再人口化，辅以更灵活的生态驱动型治理形式，这是一种历史性的变化。

农村社区可能成为美国准备好迎接韧性时代和生态服务新时代的前沿，这不仅是一个希望，而且正以一种最意想不到的方式迅速变为现实。事实证明，风能和太阳能发电潜力最大的区域主要是那些支持共和党的红色州——东南部各州、大平原州和西南部沙漠州。目前风能发电的 10 个主要州中，有 6 个拥有强大的农村基础并且都是共和党的"大本营"，十大太阳能发电州中的 5 个也是如此。农村地区丰富的太阳能和风能使数以千计的新企业和新就业机会如雨后春笋般涌现。

同样令人印象深刻的是，作为第二次工业革命的堡垒，也是消耗化石燃料最多和排放二氧化碳最多的商业部门，美国汽车工业正迅速撤离东北部和中西部的传统大本营，迁往靠近中南部、南部地区、大草原及西部地区的共和党势力强大的各州。2021 年 9 月，福特汽车公司震惊了美国和世界，它宣布在肯塔基州和田纳西州的农村建设巨型工厂，准备制造其下一代全电动 F-150 系列卡车和配套的车用电池。投资 114 亿美元的 21 世纪卡车园区将创造 11000 个新的净就业岗位。这些新型高科技绿色制造设施是福特历史上最大的单笔投资。[6]

福特决定制造新一代的电动 F-150 卡车以取代现有的内燃发动机卡车生产线，这不仅会改变汽车行业的本质，还会改变美国的社会政治动态。F-150 系列卡车是美国最畅销的汽车，也是该公司的摇钱树，2021 年收入为 420 亿美元，在美国品牌产品收入中居第二位，仅次于苹果。[7]

但新的电动卡车生产线只是一个开始。福特在宣布这一消息时表示："预计到 2030 年，（该公司）纯电动汽车的销量将占到其全球汽车销量的 40%~50%。"[8] 虽然没有明说，但显而易见的是，福特的卡车是农村司机的首选，并且是共和党选民的标配。最近对汽车购买者的一项调查显示，民主党人每购买一辆卡车，共和党人会购买 8 辆卡车，其中许多是 F-150 福特皮卡。[9]

切实感受到这些变化的影响的，莫过于政治竞技场。这已经开始了。为了吸引福特和其他公司进入该州，肯塔基州议会通过了一项金额高达 4.1 亿美元的经济激励计划，而福特能够从中获得 2.5 亿美元的可免除贷款。此外，该州还将拨款 3600 万美元用于技能培训。田纳西州政府官员也不甘示弱，他们表示，该州将提供超过 5 亿美元的类似激励措施，以招揽其他公司和行业进入该地区。[10]

绿色商业浪潮风头正劲，风能和太阳能潜力最大的州正摩拳擦掌跃跃欲试。电力和发电行业、汽车行业是先行者。其他向绿色基础设施、绿色产品线和生态服务转型的行业可能会效仿。在接下来的 30 年，这些率先行动的州和很多紧随其后的其他美国中西部、南部、西部各州的农村地区可能不仅会改变商业格局，还会改变社会、文化和政治环境。时间会给出答案。

农村地区的经济和政治将朝着更加绿色的方向进行调整，不断变化的文化动态可能对自然治理本身产生最大影响。随着州、县和市越来越深入地参与生态商业和服务，人们的注意力不可避免地放在如何更好地治理自己区域的生态系统上。在美国和其他一些国家，我们已经开始见证治理的转变，这种转变超越了城市、郊区和农村的划分，转向了更具包容性的治理范畴，那就是公民居住的地方生态区域，他们的未来和命运与当地生态区域紧密交织在一起。气候变化时每个生态区域的影响不尽相同，这意味着需要扩展旧的政治边界，至少部分地允许共享一个生态区域的街区和社区，一起保护管理生态区域。这种政治意识的萌芽正在催生一种新的治理概念，它在美国和世界各国的社区中被广泛地定义为"生物区域治理"。

生物区域治理的到来

科学界已经拟定了生物区域治理的环境背景和时间表，呼吁让半个地球再野化。著名的哈佛大学生物学家爱德华·威尔逊在他 2016 年出版的《半个地球》一书中发布了一个诉求清单。他认为，为了防止第六次生命灭绝的全面爆发，我们需要在未来几十年内进行大规模动员，将地球表面的一半重新设定为自然保护区，以保护现有的生物多样性。

起初，威尔逊的呼吁引起的关注有限，主要是在科学界和学术界内部。然而，随着物种消失和生态系统受损的数据开始从地球的各个角落传来，这种观点开始在欧盟、中国和美国流行起来。2019 年，来自世界各地的科学家发表了一项题为《全球自然之政：指导原则、里程碑和目标》的报告，详细说明了如何部署如此重要和规模巨大的任务。该报告从目标出发：为了防止生命大灭绝，有必要坚守全球温室气体排放红线，确保地球升温不超过 1.5 摄氏度，一旦超过这个临界点，地球生态系统崩溃和物种大规模灭绝几乎难以避免。科学家们认为："为了避免即将到来的危机，最合乎逻辑的途径是结合能源转型措施，将至少 50% 的地球陆地面积保持和恢复为完整的自然生态系统。"[11]

研究人员指出，"完整的森林，特别是热带雨林，吸收的二氧化碳是单一种植作物的两倍"，并且"地球上 2/3 的物种都是在天然森林中发现的，（在这种情况下）保护森林对于预防物种大灭绝极其重要"。他们指出，"能起到碳封存和储存作用的远远不止热带雨林：泥炭地、苔原、红树林和原始草原也是重要的碳储存库，而且能保护动植物的不同组合"，也应该将其纳入保护行动计划。[12] 该报告的作者还将注意力投向了海洋生态系统，并提醒政策制定者，将海洋的保护区域隔离成海洋保护区"已经被证明在保护和恢复生物多样性、增加附近渔业产量和增强生态系统韧性方面，远比其他行动更加有效"[13]。

虽然保护地球生态系统的话题并不新鲜，但它突然从生态科学领域跃升到政治舞台的中心。拜登在赢得总统大选后出人意料地立即宣布，美国到2030年将保护30%的陆地和海洋，即"30/30目标"。迄今为止，根据"30/30目标"，美国26%的沿海水域受到保护，但只有12%的陆地受到保护。确保到2030年把另外18%的土地（面积是得克萨斯州的两倍）置于保护之下是一项重大的承诺，但若全力以赴还是可以做到的。为了实现这一目标，联邦政府将不得不与各州合作来扭转之前的态势。[14]

近几十年来，在美国，自然生态系统的消失有增无减。仅从2001年到2017年，人类足迹就增加了2400万英亩，相当于每30秒就有一个足球场大小的自然生态系统消失。[15] 关于人类发展导致空地丧失的全球统计数据同样令人不安，超过100万种植物和动物处于危险之中，这对我们人类的未来生存产生了负面的影响。[16]

美国公众强烈支持"30/30目标"。2019年的一项调查显示，86%的美国人支持该计划，其中54%的人强烈支持该倡议；只有14%的人持反对意见。[17] 无论如何，公众的认同是明确的。然而，魔鬼存在于细节中。人们普遍认为，尽管联邦政府应设定目标、指标和时间表，提供激励措施和授权，同时适当修订行为规范、法律法规和标准以促进转型，但各州及其社区将需要成为"30/30目标"的前锋部队，根据生态、文化和政治现实，以及最适合其所在地区的理想指导方针，量身定制战略和部署行动。公众也普遍支持这样一种想法，即任何此类计划都必须优先考虑弱势社区，这些社区失去生态系统服务（比如未受污染的水和清洁的空气）的风险最大。

尽管美国28%的土地归联邦政府所有，但还有12%的土地归州、县和市政府所有。此外，仅在2001—2017年，48个州因开发而遭到破坏的自然环境中有 75% 位于私人土地上。[18] 更重要的是，美国 7.51 亿英亩的林地中有 56% 是私有的，这意味着需要公民切身积极参与到每个生态区域的规划中，共同商讨确定实现"30/30 目标"的途径，否则计划将会失败。[19]

首先要厘清的问题是"生物区域治理"一词的含义和它与当地生态区域的关系。尽管这两个术语有共同之处，但它们的表述迥异。生态区域是地球上主要生物地理区域内独特的生物亚区。阿尔弗雷德·罗素·华莱士与达尔文一起提出了物种进化理论，首次对地球生物地理区域进行了分类。直到今天，这种分类仍在进一步完善和修改。华莱士将生物地理区域描述为"地球表面的主要区块，基本上是陆地范围，特点是具有多种多样的动物类型组合"[20]。今天，大家普遍接受的生物地理区域的定义是：生态系统共享广泛的相似生物群体……大致与特定的大陆区域相对应。地球的 8 个生物地理区域是澳大拉西亚区、非洲热带区、新北区、大洋洲、南极区、印度马来区、新热带区和古北区。[21]

反过来，世界野生动物基金会将理想生态区域定义为"特定主要栖息地类型的生物多样性最独特的例子"。它们必须包括物种丰富度、地方性、更高的分类学唯一性、非同一般的生态或进化现象，还有主要栖息地类型的全球稀有性。[22]

这些分类使科学家、政府和当地社区能够评估他们所居住地区的生态系统的生物多样性和健康状况，这有两个目的：一是让社会领域适应更大范畴的自然领域，二是更好地识别生态区域中需要改善的薄弱点。

相比之下，生物区域治理代表了政府负责保护管理的生态区域的一部分。无论是从人类学、心理、社会、经济还是政治的本质来看，它都提供了一种归属感、依附感、认同感和参与感。对生物区域的依附感往往会跨越任意的政治边界而涵盖人类社区身处其中的整个生态区域。近年来，气候变化带来的洪水、干旱、山火和飓风的影响范围已经突破州界，影响到相邻的政治管辖区，这种超边界的生态识别变得更加切中要害，迫使拥有共同生态区域的州采取集体应对措施。

"生物区域主义"最早由记者彼得·伯格（Peter Berg）和已故生态学家雷蒙德·达斯曼（Raymond Dasmann，加州大学圣克鲁兹分校生态学教授）提出。他们通过引入"身居之地"的概念，用社会学、心理学和生物学的术语描述了一个生物区域，意指一个"通过人类生活、其他生物以及地球的自然过程（季节变换、天气变化、水循环）之间的联系与支持区域保持平衡"[23]的社会。

虽然"生物区域"这个词相对较新，但这个概念却是古老的。埃莉诺·奥斯特罗姆（Elinor Ostrom）是第一位获得诺贝尔经济学奖的女性，她既是一位经济学家，也是一位人类学家。她回顾了整个人类历史进程，分类整理、记录了大多数社会如何与当地及其临近的生态系统紧密相连，如何围绕管理他们所居住的共同生态区域，组织他们的经济、社会生活和集体治理。[24]他们这样做确保了自己的实践活动不会超过其生物区域的承载能力，而且使生物区域通过一种生活方式再生，即不超越其治理的公地、覆盖19公里生物圈的季节性和年度性更新范围的生活方式。

虽然我们常常迷失在日复一日的国家和全球政治及经济阴谋中，但至少到工业时代和大规模城市社区重建之前，这种与自己所在区域根深蒂固的联系传统上在美国和其他地方占据着主导地位。托马斯·杰斐逊有一个观点，考虑到人们对家园的依恋，治理落实在最接近人们居住的地方上效果最好。如果有人怀疑生物区域主义的持久力，即一个人把居住之地作为自己主要的身份，那么请看美国政府于1934年成立的自然资源委员会，它研究大萧条最严重时期的美国各地区，以确定公民如何说明自己的隶属关系。他们得出结论："地区差异可能会成为美国生活和文化的真实表达，（它反映）

美国人的理想、需求和观点，远比国家意识和忠诚所表达出来的更充分。"[25]

在美国，有一些特别明确的生物区域，当地的政治和文化参与都已经相当活跃，包括阿巴拉契亚中部、密西西比冲积平原、密西西比河三角洲、东南部黑土带、大平原、劳伦斯/五大湖区、南加州海岸、索诺兰沙漠、莫哈韦沙漠、加州中央山谷、加州中部海岸、内华达山脉、北加州海岸、南喀斯喀特山脉和山间沙漠地区。[26]

先行者：卡斯凯迪亚和五大湖生物区

美国大陆有几种生物区域治理方法实践已久，足以让我们了解这场新兴的政治变革是如何演变的。西北太平洋卡斯凯迪亚生物区和劳伦斯/五大湖生物区为我们理解这种政治变革提供了帮助，随着我们更深入地进入人类世，这种政治变革可能会改变美国和其他地方的政治治理本质。

卡斯凯迪亚生物区是世界上最古老、最著名的生物区。它的起源可以追溯到 20 世纪 70 年代初期现代环保运动诞生之际。该地区跨越美国和加拿大边境，包含 75 个不同的生态区域，西从阿拉斯加州南部的铜河到门多西诺角，东到黄石火山口和美洲大陆分水岭，全长 2500 英里。[27] 即使我们只计算卡斯凯迪亚生物区的中部、华盛顿州、俄勒冈州和加拿大的不列颠哥伦比亚省，这个延展的区域也是 1600 万居民的家园，陆地面积足以使其名列世界第 20 大国家之位。卡斯凯迪亚拥有地球上面积最大的原始温带雨林，以及 10 个最大的碳汇森林中的 7 个。[28]

波特兰、西雅图和温哥华走廊是世界第二大科技中心的所在地。许多领先的科技巨头，包括亚马逊、微软、波音和 T-Mobile，都将总部设在卡斯凯迪亚生物区。卡斯凯迪亚地区（不包括加利福尼亚州）

足以成为世界第九大经济体。卡斯凯迪亚大约 30% 的土地属于农业用地。[29]

1991 年，美国各州和加拿大的各省及属地联合起来，在太平洋西北经济区 (Pacific Northwest Economic Region，PNWER) 的旗帜下建立起了陆内合作，以保护、管理卡斯凯迪亚生物区。这个司法管辖权覆盖华盛顿州、俄勒冈州、不列颠哥伦比亚省、爱达荷州、蒙大拿州、艾伯塔省、萨斯喀彻温省、育空、西北地区和阿拉斯加州。自那以后的几年里，太平洋西北经济区扩大了合作范围，与非营利部门和私营公司展开了合作。卡斯凯迪亚生物区理事会由参与的美国各州州长和加拿大各省省长及其立法机构组成。

太平洋西北经济区把"保持区域自然环境的同时实现经济增长"作为主要目标之一，并负责为此"传播和协调整个地区的省和州政策"。[30] 近年来，太平洋西北经济区的大部分工作转向了适应气候变化，例如，启动对气候灾害和气候韧性的生物区域响应，还发起了保护管理所管辖的生态区域的合作项目。

在过去的几年里，气候影响和灾害——特别是干旱、山火、海平面上升、病虫害暴发和整个卡斯凯迪亚地区的森林退化——已经破坏了环境，威胁到卡斯凯迪亚地区 75 个生态区域的生存。联邦政府的一份报告预测，全球变暖带来的气候变化将会对该地区造成严重的威胁，解决这一问题的时间越来越短。在报告提出的主要忧患中，研究人员警告说：

> 人们已经观察到与融雪变化相关的水流时间变化，并且这种变化还将继续，这会减少诸多竞争需求的水供应，并造成深远的生态和社会经济后果……。海平面上升、侵蚀、洪水淹没、对基础设施和生物栖息地的威胁，还有海洋酸化，共同构成对该地区的重大威胁；不断增加的山火、虫害暴发和树木疾病等

的综合影响已经导致林木大面积死亡……以及森林景观的长期转变……。农业方面也存在严重忧患,包括为适应环境变化增加的成本、开发更具气候韧性的技术和管理方法、水的供应量和供应时间等。[31]

不仅卡斯凯迪亚地区在建立正式的生物区域治理方法方面取得了很大进展,共享五大湖生态区的美国和加拿大在司法管辖治理上也是如此。美国和加拿大的五大湖是地球上最大的淡水湖,拥有地球上所有地表淡水量的 20%。[32]

五大湖生态区的巨大经济潜力,从 1615 年法国探险家萨米埃尔·德尚普兰(Samuel de Champlain)第一次到达这片广阔的内陆水域时就已经显现出来。五大湖区涉及美国的 8 个州和加拿大的两个省:明尼苏达州、威斯康星州、伊利诺伊州、印第安纳州、密歇根州、纽约州、俄亥俄州、宾夕法尼亚州、安大略省和魁北克省。

五大湖地区是第一次和第二次工业革命的摇篮。许多美国工业巨头在五大湖地区涌现,包括万国收割机公司、美国钢铁公司、标准石油公司、福特公司、通用汽车公司、克莱斯勒公司和固特异轮胎公司。纸浆、造纸和化学工业也在五大湖地区落户。如今,该地区居住着 1.07 亿人口,提供了 5100 万个就业岗位,坐拥 6 万亿美元的 GDP。[33]

将五大湖地区当作工业时代的中心,随之而来的是熵账单。这笔账在 1969 年 6 月 22 日到期。当天中午,一辆行驶中的火车在穿过克利夫兰的凯霍加河上的桥时突然冒出一个火花,火花落到了河里,点燃了漂浮在水面上的工业垃圾。火势迅速沿河流蔓延,有些地方的火焰甚至达到了五层楼那么高。[34] 1969 年的火灾并不是凯霍加河第一次起火。1868—1962 年,共发生 9 次火灾。[35] 被污染的水顺着凯霍加河注入伊利湖,它不是唯一一条这样的河流。伊利诺伊州的芝加哥河、纽约的布法罗河和密歇根州的胭脂河都流入五大湖,在工业时代的鼎盛时期也都发生过火灾。

长期以来，通过支流向五大湖倾倒石油、溶剂、工业化学品和污水被视为司空见惯的做法。在 19 世纪和 20 世纪，大多数生活在五大湖周边的美国人对将工业污染物排入五大湖的问题视若无睹，他们认为这仅仅是经济进步理应付出的代价。约翰·哈蒂格（John Hartig）的著作《燃烧的河流》（*Burning Rivers*）记录了五大湖河流火灾的历史。他总结了当时的流行思想，即"工业为王，肮脏的河流被视为繁荣的标志"[36]。

到 1969 年，公众对环境的态度发生了变化。蕾切尔·卡森（Rachel Carson）的著作《寂静的春天》记录了 DDT 和其他杀虫剂杀死鸟类和其他野生动物的后果。这触动了人们的神经，让公众看到了 20 世纪 60 年代初期工业污染的负面影响。[37] 然而，正是凯霍加河大火引发了人们对 150 多年工业发展积累的负外部性——熵增——的全面觉醒。1970 年 4 月，凯霍加河发生火灾 10 个月后，2000 万美国人走上城市街头举行和平集会，呼吁进行彻底的环境改革，他们以这种方式庆祝了第一个地球日。1970 年 12 月，美国国会授权建立环境保护署（EPA），负责处理环境问题和推进相应的改革。

然而，直到 1983 年，伊利诺伊州、印第安纳州、密歇根州、明尼苏达州、俄亥俄州和威斯康星州的州长才成立了五大湖区州长委员会。1989 年，纽约州州长和宾夕法尼亚州州长加入了该委员会。几年后，加拿大安大略省和魁北克省作为准会员加入。直到 2015 年，这两个省的省长才成为正式会员，于是，该组织重新建立章程，并改名为"五大湖区和圣劳伦斯河州、省长会议"。州长和省长们认识到，保护、管理五大湖地区的环境，对湖泊周围居民的经济和社会福祉至关重要。

五大湖生态区治理机构还包括五大湖委员会，其董事由来自各成员州和省的政府官员组成。他们的任务是进行具体的立法，以使环境保护和环境目标与利用"水资源作为资产来支持强大的经济"的任务相结合；目标是确保"保护水资源免受污染和气候变化的影响"[38]。

这种治理区域（生态区域、经济和社会治理）的统一是一项艰巨的任务，当它开始推动以第一次和第二次工业革命为特征的、所谓"成功的"传统指标，向强调新兴第三次工业革命和它转型为韧性革命的新一套指标变革时，将极大地考验这种生物区域治理的新模式。重新调整经济效应——从追求效率到注重适应性，从追求进度到注重韧性，从追求生产力到注重再生性，从外部性到循环性，从所有权到访问权，从 GDP 到 QLI——将是一项繁重的工作。平衡好这一转变将是卡斯凯迪亚、五大湖以及美国、加拿大和世界其他生物区域治理面临的首要问题。

在五大湖区，从模型和试点向落实基础设施转型已经时不我待。受环境法律和政策中心以及芝加哥全球事务委员会委托，来自五大湖区和安大略省一些大学的 18 位科学家和研究人员编写了一份综合研究报告，揭示了未来几十年气候变化将对五大湖生物区产生的影响。

下面是《气候变化对五大湖区影响的评估》中的一些发现。在过去 200 年里，人类活动的影响导致了严重的栖息地丧失、入侵物种蔓延，以及空气和水的污染。石化密集型农业实践造成了土壤侵蚀和养分枯竭。工业化规模的畜牧场运营对本地野生动植物造成了严重威胁，并损害了水质。更令人担忧的是，五大湖地区的年平均气温上升了 1.6 华氏度，高于美国大陆其他地区 1.2 华氏度的年均升温。反过来，气候变暖又增加了暴雨和暴雪的频率和强度。1901—2015 年，美国的降水量整体增加了 4%，而五大湖地区的降水量增加了近 10%。评估报告警告说，"降水量的增加可能会导致整个五大湖地区洪水泛滥"，严重破坏排水基础设施，导致下水道满溢，病原体随废水大量流入当地小溪、河流，最终流入五大湖。[39]

未来已来。它要求推进比目前进行的行动更强有力的适应性计划来加强韧性。尽管五大湖区在应对气候变化方面创建的生物区域治理方法远远领先于其他区域，所形成的经济和社会也更富有韧性，但还远未达到现实需求的标准。2019 年，底特律宣布进入紧急状态，因为持续的倾盆大雨使伊利湖洪水泛滥，大水淹没了这座城市，冲毁了房屋和下水道系统，威胁到公共健康和安全。在明尼苏达州的德卢斯，苏必利尔湖上空一场异常强烈的风暴对湖滨地区的财产和基础设施造成了大面积的破坏。由于伊利湖水位上升，纽约州的布法罗市在 2019 年经历了有史以来最大的洪水。在芝加哥，密歇根湖创纪录的高水位使得沿岸每年春季和夏季都会遭到洪水的威胁。2019 年，五大湖的水深比往年的平均水深超出 35~90 厘米。[40]

气候变化不再只是需要规划的未来的事情，而是眼前就需要应对和适应的紧急危机，这不仅需要人们对生物区域的生态系统进行常规的管理，还需要灾害管理和在湖泊生态区域的共同治理中建立气候韧性基础设施。

不论是五大湖生物区域治理、卡斯凯迪亚生物区域治理，还是所有正在进行或尚未开始的生物区域治理，都面临一个固有困境，那就是在决定共同治理生物区域的那一刻，治理区域就被夹在两种相互竞争的世界观之间。人们是否遵循了整个工业时代流传下来的传统智慧并深嵌于效率至上信仰中，严格地从商业角度看待环境保护？也就是说，人们该认为自己的主要任务就是有效管理五大湖生物区域的资源，以实现未来的商业开发目的吗？如果这种传统思维占上风，那么生物区域治理将对区域生态系统继续施加一种短视的、以人为中心的关系，即只着眼于如何调整关系来满足社会的功利需求，而不去考虑社会将如何适应生态系统的需求。

这是一个重要的区别，也是迫切需要重点讨论的问题，因为哪个观点占上风将在很大程度上决定五大湖区的"管理"或"保护管理"是否将成为未来的标准……直到现在,它还是一座不易过的桥和一条少有人走的路,但是,如果我们人类要生存下去并繁荣发展,就必须沿着这条路前进。

第十二章
代议制民主让位于
分布式同行治理制度

当灾难降临，无论是气候变化使然还是与瘟疫流行相关，政府单打独斗的应对总显得捉襟见肘——人手不足和装备不齐，难以靠自己来治理和处理紧急情况，最后还是不可避免地要求公民一起参与和共同响应。基于此，年青的一代人开始缓和代议制民主制度，看懂了它的所有成功、未实现的希望，还有各种缺点，用一种更广泛、更具包容性和更扁平化的政治参与形式来替代代议制民主，这种新的治理形式将社区嵌入生态系统、生物群系和地球圈层，我们人类已经紧密缠绕其中。这个新兴的政治认同随着更加直接的积极参与治理而出现，这种治理超越了只是投票选出自己同伴中的少数几个人来主导治理，而是让每个公民都密切参与到治理过程中，成为治理过程的一部分。

就像公民被要求一生中必须定期担任陪审员，成为解释法律和司法执行的积极参与者一样，地方政府也开始招募民众参与政府的"同侪之盟"，与政府一起推进工作，为政府提供与他们的生物圈治理相关的建议。这些公民集会不是焦点小组访谈，也非利益相关组织，而是治理的一种更为正式和更深刻的延伸（就像陪审团），它扁平化决策，确保公民积极主动地参与管理。这种扁平化的治理模式正在几千个地区生根发芽，加深了公民参与的根基。随着民众重新组成团体来迎接由保护管理自己的生物区域带来的挑战和机遇，正如地方治理为生物区域治理腾出空间一样，代议制民主正在为分布式"同行治理"让步。

重新定义自由：自治 VS 包容性

同行治理不仅仅是让公民坐下来就立法、政策和协议进行协商、辩论和表决，还代表了对自由这一概念的根本反思。自启蒙运动以来，直到"进步时代"诞生，自由的概念一直引导着政治对话，也成了各种治理方法的基础。

自由的呼声与工业革命和资本主义的兴起密切相关。从罗马帝国衰落到 13 世纪农业时代原始工业革命的迹象首次出现，欧洲一直被天主教会和教会神职人员比较松散地统治着，再往下的阶层排序是各国国王及王室、各地方公国的王公贵族和各郡的领主，而处于社会金字塔最底层的是居住在这些人的土地上的农奴。

在这个结构严密的封建世界里，农奴是名副其实的土地附属物，不能逃离。他们被指定住所，过着被奴役的生活。他们对所属的庄园主完全忠诚。他们的忠诚本质上是出于一种敬意，即严格服从领主的命令并为领主提供服务。

15 世纪在英国开始的大规模圈地运动标志着人与土地的关系发生了根本变化。英格兰和后来整个欧洲大陆的议会法案允许当地领主出售部分土地，他们将土地转变为财产，减少的土地成为可销售的商品，同时大批农奴被赶出住所。人与土地的关系发生这种突然变化有很多原因，但最重要的是，土地利用的商业前景的出现——由于新兴的纺织行业需要大量羊毛，土地被用于放牧更为有利可图。纺织业成为最早进入农业工业革命的行业，随后又很快进入了纺织品的工厂生产阶段，标志着现代工业革命的开始。

数以百万计的农奴被从土地上赶走，他们被告知从此可以自由地签订劳动合同以获得补偿，从而开了原始工业劳动力的先河。封建崇拜黯然退场，取而代之的是个人自由。可以合理地假设，对数百年来一直依附于土地的广大农奴来说，他们的家庭安全来自他们所依附的土地，无论之前他们的处境多么悲惨，现在这种突然的变化——脱离土地——对他们而言是灾难性的。自由、学习如何在发展中的市场上讨价还价、签订劳动合同……这些都意味着什么？

随着自由而来的是自治——这个概念以前仅适用于皇帝和国王，再低一点儿也适用于王公和领主。由此，自由和自治将并驾齐驱，一起进入现代。自治就是自由，自由就是自治。但自治是一种独特的自由。这种贯穿"进步时代"的自由形式是一种消极的自由——它是一种排他的权利，是自给自足的权利，不亏欠和依附他人，是自我的孤岛——直到最近才有所改变。

这种传统的自由概念在 X 世代、千禧一代和 Z 世代人群中显得越来越格格不入。他们成长的世界正在从所有权转向访问权，从交换价值转向分享价值，从市场转向网络，从对排他性的痴迷转向对包容性的热情。对于靠智能设备连接全球、数字化的"原住民"群体来说，自治和排他性——与世界隔绝——无异于判处他们死刑。没有手机和互联网连接，数字原住民就会迷失。

数字连接的人就算没有数十亿，至少也有数亿，他们理所当然地认为自由的本质是访问和包容性，而不是自治和排他性。他们根据在全球所能参与的平台的广泛程度，来判断自己的自由程度。他们心目中的包容性是横向管理和广泛布局，通常包含性别、种族、性取向，甚至是与我们同处一个星球的所有同胞的关系。对数字化的一代人而言，自由就是能够参与地球上所有丰富多样的能动性，他们为有这样的生活和福祉感激不尽。

这种自由的概念出现在一个愈加被体验为互联的世界里，在这个世界里，每个人的福祉——个人的自由，只要你愿意——都与他能够在全球数字公地上积累的社会资本绑定在一起。具有访问权和包容性的自由是"同行治理"的政治基础。

俗话说："你想要的可能并不是你真正需要的。"诚然，世界各国政府正在采取尝试性步骤引入公民议会，让大家提供意见和建议。往好的方面看，你可以说这些早期的政治尝试出于善意，而往坏的方面看，它被当成一种治理结构的伪装。这种治理结构越来越被认为与选民的需求和愿望脱节，并且通常被认为是那些精英为了个人利益而利用公权进行的自我推销。尽管如此，历史表明，我们正走向这一场根本性的政治变革，让分布式同行治理在政治事务中发挥更大作用，或者相反，进入一个日益残酷的集权统治时代。然而，同行议会并非要成为代议制民主制度的临时附属物，而是更富有变革性。分布式同行政治对代议制民主唯一的挑战是治理方式的概念以及与之相伴的自由的概念。如果分布式同行治理得以遍地开花，这种最新的治理形式必将改变在一个富有韧性的社会中作为一个自由的、积极的公民所应有的意义。

大多数美国人会惊讶地发现，《独立宣言》、《宪法》和《权利法案》都没有提到"民主"一词。是一种疏忽？几乎不可能！这个词对建立这个国家的"男人们"而言是一种诅咒。《联邦党人文集》的主要作者、美国第四任总统詹姆斯·麦迪逊的说法反映了他同时代人对这个问题的看法。他宣称："民主总是让人联想到动荡和争吵的景象……总的来说，它们的生命很短暂，就像它们的死亡过程充满暴力。"[1] 美国第二任总统约翰·亚当斯也同样不看好民主制度。他认为："民主永远不会长久，很快就会自我消耗殆尽。从来没有一个民主国家不自毁前程。"[2]

这些建国者担心，大众民主不可避免地会造成派系之间和利益集团之间相互对抗，而且大众化统治很容易导致暴政以及少数群体的沉默和边缘化。出于这些原因，他们倾向于建立一个具有像选举人团制度和《权利法案》这样的内置保障措施的共和制，这些保障措施可以缓解民众的亢奋，同时允许民选代表来管理国家事务。

两个世纪后，罗伯特·雷德福（Robert Redford）主演的电影《候选人》上映（剧本获得了奥斯卡奖）。这部电影的主角是一位年轻的自由民权和环保活动家，他在加利福尼亚州竞选参议员席位。在一次政治集会上发表讲话时，他停下来沉思后大声地道出所思："靠两个人（加利福尼亚州的参议员）为2000万人做决定的想法非常荒诞。"[3] 这显然是那些不多见的、能说出"权力真相"的时刻之一。看过这部电影的人无疑都明白了，但很快这部电影的光芒就被掩盖了起来，以免它进一步侵蚀人们对代议制民主进程的信念和对共和国的忠诚。

同行治理思想的内涵

同行政治既是代议制民主的延伸，也是其缺陷的解毒剂。公民议会会把治理提升到一个新的水平。虽然国家政府以及州和地方政府不太可能消失，但它们可能会在未来几十年甚至几个世纪内，从自上而下的金字塔结构转变为横向和分布式的模式，决策越来越多地在人们生活的生物区这种最亲民的层次产生。从那里，决策将流转到政府的其他层次，并在多个生物区甚至大陆之间建立更深层次的互联模式。

值得重申的是，就其性质和使命而言，生物区域治理是一种公地，而不是一个市场，人类能动性在其中会不断适应构成其所在生态区的其他诸多能动性。将自由视为包容性而非排他性的全新概念——超越了我们这个物种而达到与包括我们这个物种的地球上所有其他物种及自然环境的联系——是由生物区域治理的未来的决定性动力。这种更加内嵌的模式也许会在未来几年改变经济活动、社会生活和治理，有望在一个"所有政治都是生物区域性的"韧性社会中为人们提供新的地方感、隶属感和政治代表性。

目前，除了少数例外，处于萌芽状态的生物区域治理举措只是在治理推进边缘试行。美国的政治疏离不断加剧，导致了对唐纳德·特朗普总统的第二次弹劾、美国首都的暴动，这都说明了问题。

日益扩大的经济差距和人口的日益边缘化加剧了政治异化，威胁到国家政府的存在。2018 年，盖洛普对经合组织国家的民意调查发现，"只有 45% 的公民信任他们的政府"[4]。爱德曼信任晴雨表（The Edelman Trust Barometer）更令人担忧。它在 2020 年对 28 个国家进行的调查显示，66% 的公民对其现任政府没有信心。[5] 美国尤其令人不安。1958 年，随着第二次工业革命达到顶峰，在一项全国选举研究中，73% 的美国人表示他们可以信任政府。[6] 到 2001 年，只有 31% 的美国人表示他们可以信任政府。[7]

这些调查以及其他调查表明，世界各大洲国家的社会凝聚力都在消减，而阴谋活动和邪教组织却在兴起，这在很大程度上归咎于散布虚假信息、不受监控和管束的社交媒体的昌盛。社会学家和政治经济学家威廉姆·戴维斯（William Davies）在《卫报》上撰文总结了危机的性质。

> 那是三个多世纪前启动的项目，信任精英个体，让他们代表我们去了解、报告和判断事物，也许长远来看可能不行，至少以目前的形势不可行。人们很容易沉迷于这样一种幻想，即我们能够扭转乾坤，或者用更强大的事实武器将它们击退。但这忽略了信任的本质正在发生变化的更根本的方式。[8]

如果要说有什么主题会在不同国家的调查中一遍又一遍地重现，那就是"我的声音被忽视了"。2019 年，经合组织的一份报告聚焦代议制民主作为一种治理形式的失败，它直截了当地总结道："当前的民主和治理结构未能兑现承诺和目标。"[9]

参与式预算：治理的演变

尽管执政的精英们长期以来一直认为，公众对在治理中扮演积极的角色不感兴趣，只是期待选出的代表和专家来落实适当的项目计划和服务，但事实并非如此。1989 年，在巴西南里奥格兰德州的首府阿雷格里港，燎原之火被点燃。[10] 初出茅庐的巴西工人党在该市上台执政。政府推出的首要举措之一是倒转治理过程中最重要的部分——政府选择和资助项目的决策程序。他们称这项政治创新为"参与式预算"。

这一新的预算编制过程由政府和社区组织的代表共同管理，这个政治过程为期将近一年，工作内容包括征集该地区公民和社区组织的建议书、选择代表和举行公民议会，对一组预算项目的每个提案的价值进行辩论，并在这个过程中整合成一套达成共识的预算条目。审查的过程可谓事无巨细，但最终，参与式预算的载体又交回政府的行政和立法部门，由这些部门最终决定公民议会推荐的项目预算的每个单项。虽然按照国家和区域的法律，最终的预算是政府的行政责任，但一般而言政府都会确认这些预算。不这样做将损害这个过程的合法性，也会造成公民反对执政的政党。

参与式预算的意图是让人们有发言权，尤其是那些生活在弱势街区和社区的人。阿雷格里港的参与式预算取得了成功。到 1997 年，阿雷格里港参与式预算使其下水道和供水相关的预算从 75% 增加到 98%；将卫生和教育的预算从 13% 增加到 40%；学校数量翻了两番；

道路建设增加5倍，主要分布在该市最贫困的街区。同样令人印象深刻的是，同行议会的参会人数从1990年的仅1000名公民迅速增长到1999年的近4万名。[11]

今天，世界各地政府有超过11000个采用参与式预算，包括纽约和巴黎等这样的世界级城市。[12]纽约市的参与式预算很有趣，因为人口的多样性以及由五个不同的行政区组成，每个行政区都有自己独特的历史和文化足迹。柏林经济与法律学院和纽约大学的一个联合研究小组评估了2009—2018年该市参与式预算产生的影响。他们发现，当纽约市议会成员采用参与式预算时，更大比例的可自由支配的资金预算"分配给了学校、街道和交通改善，以及公共住房"[13]。纽约大学斯坦哈特文化、教育和人类发展学院的应用心理学副教授艾琳·戈德弗雷德（Erin Godfrey）总结了这项研究的发现，她说："这项研究的兴奋点在于，它第一次告诉我们，参与式预算可以改变纽约市的支出重点，以更好地反映社区成员的迫切需求和关注的问题。"[14]

参与式预算在各大洲流行起来，但作为一种新的同行治理方式，它也是各种小故障不断，这可能削弱治理的更深层次整合。例如，虽然阿雷格里港至今依旧在采用参与式预算模式，但2004年工人党垮台、巴西中右翼社会民主党上台后，大幅削减了主要基础设施项目的可用资金，削弱了公民包容性参与。然后，在2017年，巴西民主党上台，将参与式预算的同行议会暂停了长达两年，并列举了缺乏足够的资源和流程本身需要加以改革等理由。

参与式预算的过程和范围都需要由现有政府在法律上给予正式认可，确保之后执政的党派变化不会破坏这种新生的机构，也避免进一步疏离公民参与和造成公众信任度的急剧下降。

后来，公民议会的形式被用到治理的其他方面，包括教育、公共卫生、社区对警务的监督、基础设施规划、气候适应问题和公众科学等，这里只是列举了几个正在改头换面的治理领域。虽然新的治理模式具有各种名称，包括"公民议会"、"协商治理"和"参与式治理"等，但将其标记为"同行治理"可能更合适，这反映了年青一代数字原住民的网络化特征，他们更可能从平台和自己作为同行的角度去考虑参与一个分布式政治过程。

同行治理并非作为一种启示突然出现在阿雷格里港。它出现在全社会之前有一段历史。这种包括将公民纳入治理范围的现代根基可以追溯到 20 世纪 60 年代和"婴儿潮"一代的成熟。民权运动、和平运动、女权运动、环保运动、同性恋权利运动、新时代运动和反文化运动有一个共同点——与现有的治理秩序严重疏离。现有的秩序在很大程度上有利于白人、受过教育的人、都市人、男性和中产阶层群体，牺牲的是边缘化的"其他人"的利益。

"其他人"动员自己的选民，并明确提出了对更具"包容性"的治理方式的要求。事实上，包容性成为年青一代定义自由的方式。兴起的运动在世界各地的社区中催生了数千个民间社会组织，它们既产生了对现行资本主义商业模式的反作用力，也形成了与传统司法管辖共存的一种非正式的治理形式。食品厨房、棚户区运动、公共卫生诊所、环保运动、开放式大学等类似的运动随处出现，与之相伴的是反对由精英严格把持的官方政府的各种政治运动。

同行治理制度的诞生既是一场进化，也是一场革命。它标志着民间社会组织（CSO）在许多旗帜下蓬勃发展的时代到来了。尽管如此，即使在今天，当平民社会在传统媒体以及政府和商界被提及时，总被带有贬义地描述为非政府组织（NGO）或非营利组织（NPO），似乎是要用非它本质的特征来刻画它。这样得到的结论就是平民社会组织的重要性不大。当我们看到数字时，政府和商业部门对民间社会组织的无端贬低就更能说明问题了。到 2019 年，所谓的"非营利组织"成为美国第三大就业部门，仅次于零售贸易和食品服务业，与制造业不相上下。[15] 尽管流行的神秘说法是，非营利组织提供的都是些低薪的岗位，但事实并非如此。非营利组织的劳动力平均工资比零售业平均工资高出 30%，比建筑业高出 60%。[16]

人们对民间社会组织的另一个错误描述是，这个行业只能靠市场、政府和私人慈善机构的善意存在，而非自食其力的实体。数据再一次证明，这不是真的。私人捐款和政府赠款分别仅占美国非营利组织收入的 13% 和 9%。相比之下，非营利组织收入的 50% 来自私营部门的服务费，23% 来自政府服务费。[17] 到 2019 年，在美国国税局注册的非营利组织约有 150 万个。该行业对美国经济的贡献超过了 1 万亿美元，占美国 GDP 的 5.6%。[18] 除了有偿服务，据估计，2017 年，25% 的美国成年人参与了志愿服务，贡献了超过 88 亿小时的时间，这些志愿者贡献的时间价值总计约 1950 亿美元。[19]

美国公民社会部门的规模和影响范围不可低估，其他许多工业化国家与此不相上下，但在美国或其他地方，没有一所商学院专门研究公民社会组织在经济生活中发挥的作用。

这些公民社会组织是社会运动的主体，是经济实体，是原始治理的新形式，它们将公民引上了政治竞技场。他们是新层次治理——同行治理——的先驱，将参与治理分布得更加横向和扁平，并更深层次地直达人们所依附的亲密空间，即人们工作、娱乐和繁荣发展的街区。

学校的社区控制

参与式预算在巴西阿雷格里港方兴未艾的同时，美国第三大学区——芝加哥市的学校系统——也开始实验类似的同行治理。1988 年，该市颁布实施了《芝加哥学校改革法案》。在此前一年，罗纳德·里根总统内阁中的美国教育部长威廉·贝内特（William Bennett）曾抨击芝加哥公立学校为全美最差的学校。[20]《芝加哥学校改革法案》为芝加哥的所有公立学校设立了本地学校理事会。每个学校理事会由六名家长、两名社区成员、两名教师、校长,以及在高中就读的一名学生代表和一名非教学人员组成。除教师外,学校理事会的所有成员均由社区居民选举产生。理事会的教师代表是从全体教师中投票选出的,但他们的投票不具有约束力。这些职位由教育委员会任命。每个理事会成员都必须接受培训,为他们的任期做准备。

改革法案结束了学校长期使用的校长任期制。在新的本地治理下,校长由当地学校理事会选出,并签订 4 年合同,之后他们必须重新申请。本地学校理事会通过制定和批准学校预算,对学校的资金进行一定程度的控制。最后,课程变更也由当地学校的理事会决定。[21]

根据斯坦福大学的一项研究报告,到 2017 年 11 月,也就是芝加哥的学校系统彻底改变公共教育方法而让当地社区对其运作有更大的控制权的 29 年后,平均而言,芝加哥的学生"在三年级到八年级学到的东西超过美国任何其他中型或大型学区的同年级学生"[22]。这种教育成果的转变意义重大。与任何其他城市相比,芝加哥的公立学校位于美国最贫穷和暴力犯罪率最高的一些社区,从长远来看,这种以社区为中心的同行治理的新方法可能会打破一直困扰这座城市和美国其他城市几代人的贫困和暴力所带来的恶性循环。

特别值得注意的是,在芝加哥,政府将一些治理权让给了地方学校理事会,不同于大多数其他同行议会,它们大多在本质上仍然主要是咨询性质,只不过具有政治影响力罢了,但芝加哥市实际上将聘用和解雇校长、确定预算优先事项、准备学校改进议程等权力让给了当地学校理事会。这代表着治理权的实质性转移。

虽然这是一项重要成就,但同行治理经常暴露出一些缺点,包括难以保持民众最初的热情和参与度。例如在芝加哥,计划开始时,有超过 30 万公民投票选出了当地学校理事会的代表，25 年后，参与地方学校理事会选举的公众人数下降了许多。这也许是在意料之中，可能是因为民众和当地学区对已经实施的整体改革以及随后学业成绩的改善感到满意。[23]

同行治理制度与社区警务监督

在分配权力以使治理更贴近所服务的社区时，某些横向治理形式可能比其他的更具争议性。美国目前关于社区警务监督的全国性辩论就是一个很好的例子。回想一下，美国长期以来夸示一种分布式的警务权力，联邦政府、州、县和市都有自己的警察部队，每个警察部队的规模都最适合各自辖区的需求，但需要在整个管辖区层面上进行合作。警务权力既是分布式的也是共享的。在某种程度上，下一阶段警务的分布式治理正在酝酿中，目前全美围绕警务社区治理的辩论不应该令人意外，而应该被看作分布式治理的下一梯度，目的是确保整个警务系统的安全。

尽管如此，当谈到社区对警务的监督时，问题还是暴露出来了。过去几年，警察杀害手无寸铁的平民的事件层出不穷，也唤醒了公众对警察暴行的认识，重新开启了人们对美国长期和丑陋的种族主义痼疾的讨论。埃里克·加纳（Eric Garner）、布伦娜·泰勒（Breonna Taylor）和乔治·弗洛伊德（George Floyd）等人被杀，引发了以"黑人的命也是命"为口号的一场大规模的新民权运动。在爆发强烈抗议的同时，警察部队也变得更加专业化，配备了最新的军事装备，如最先进的监视、分析工具和有利于预测并在可能的犯罪发生之前先发制人的新型警务形式。

大城市的警务预算数据表明，美国正在成为武装的堡垒。洛杉矶市 2021 年的警务预算超过 18 亿美元。[24] 在美国最大的城市纽约，其警察局 2020 年的拟议预算为 60 亿美元，而同时该市正在辩论大幅削减教育和其他项目、服务的经费。[25] 在费城，2020 年拟议的警察和监狱预算超过 9.7 亿美元，相当于该市总预算资金的 20%。[26] 与此同时，相对于人口而言，美国的监禁率远远高于其他任何国家。被监禁的绝大多数为有色人种，也是美国最贫困的一部分公民。很多犯人因轻微刑事犯罪而被判长期监禁，而白领犯罪一般会被赦免或服短期监禁并提早保释。

大部分有色人种的种族定性、逮捕和定罪通常被视为种族问题——事实也的确如此。然而，在更深层次上，它也是一个经济问题。这个国家虽然在欢迎移民和提供实现"美国梦"的机会方面取得了成功，但却因对美洲原住民、黑人、西班牙裔和亚洲劳工进行的奴役、卖身契约束和剥削而被玷污。从美国实验的一开始，这个赤裸裸的现实就与美国的成功故事如影随形。

因此，在警察杀害乔治·弗洛伊德之后，"黑人的命也是命"成为民权运动的口号，而这场民权运动的最新动向是撤回拨给警察的经费。大多数美国人对"黑人的命也是命"运动表示理解，但在很大程度上反对取消对警察的拨款。2020 年 6 月，皮尤研究中心在乔治·弗洛伊德遇害后不久进行的一项调查发现，只有 25% 的美国人认为应该减少警务经费，而 42% 的人认为警务经费应该保持不变；20% 的人说应该增加一点，11% 的人说应该大大增加。

然而，当被问及警察是否应该受到保护免受民事诉讼时，大多数美国人认为："平民需要有权起诉警察，以追究他们过度使用武力或其他不当行为的责任。"[27] 显然，这种回应表明，人们强烈支持利用正式的社区同行治理议会来监督社区的警务行动。

在黑人群体呼吁断绝警务经费的两极分化中，被淹没的是伴随"黑人的命也是命"运动提出的支持"削减部分警务经费"的争论，人们要求增加急需的公共教育经费、提供平价住房、改善公共卫生服务、提供就业培训、改善公共服务（包括改善道路和照明），以及为社区商业区提供资金支持等。鉴于主要城市社区的很大比例的公共资金都给了武装警察部队，而他们只是对弱势社区拧紧绞索，因此，提议部分地削减警务经费，为社区服务增加经费和为高风险街区创造经济机会，完全切合实际。除此之外，还有哪些可能的方法能逆转恶性循环以破除日益加剧的贫困状况、不断升级的犯罪活动和在城市中心不断添加警力监视和镇压的魔咒呢？

芝加哥再次提供了一个利用同行社区治理方法的范例——涉及警务和公共安全——尽管与当地学校理事会取得的成功相比，警务系统改革的结果令人沮丧。芝加哥的南区因街头帮派、暴力、谋杀和警察监视而在世界范围内臭名昭著，这甚至让利用基于社区同行治理的警务监督的念头都觉得是冒险。尽管如此，他们还是做了尝试。

在 20 世纪 80 年代后期，芝加哥警察部队和其他警务部门一样，对警务和公共安全的未来充满质疑。对于坐在警车里巡逻和接听"911"报警电话是否足以降低该市（尤其是在南区）不断上升的犯罪率问题，警察系统内部还有大量悬而未决的疑问。正是在这个时候，警察部门引入了社区警务的理念，与街区组织和当地居民合作，形成了一种更具结构性的合作伙伴关系来改善公共安全。

市长理查德·M. 戴利（Richard M. Daley）对这个提议表示热情支持。于是到 1993 年，该市的 25 个警区中有 5 个建立了社区警务议会，1995 年扩展到所有 25 个警区。警察的"突击"小组被分配到特定社区，目的是让他们融入社区。在每个街道都举行了社区突击小组会议，警察和居民可以在会上评估他们街区的安全，讨论新的问题，并提出加强公共安全的建议。然而，每个社区都没有由公民选举的代表组成的正式治理委员会，也没有明确的协议来管理来自社区的各种建议如何在警务指挥链上得以处理并得到恰当解决。即便如此,在这种最基本形式的社区警务监督模式中,同行审议的过程遵循与当地学校理事会类似的路线,通过先举行头脑风暴,然后进行分析,最后就所要采取的具体建议和策略达成一致意见。

尽管缺乏正式、具有约束力的协议来确保同行议会提出的建议得到执行,但为了确保合作成功,该市确实投入资金聘请芝加哥社区安全联盟(一个非营利性社区组织)来给居民和警官讲述他们的职责、法律责任和任务,并提供教学工具。在随后的几年中,有超过 12000 名居民和数百名警察接受了同行治理程序和实践的培训。[28]

最初的计划被称为"芝加哥替代警务战略"(CAPS),也取得了一定的成功,尤其是在早期阶段。一份报告指出,在犯罪率高的少数族裔社区中,公民的参与具有重要意义,而且在最初推出这些原始同行议会时,CAPS 社区的犯罪率有所下降。[29]

生活在最贫困社区的公民开始感到,他们第一次在自己街区的治安问题上拥有了发言权。不幸的是,正如协商治理和同行议会经常遭遇的那些变故一样,在这个案例中,他们也经历了组织高层领导的调整(在随后几年里,芝加哥警察局换了三任局长)、CAPS 计划优先级被降——包括削减经费和裁员。根据西北大学政治学教授韦斯利·斯科根的说法,该计划最终被缩减得只剩下"前身的影子"。[30] 从这个案例以及许多其他同行治理实践中得到的教训是,有必要通过法律对同行治理机构进行正式认可,并把在足够长的时间内为项目提供资金的承诺制度化,这样才能使同行议会成长、稳定和成熟,成为可持续进行、分布式的同行治理制度。

正如历史所载,监督警务的社区同行议会幸运地在芝加哥获得了第二次生命——这一次依法而建。2021 年 7 月,芝加哥市市长洛里·E. 莱特福德(Lori E. Lightfoot)和芝加哥市议会通过了一项具有历史意义的法案,设立了"首个独立的民事监督机构来监督芝加哥警察局、警察问责民事办公室（COPA）和警察委员会"。公共安全和责任社区委员会由芝加哥市任命的 7 名居民组成。委员会将有权"建议公共安全委员会监察长对特定问题进行研究或审核……在市议会的建议和同意下任命行政长官……（和）修改拟议的 CPD 预算拨款"，以及其他权力。[31]

该法案还在所有警务区设立由街区居民选举组成的街区委员会，成员来自公民选举产生的社区居民。与早期的社区同行议会不同，这些民选的社区委员会将"有权为芝加哥警察局制定和批准政策"[32]。

社区警务的同行治理在许多国家是一个引起高度关注的问题，并且很可能在短期内仍会如此。最终，分布式治理和对警务与公共安全的共享社区监督很可能不可避免，随着同行治理在所有其他公共政策领域占有一席之地，也让治理更贴近社区。

分布式治理与去中心化治理的区别

很重要而且需要强调的是，分布式同行治理制度不是代议制民主制的替代品，而是一种更深入的治理形式，它要求更广泛的民众更密切、更直接地参与治理。虽然大部分早期的同行议会实践在学术文献和公共话题中被描述为"去中心化的治理形式"，但这是一种对现实发生的事物的误读。"去中心化"意味着切断与传统代议制的关系，但事实并非如此。相反，以经过充分讨论的同行议会形式进行的地方治理是一种"分布式"现象。例如，在参与式预算、地方学校理事会和社区警务监督等例子中，代议制民主政府手中的一些常规治理权被分配给同行网络，而其他治理权力仍集中掌握在中心化的政府部门手中。

这并不稀奇。美国是联邦制共和国，权力是在联邦政府、州政府、县和市之间分配的。没有一个管辖区是孤立存在的,而且都会彼此支持。在欧洲,《欧洲联盟条约》的基石是辅助性原则,欧盟按照这个原则在地区、成员国和欧盟之间分配治理权力,各部分之间互有贡献,分配的比例取决于能够有效确保社会整体的安全和稳定而需要的规模。

哈佛大学肯尼迪学院的阿臣·冯(Archon Fung)和威斯康星大学的社会学教授埃里克·奥林·赖特(Erik Olin Wright)在关于如何对同行治理模式进行最好的定位的文章中指出,公民手中的同行治理权并不是治理权的下放,而是治理的扩展和演变,它包括了每一位公民在一生中对其生活的社区治理的积极承诺。冯写道:

> 第一,当前的体制结构既不是中心化的,也不是去中心化的。尽管地方官员和普通公民相对于以前那种自上而下的安排享有更多的权力和发言权,但他们仍然依靠中央提供各种支持,并对流程完整性和绩效结果负责。第二,中央权力的作用从在根本上引导地方单位工作(在以前的等级制度条件下),转变为努力支持地方单位解决问题,并要求他们对审议规范负责,督促他们完成切实可行的目标。第三,中央的支持和问责推进了三个民主目标的实现,即参与、审议和授权。[33]

分布式民主是一种新的民主形式,它加深和扩大了公民参与社会治理事务的程度,而且开辟了一种新的决策方法。协作治理是用于同行议会的一个过程,它的作用是及时解决问题并做出可以通过非官方实施或可被颁布为法律的决策和建议。虽然同行治理与代议制民主治理在政策制定时有相同之处,但它们也有一定的差异——主要是对建立共识的重视程度不一样。传统的立法决策一般是在建立共识的情况下做出的,但事实上,通过讨价还价和利益权衡取舍,在不同的利益方之间取得平衡，往往可以更方便地做出决定。至少在理论上，协商治理追求的目标更高，因为它要通过一个不断获得同意的过程做到。

协商民主的倡导者会争辩说，要使真正的民主决定被法律认可，政治进程应该努力形成共同基础，以最符合"公众意愿"且支持反映共识的立法为目标。尽管多数规则常常是默认立场，但这种规则更多地被视为失败而不是成功。从这个意义上说，同行协商的过程往往被认为与结果一样重要。这一过程要求与会的所有同行自由分享他们的意见和观点，同时也愿意认真地听取他人的观点，以便达成共识。或者，即使不可行，也应当探索全新的方法来处理当前考虑中的问题，然后以超越最初对待这个问题的方法来整合各方的意图。

如果这听起来像是常识——虽然实践中通常很难进行，尤其是在一个意见分歧如此之多的世界里——那么这就好像法官要求陪审团成员认真听取证据和控辩双方相互冲突的观点，然后坐下来经过"深思熟虑"做出判断，并做出能够反映"达成一致共识"的判决一样。

但是，在一个无数人都沉溺于社交媒体的世界中，一条叙述可以被数百万人支持和转发，形成几千个虚拟回音室，轻易就可以排挤掉其他人对现实的见解和观点，我们如何解决寻求共识这样一个更加艰难的过程呢？看来，摆脱这个困局的唯一方法，是将这些工作、娱乐、生活和互动都在一起的街区居民聚集在一起，让他们分享在现实世界周围的共同经历。同行议会是一种非常具体的、直接的、面对面的、需要街坊邻里直接参与的人类活动。他们要做的就是根据大家分享的对现实的日常体验，就如何改善自己社区的状况做出一致的决定。

至少在理论上，很难找到会反对在进行代议制治理的同时建立同行议会的人。然而，在实践中，这事很复杂。同行治理有许多不同的形式和程度，有深有浅，但在这个历史时刻，我们自身的生存取决于政治体如何围绕"生物圈保护管理者"的新角色进行合并联合，定义这个过程对确定这种新的治理模式的延展的有效性至关重要。我们的生命将取决于此。

两种同行治理的方法：英国和法国在气候变化问题上的分歧

2019 年，英国和法国都成立了公民议会，思考和提出应对气候危机的举措和计划，这些举措和计划可能成为政府在国家层面行动的路线图。当世界各地纷纷建立自己的公民议会来保护管理他们的生物区时，这两种截然不同的方法和所产生的结果对于后来者如何进行取舍具有指导意义。卡迪夫大学气候变化与社会转型中心的克莱尔·梅利耶（Claire Mellier）和奥斯卡咨询机构（Osca Agency）的里奇·威尔逊（Rich Wilson）两位研究人员对这两种同行议会方法进行了详细分析，并将发现以文章的形式发表在《卡内基欧洲》杂志上，标题为《在气候问题上选择正确的同行议会》。[34] 下面就是他们所发现的。

这两个同行议会都是在围绕气候变化的公众抗议不断升级之后成立的。法国同行议会紧随法国各地爆发的"黄背心"运动而成立，该运动抗议政府征收汽油税以减少温室气体排放。示威抗议活动阻断了法国各地重要的公共交通枢纽，并震动了马克龙政府。英国同行议会是在"反抗灭绝运动"（Extinction Rebellion，该组织致力于促进政府解决气候变化问题）发起街头抗议后紧跟着组织起来的，抗议活动也阻断了英国各地的道路干线。该运动迫使议会在 2019 年春季发表声明，呼吁关注出现的极端气候情况。

每个同行议会的成员都是通过随机抽样和抽签选出的，它代表了人口的一个截面。英国同行大会共有 108 名参与者，而法国同行大会由 150 名成员组成。两个同行议会都被划分为工作小组。英国同行大会关注的领域是旅行、居家、消费、食物、农业和土地使用，法国的则关注住房、旅行、饮食、消费、工作和制造。同行议会的最终报告和建议远比民选官员先前为缓解气候危机而提出的建议要宏大。但下面是两个公民大会分道扬镳的地方。

法国同行议会获得的预算远比英国的多——几乎是英国同行议会的 10 倍。更重要的是，法国同行议会的建议从一开始就意味着要通过全民公决、议会投票或马克龙政府的直接行政命令来实施。英国同行议会的建议本质上是咨询性质的，尽管它的行动倡议由 6 个英国议会委员会资助。

同样出现分歧的还有每一次公民大会议程的确立。法国人会让组成议会的公民自己讨论并拟定一个定义下一步讨论的问题的框架，而英国议会则监督公民大会的日程框架的拟定，咨询小组并不提供任何意见。此外，法国同行议会还被鼓励与媒体接触和讨论想法，并征求专家的意见。然而，英国同行议会被指示不要讨论该组织的运作，也不要征求外部的意见。

两种截然不同的公民协商方法的结果是显而易见的。法国公民大会提出了 149 种不同的应对气候变化的措施，无论是规模还是深度都远远超过英国的提议。大度点儿说，英国政府对公民大会的监督在技术上更加严格缜密，由该领域的专家提供意见，并有管理圆桌讨论的专业协调人参与其中，而法国的讨论过程更加开放，放手让民众讨论并就建议达成共识。

这两种非常不同的管理同行议会的方式，在同行治理方面各有优劣。在将更多的代理权让给同行议会并建立分布式同行治理，让它们成为治理的半正式延展方面，法国的做法更接近目标。然而，英国利用专家提供的技术投入和分享的专业知识取得了更为严谨的同行治理体验。将两者的优势属性结合起来，会使同行议会成为正式民主治理的横向延伸。

启动一场治理变革

政府预算、公共教育和警务是政府存在意义的一些核心内容。现在，在经历了两个世纪的代议制民主之后，世界各地的公民都感到倦怠，认为自己的利益、关切的问题和愿望正在被忽视，或者充其量只有部分被重视。政治上的疏离和对代议制民主的信心丧失此刻正在发生，我们这个物种面临着人类历史上最大的挑战——如何在一个再野化的星球上生存和繁荣。

在全球变暖和气候变化的背景下，治理的所有方面都需要服从更大的政治使命和治理任务。每个地方管理的辖区都需要准备和运作一项公共议程，以致力于深入保护管理当地生物区，确立多种方法来适应气候事件造成的破坏。在人类世，每个治理部门都需要在不断演变的韧性社会的大背景下被重新设想。

在这个尺度下重新思考治理需要整个国家的全体国民积极参与。无论是在代议制民主的名义下运作的传统集中治理，还是割裂和单独运作的分散的地方治理，都无法应对我们面前的巨大挑战。只有在街区和生物区、公民社会和代议制政府之间充当中介的分布式同行治理，才能确保承担起社区的所有重担，才能应对再野化的地球。

直到最近，气候紧急事件带来了公共援助的自发涌现，其中大部分来自民间社会组织——街区观察团体、名单服务、食品银行、社区卫生中心等。第一响应者成为眼前的每一个人，他们冲锋在前，帮助那些处于危险之中的人。最近，随着气候灾难强度和发生频率的增加，这些自发的公民行动已经开始制度化，社区协会创建了与地方政府一起合作的同行议会，一起从过去的灾难吸取经验教训，并讨论如何能更好地为将来的紧急情况做好准备。这些同行议会将在未来几年或几十年中继续发展，为辐射当地街区并跨越共同生物区的横向化治理提供后备力量。

适应一个再野化地球的这场斗争的输赢，将可能取决于每个街区和社区能否动员和部署韧性基础设施，为地球注入新的生命，也给了我们找到自己合适的生态位的第二次机会。我们人类可以再次优先排序治理，在生物区和各大洲延伸治理，而智能化的第三次工业革命零排放基础设施就是它的硬件和软件。反过来，同行议会治理带动整个社区，共同分担保护管理自己的公地的责任，赋能每个公民成为他们所居住的生物区的管家。如果没有分布式韧性基础设施，就不会有生物区域治理。而且，如果没有分布式同行治理，生态区就无法得到妥善保护管理。

我们人类已经证明自己是最具韧性的物种之一，能够承受和适应历史上的极端气候变化，从冰河时代到温暖的时期，反反复复。我们的基因构成没有改变，但我们的认知驱动力和世俗性随着时间的推移而演变，这使我们在理解并适应地球的各种力量方面比我们的远古祖先略胜一筹。

将治理落实到我们立足并与其他物种共存的地方，靠敏锐的观察和敏感的听觉来保护管理当地的生物区，这是让我们作为一个物种能够拥有未来的唯一方式，同时弥补我们对地球造成的伤害。这并不是说要人类简单地回归到茹毛饮血的觅食狩猎生活方式。它确实意味着我们应当做出有意识的选择，重新加入生命的家园，用复杂的适应性社会/生态系统思维，在更高水平上去适应我们的星球家园。这就是常说的韧性。只有那样，我们才能以全新的方式繁荣发展。

第一步是在物种范围承诺共同参与我们各自所在生物区的强有力的同行民主治理，共同的使命是培育和疗愈我们和其他生物共同居住的生态公地。这个过程始于释放与我们生物体联系在一起的最具决定性的属性——我们感受和体验对其他物种产生的一种深度共情依恋的能力。将共情延展到我们的同伴生物是一个新篇章的开始，它会带我们回到与我们的亲戚们共存的自然世界。

第十三章
亲生命意识的兴起

劳蕾塔·本德（Lauretta Bender）是纽约市贝尔维医院儿童精神病学病房的负责人。1941年，她开始意识到有些事情错得离谱。那时，她注意到病房里的孩子都非常叛逆。她在《美国精神病学杂志》上发表的一篇文章中分享了自己的感受，她这样写道：

> 这些孩子没有游戏规则，不能参加集体游戏，但会虐待其他孩子，依赖成年人，在被要求合作时会发脾气。他们多动且容易分心；他们完全搞不懂人际关系……迷失在一种既反对世界也反对自己的毁灭性幻想生活中。[1]

她想知道，这种反社会行为是不是由于被剥夺了父母关爱导致的？

安慰宝宝：足够好的育儿方式

当时的科学思想是，婴儿与生俱来的内在驱动力是自主，这与主张独立和自由是同一枚硬币的两面的世界观相符。世界各地的儿童病房和孤儿院的医疗实践强化了这样一种观念，即婴儿越早断奶、独立，适应能力就越好。考虑到这一点，婴儿是被喂食的，这样护理人员就不需要跟孩子有身体接触。他们认为也不能整天抱着婴儿，不然可能会有造成婴儿一辈子心理不成熟的风险。

心理学的先驱之一约翰·华生（John B. Watson）在20世纪20年代指出，溺爱婴儿破坏了他们自主和独立的内在动力。他对年轻母亲的建议是：

> 像对待年轻人一样对待（婴儿），给他们穿衣服，小心仔细地给他们洗澡。你的行为始终要客观、友好而坚定。永远不要拥抱和亲吻他们，永远不要让他们坐在你的大腿上。如果有必要，请在他们说晚安时亲吻一下他们的额头。早上与他们握手。如果他们在一项艰巨的任务中表现得非常出色，可以拍一拍他们的头作为赞扬。[2]

尽管婴儿们在贝尔维和其他地方都得到了很好的照顾，但他们还是陆陆续续地夭折，特别是在孤儿院，婴儿在两岁前的死亡率非常高。医生们无法解释，只能模棱两可地将其归咎于一个他们含糊地称为"住院治疗"的未知因素。[3] 当时，哈里·巴克温（Harry Bakwin）成为贝尔维医院儿科的负责人。他注意到，工作人员甚至设计了一个装有"进出口阀和护理人员套筒装置"的盒子，婴儿被放在盒子里，这样就几乎可以"不被人手接触到"。[4]

巴克温推断说，婴儿死亡的原因是被剥夺了被触摸和爱抚的权利。他们缺少的是温情。他在整个儿科病房贴满了标语，上面写着："如果不抱婴儿，就不要进入育婴房。"[5] 之后，婴儿的感染率和死亡率快速下降，他们得以茁壮成长。

直到20世纪50年代后期，这些从实践中得到的经验才上升为理论。当时英国的精神病学家约翰·鲍尔比（John Bowlby）发表了三篇期刊文章，其中描述了一种新的儿童发展理论，他称之为"依恋理论"。鲍尔比认为，婴儿的主要驱动不是寻求自我满足和自主，而是寻求情感和依恋。

鲍尔比很早就指出，一个婴儿"很快就学会了区分熟人和陌生人，但就算在这些熟人中，他也会有一个或几个最喜爱的人。这些人一出现，婴儿就会欢欣鼓舞；当他们离开时，婴儿的目光会追随他们的身影；他们不在时，婴儿会急切地寻找他们。失去他们会使婴儿焦虑和痛苦；婴儿的康复、解脱和安全感都和这些人有关。婴儿以后的情感生活似乎是建立在这个基础之上的——没有这个基础，他未来的幸福和健康就会出现问题"[6]。

但是有一个障碍。当一个婴儿在寻求与成年人对象的情感依恋时，他也对探索世界充满了兴趣——不过他知道总是可以回到照顾自己的人所提供的避风港。鲍尔比写道：

> 众所周知，儿童和其他幼小的动物充满好奇，这通常会导致他们远离自己所依恋的对象。在这个意义上，探索行为与依恋行为是对立的。在健康个体中，这两种行为通常交替出现。[7]

鲍尔比将这些联系起来，得出的结论是，父母要"恰到好处"才行。他们必须表现出：

> 一种能够理解孩子的依恋行为的直觉和同情，愿意满足孩子的依恋感。其次，父母能认识到孩子愤怒的原因之一是他对被爱、被关注的渴望遭到了挫败。孩子的这种焦虑通常反映出他不确定父母是否会继续留在他身边。一方面，父母应当尊重孩子对自己的依恋之情；与之相辅相成的另一个重要方面是，父母应当尊重

孩子的探索欲望，并帮助孩子逐渐扩展他与同龄人以及与其他成年人的关系。[8]

如果父母可以维持一种安全的依恋，同时允许孩子探索和独立，那么孩子将获得情感上的安全感来发展与他人的关系。如果父母太过宠溺或太多缺席，孩子长大后会失去自我意识，也无法与他人发展出成熟的情感关系。

更糟糕的是，如果父母拒绝孩子或者虐待他们，一个婴儿或蹒跚学步的孩子可能会在持续的焦虑状态中长大：他们会变得好斗，表现出神经质和恐惧症的倾向，甚至表现出精神病和反社会行为；或者当他们从青春期步入成年时，他们会尝试彻底的自主，切断自己所有的情感关联，变得冷漠无情。

同理心和依恋：我们成为人的原因

自鲍尔比发现依恋行为在儿童心理发展中所起的作用以来，认知科学家、心理学家和社会学家等深入研究了这种行为的生物学机制，特别是去理解共情冲动在我们的神经回路中的运作方式。他们发现，我们成为人的原因——也是使我们这个物种如此特别的原因——是我们与生俱来的能够与"他者"产生共情的生物驱动力。

例如，在托儿所里，当一个婴儿开始哭时，其他婴儿也会跟着哭，然而他们并不知道自己为什么哭。不管怎样，他们感受到了他人的痛苦，就好像这些痛苦发生在自己身上一样。虽然共情冲动存在于我们的神经回路中，但它是得到发展还是被抑制，取决于婴儿期所依附的养育者以及成长的环境，另外还取决于成长过程中，与兄弟姐妹、亲戚、老师等其他有依附关系的人的互动。

一个婴儿对养育者的依恋是新生儿生命戏剧中的第一幕。如果看护者不能共情婴儿的痛苦或感受婴儿的快乐，不能通过养育和积极帮助使婴儿成长为人类（即一个具有同理心的、社会化的人），那么婴儿的发育很可能会停滞并影响他们的一生。他们将无法作为一种社会动物与他的人类同胞或其他生物共同繁荣。

共情反应的成熟与儿童对死亡的意识日益增强密切相关。大多数孩子在5~7岁时开始完全理解死亡的概念。他们意识到，他们所爱和所关心的人某一天会离去，同样的命运也终将降临在自己身上。正是在发育的这个阶段，孩子开始在情感和认知上理解活着的最重要的方面——有时间性而且随时光一起流逝。正是这种认识使同理心得以蓬勃发展。

当我们体会他人的疼痛和痛苦，甚至快乐时——就好像我们体会自己的痛苦或快乐一样——从我们神经回路深处产生的共情冲动是对他人的脆弱性在情感和认知上的承认，以及对他人在仅有的一次生命中努力奋斗的认可。我们情感上的团结是对支持最深层次的表达，作为志同道合的人，我们存在的每时每刻都承担着死亡这一终极负担和祝福。我们的同情心是我们施以援手的方式，也就是说我们是同路人，在我们称为存在的难以描述的旅程中，我们彼此短暂相伴。

有趣的是，天堂、极乐世界或想象中的乌托邦里不会有同理心，因为那里没有死亡，没有痛苦，不用为繁荣和存在而斗争。在这些境界中，一切都是完美的，没有瑕疵，没有苦难，甚至没有片刻的欢乐和悲伤。不朽没有给同理心留空间。

鲍尔比了解对婴儿、幼儿和儿童的同理心驱动力给予"恰到好处"的照料和培育与可能对他们的一生带来的后果之间的关系。此后的许多研究都证实了鲍尔比的直觉。研究人员在《人格与社会心理学杂志》上发表了题为《依恋理论和对他人需求的反应》的文章，他们发现："激发人的依恋安全感会促进共情反应。"[9]该报告调查了多年来的研究，研究人员发现得不到良好养育和成长环境的孩子要么因害怕与他人的亲密关系得不到回报而表现出依恋回避，要么因害怕被拒绝或被遗弃而表现出依恋焦虑。在这两种情况下，孩子都会因为缺乏情感储备而不会对他人产生共情反应，因为他们自己正纠结于被拒绝或被遗弃的感觉中。

虽然鲍尔比主要关注的是在儿童早期阶段，母亲作为主要照顾者的作用，但之后聚焦于世界各地不同文化和不断变化的人口结构的研究表明，主要照顾者通常还包括父亲、哥哥、姐姐和血缘较近的亲戚。对原始社会的研究发现，在那时，养育后代并让他们适应周围自然环境通常是整个大家庭的共同责任。这些社会原则在今天看来仍然是培育后代的黄金标准。以色列的现代合作社提供了一个共同照顾婴幼儿和家庭的当代范例。

如果说成人对婴幼儿给予足够好的照顾，是为了让后代做好适应逆境的准备并让他们成为韧性时代的弄潮儿，那么一个令人不安的现实出现了。总部位于伦敦的萨顿信托教育慈善机构（Sutton Trust）和来自普林斯顿大学、哥伦比亚大学、伦敦经济学院和布里斯托大学的一组研究人员进行了一项研究，该研究聚焦于美国婴幼儿对父母的依恋行为，其结果并不令人乐观。他们发现，依恋情感得不到满足的孩子最容易出现行为异常、识字率低和过早辍学等问题。他们还发现，在没有强烈依恋父母的情况下长大的孩子，成年后更有可能变得好斗、爱挑衅和容易冲动。[10]

在贫困的环境中长大与孩子的不良行为之间也存在很强的相关性，因为他们看到父母每天都生活在绝望和痛苦中，整天为家人是否有食物可吃或有地方可住而忧心忡忡。在这种情况下，很难想象父母会有足够的情感储备来稳定地养育他们的孩子。匹兹堡大学的心理学教授苏珊·坎贝尔（Susan Campbell）总结了贫困在父母养育孩子时对孩子的依恋情感所造成的影响。她说："当照顾者因自身的困难而不知所措时，婴儿很可能会感觉这个世界并不安全——这会导致他们变得贪婪、沮丧、孤僻或邋遢。"[11]

研究人员在一项针对 2001 年出生的 14000 名儿童的抽样调查中发现，60% 的美国儿童"对父母产生了强烈的依恋"。但实在令人不安的是，在接受调查的所有儿童中，有 40% 是在对父母的依恋感得不到满足的情况下长大的，这将给他们带来伴随一生的心理后果。[12]

玛丽·爱因斯沃斯（Mary Ainsworth）是鲍尔比的同事，她采纳了鲍尔比的观点，并用严谨的科学方法来研究个人和家庭成员一生的行为。他们的研究大部分集中在婴儿期和幼儿期，依恋感是否能得到满足在这两个时期最为关键。其他学科的研究人员也开始探索依恋关系在人生不同阶段所扮演的角色。配偶、密友、老师、导师、治疗师、雇主和其他人经常扮演依恋对象的角色，这些角色会加强或修改早期的依恋模式，从而影响一个人的安全依恋感和同理心的形成。

然而，共情冲动不仅与育儿实践和人生中一系列可依恋的对象有关，也随着历史的发展而演变，并与社会的演变和文明的兴衰密切相关——这是社会科学家很少探索的领域。

当新的基础设施在社会中建立和部署时，同理心就会发展和壮大。每个文明的基础设施建设都带来了独特的经济范式、新的社会秩序、新的治理形式和生态印迹，以及与之相伴的、人民愿意为之努力的世界观。在每一种情况下，新的基础设施都能促进形成更广泛的移情纽带，这种纽带可以通过真情将不同人群的生活、工作连接起来。在血缘上无关的人群开始将自己定义为一个社会有机体，社会成了一个虚构的家庭，其中的成员就像亲人一样彼此共情。

回想一下，我们靠采集和狩猎为生的祖先生活在人口只有 20~100 人的小型孤立群体中，他们偶尔会与稍大的亲属群体发生互动。他们的信仰和仪式里基本上没有上帝。他们大多崇敬冥界的祖先，他们的世界观充满了"万物有灵论"的意识。他们的依恋情结和共情冲动很强烈，但仅限于与他们有关的一小群血亲和规模稍大一点的亲属群体。

大约一万年前，人类进入农业社会，定居生活使人们对当地的山神、土地神、河流湖泊中的各种神灵产生了牢固的依恋感。这些神明的恩泽或愤怒一直牵动着人们的心。这种同理心的作用范围一般局限在山谷中的小型农业社区或沿海的渔业社区。

公元前 4000—公元前 1700 年，在中东的底格里斯河和幼发拉底河流域、埃及的尼罗河流域、今天印度境内的印度河流域，以及中国的黄河和长江流域出现了大规模的水利农业文明，人类共情作用的延伸随之出现了一次飞跃。各个地方都为设计、部署和运营大型水利基础设施投入了大量人口，目的就是维持大规模的农业生产。

人类发明和利用水力技术来控制季节性洪水（截水和储水），并在种植季节调配水量。这些技术不仅为当时创造了足够的食物，大量盈余的粮食还能储存起来作为将来扩种之用。这些水利工程是人类的壮举，它们由运河、堤坝、灌溉系统、皇家粮仓和皇家交通运输系统组成。大量契约劳动力维持这些设施的运转，并由熟练技术人员组成的中央官僚机构进行监督。

在基督诞生之前的几个世纪里，犹太教、佛教、印度教、基督教和道教等轴心宗教逐渐成熟，后来又出现了基督教和伊斯兰教，每一种宗教都成为人们新的依恋对象。这标志着人类主流的宗教意识从"万物有灵论"转变到"神学意识"。这些伟大的轴心宗教成功地将数十万无关的个体转变为一个新的、拥有共同神学依恋人物的群体。他们认为自己是这个虚拟大家庭的一部分，对这个大家庭负有忠诚的责任，他们共情大家庭的所有成员。

想象一下，数以万计的人生活在偏远的村庄，他们拾起自己微薄的家产，长途跋涉数百英里来到首都罗马，定居在城中或郊区，这会是什么样的景象啊！在一个拥有数百万人口的城市中，许多居民最近才离开祖祖辈辈生活的土地和当地的神灵，他们都是背井离乡的游子，在耶稣基督身上和基督教中找到了新的依恋对象。公元 313 年，君士坦丁大帝颁布法令，宣布基督教成为罗马帝国的官方宗教。

对于公元1世纪的早期基督徒来说，基督有着父亲的形象。他在天堂把子民视为家人，为每一位真正的信徒施予恩泽和爱。基督徒互相打招呼时会亲吻对方的脸颊，称对方为兄弟姐妹，因为他们共有一位慈爱的父亲，就是耶稣基督。人们的共情范围扩大并包括了这个最新的虚构家庭。

如果说以采集－狩猎社会为特征的旧石器时代产生了"万物有灵论"意识，伟大的水利农业帝国的兴起迎来了神学意识，那么工业革命的出现则催生了意识形态。新时代的人们相信，科学、技术、工业革命和资本主义经济将带来唯物主义的乌托邦并在地球上复制一个天堂。这些唯物主义乌托邦将依附于各种意识形态，被插上代议制民主、社会主义、法西斯主义和共产主义等不同的旗帜。

但意识形态也需要一种能够将大量人群捆绑在一起、形成一个社会有机体的理由。如前文所述，18世纪后期，欧洲和美国开始部署以化石燃料为基础的工业基础设施，同时，市场从区域化向国家化转变，这些因素催生了民族国家治理。然而，总的来说，这些国家不是由一个单一的民族构成，而是拥有自己的语言、方言、文化遗产、神话传说和依恋形象的民族、种族的大杂烩。有鉴于此，新兴的民族国家开始了大规模的社会思想灌输计划，目的是将许多不同种族的人的身份转变为公民，把他们变成意识形态和国家的捍卫者。

如第四章所述，每个国家都有自己的本土语言。随后，国家建立了公共学校系统（学校课程是为了美化国家），此外还设立了纪念历史事件的假期——其中一些是虚构的故事——目的是在人们之间建立一种共同的、兄弟般的纽带。没过几代人，意大利文化、德国文化、西班牙文化、法国文化等就被创造出来了，其中国家是主要的依附对象。以"祖国·母亲"或"祖国·父亲"的名义，群众在爱国仪式里接受熏陶，被要求效忠于国家。

通过这些方式培育出来的是一代又一代的公民，每个人都像对待父母一样依附于他们的国家。每个公民都将彼此视为大家庭的一分子，他们彼此共情，愿意为同胞而战，甚至不惜牺牲性命。在接下来的两个世纪里，烽烟四起，鲜血淋漓，数百万人在欧洲丧生，原因是人们为了保护他们虚构的大家庭并表明自己对祖国——他们最重要的依恋对象——的忠诚。

布鲁内尔大学哲学教授内利·弗伦齐（Nelli Ferenczi）和麦克马斯特大学哲学教授塔拉·马歇尔（Tara Marshall）是最早研究人群对国家产生依恋的一批研究人员之一。他们的研究题目是《试论对"故乡"的依恋及其与遗产文化认同的关系》。他们的发现与半个世纪前鲍尔比和爱因斯沃斯的著作所提出的观点类似。研究人员招募了 232 名年龄为 16~65 岁的受试者，其中 126 名女性，105 名男性，还有 1 名未指明性别。35% 的参与者报告说他们生活的国家与他们的出生国不同，65% 的参与者报告说他们生活在自己出生的国家。[13] 弗伦齐和马歇尔发现，成年人对国家的依恋与婴幼儿对主要照顾者的依恋有着相似的心理轨迹。

研究中的受试者分为三种类型。那些成功融入社会的人，无论他们是在原籍国还是在移居的国家，都认同所在地的理念并觉得自己受到了保护和照顾。他们认为自己是一个虚构的大家庭的一部分，拥有共同的身份并展示了所有依恋的标签。其他人则觉得他们的依恋对象——国家——要么不在他们的生活中，要么排斥他们。他们表现出经典的鲍尔比-爱因斯沃斯反应，要么感到恐惧和焦虑，要么感到被拒绝和被抛弃，孤立无援。在研究中，这类人的典型回答是"我担心被我的国家抛弃"或"对我来说，与我的国家无关的感觉非常重要"。[14]

万物有灵意识、神学意识和意识形态代表着宏大的理念框架——这是历史分水岭——我们人类通过这些框架来理解自身的存在，包括出生、生命、死亡、来世、我们的精神和动机，还有我们的义务和关系。以上每一个都代表着人类如何组织经济生活、政治和与自然世界的关系的一种新的方法。

历史学家和人类学家被伟大的技术基础设施折服。这些基础设施将大量人群聚集在一起——超越了简单的血缘关系——在不同角色和承担不同责任的人组成的复杂关系中，获取地球上丰富的自然财富。鲜为人知的是，伟大的基础设施革命将我们带入了水利文明、原始农业工业革命和完全成熟的工业革命，将我们人类的共情范围从血缘关系扩展到了宗教信仰，再扩展到意识形态。不幸的是，新的基础设施和与之相伴的共情依恋也设置了新的界限，将真正的信徒与其他人——异教徒和无政府主义者——分开，这往往带来可怕的后果：战争、浴血，以及新的歧视。

尽管如此，确实，这些共情的扩展中的每一个都在促进我们人类共情能力的进化，例如更大的宗教宽容、消除奴隶制和奴役、禁止酷刑、将种族灭绝定为犯罪、推进民主治理和人权，以及最近对性别平等和不同性取向的认可。这些突破之所以成为可能，是因为新的综合性基础设施使人类彼此更加接近，使我们的物种在时间和空间上的相互联系日益增强，与之相伴的共情依恋将更多不同的人群作为扩大的"虚构"家庭的成员联系在一起。

这并不是说倒退到更早的时代会对我们人类更好。每一次新的基础设施革命都是进步，它营造了一种更具包容性的大家庭的氛围，用同理心将更多的人聚集在一起，同时对衰落的集团——无论是部落、宗教，还是现在的意识形态——构成威胁。这些历史的残留并没有完全消失，它们会继续存在，哪怕在一个不断缩小的时间平面上。如果说有什么吸引人的地方，那就是对过去文化的依恋，虽然看似退隐于历史，但其实仍然存在，它们不甘于沉寂，随时准备奋起抗争。

虽然我们人类的依恋形象和共情本性在突破和飞跃中进化，有时甚至会一起崩溃，使我们这个物种进入更长的黑暗时期，但我们神经回路的基本设置能使共情精神保持活力，并且毫无疑问，它现在正将人类带入共情进化的下一个阶段——希望这一次能够及时拯救我们人类和其他生物。

年青一代开始摆脱神学和意识形态的束缚，步入一个更具包容性的新的生物大家庭。亲生命意识刚刚开始出现，并且很可能成为韧性时代的决定性理念，因为我们这个物种开始共情其他生物了。

重新融入自然

首先是设定。亲生命意识——共情拥抱与我们同处一个星球的所有生命——不再仅仅是一个建议或愿望。如果没有同理心的这下一次延伸——这次是与我们寄居同一个地球的"真正的"大家庭——可以肯定的是，气候变化将把它们和我们一起带入地球曲折的结局。只有充满同理心，并且深切地认同我们需要与所有生物一起为繁荣而努力奋斗，才有机会确保我们的未来。

亲生命的概念并不是孤立的。它是一个整体的一部分。新的韧性数字基础设施和其固有的互联性为人类提供了所需的分布式覆盖的条件，可以促进跨生物区和跨生态系统更加细致的适应性治理。从政府管理到生物区域治理的扩展，使人们与上下19公里的生物圈（人类和其他生物生活于此）建立了更密切的联系。这一点很重要，因为共情的力量部分在于亲密的体验。生物区域治理，加上对当地生态系统更亲密的同行治理，让我们人类以一种具体的方式与其他生物直接接触，让同理心的力量得以蓬勃发展。

也许有人认为人们与其所生活的生态系统之间有更密切的关系是不可能的，甚至是浪漫的呓语，但其实这种亲密关系已经在各个地方都被强加于全人类了。毁灭性的气候灾难和正在再野化的地球影响了人们的日常生活，即使不是密切的，毫无疑问对个人的影响也是显而易见的，并且正在迅速影响我们所做的一切（我们的工作方式、娱乐、生活，以及我们对未来的想象）。那么，我们如何让我们的子孙在一个再野化的地球上具备适应性和韧性呢？

2019 年，欧洲心理学领域的研究人员发表了一份详细的元报告，是关于童年依恋与适应性和韧性之间的关系实验研究。他们发现，一个孩子在成长过程中是否能成功适应一个混乱和突发事件频发的世界并具备韧性，在很大程度上取决于他的父母或家庭看护人对他在婴儿期和童年时期的养育。研究人员在"许多文献中发现了一致的观点，表明韧性基于两个核心概念：逆境和积极适应"，并得出结论："安全依恋可能是积极适应的先决条件。"[15]

将我们对气候变化造成的生存威胁的恐惧转变为积极适应，是我们通向未来的大门。把同理心（即亲生命的联系）延伸到其他生物身上是激活韧性时代的唯一的也是最强大的力量。所有这些都让我们找回依恋的感情，在这个例子中是"对地方的依恋"。

尽管依恋理论已经在一系列社会学领域中得到研究，包括宗教和意识形态隶属，但人们对"地域依恋"的关注却较少，尽管地域对人来说是超越父母照顾的、进行探索和依恋的第一个维度——婴儿的早期依恋感来自他周围的环境。婴儿和蹒跚学步的孩子通过探索世界的物质性、存在和"延续"，创造了他们与环境的具体关系。

对孩子的发展和归属感而言，没有什么比对大自然的依恋更重要的了。无论是地上爬的、天上飞的、水里游的……幼儿对每一种生物都充满了迷恋，这就是证明。究竟是鼓励孩子去探索他周围的自然环境，还是把孩子看得紧紧的，警告他外面有太多危险，这一选择将会影响孩子一生的地域依恋感，甚至导致他缺乏这种依恋感。此外，在日益城市化的文化中，人们主要生活在室内，而近些年，人们主要生活在虚拟世界中，因此，自然环境可能被认为是陌生和危险的，甚至更糟的是，人们可能对大自然完全失去了兴趣。《林间最后的小孩》

的作者理查德·洛夫（Richard Louv）讲述了他与一个四年级学生的一次谈话，这个四年级的学生表达了当今许多年轻人的感受。当被问及为什么不去户外玩时，他回答说："我喜欢在室内玩，因为那里有电源插座。"

我们一般会认为人对地域的依恋是理所当然的，那可能是因为我们习惯于用它来定义自己在时间和空间中的存在，以至于忘记了它是如何塑造我们在这个世界上的存在的。甚至人类语言的发展也依赖我们最早对周围环境的探索。我们注意到和体验到的活动以及事物间的相互关系，为我们提供了丰富的空间和时间隐喻，我们通过这些隐喻构建语言、理解关系并创建自己的身份。

不论是蹒跚学步的孩子还是已经长大的少年，如果缺少对外部环境和生活的点点滴滴的经验，他对地域的体验就会显著减少，使得他对所处的大环境的依恋度降低，而这个大环境是他在将来的生活中不得不面对的。不幸的是，在工业时代急匆匆的城市化进程中，很少有人注意到我们与环境之间的联系逐渐丧失，而这种联系对于人们建立与自然世界的依恋是至关重要的。从婴幼儿时上托儿所开始，到后来上学，孩子几乎没有机会去体验自然世界。即使是学校课间休息，允许孩子们在户外进行自由活动的时间也大大减少甚至完全没有了，取而代之的是虚拟的世界，孩子们只是被动地观看，只是在屏幕上操纵像素。

对地域的依恋，就像对父母的依恋一样，依恋感是否得到满足取决于接触的环境类型和得到的体验。如果对自然的体验是安全的，即稳定、诱人、可靠和令人欣慰的，那么产生的积极的依恋感通常会伴随孩子一生。研究表明，人们对地域的依恋与对父母的依恋、对宗教的依恋和对国家的依恋大致相似。如果一个人的经历被认为是苛刻、冷漠或不存在的，那么孩子的行为可能会从焦虑转向回避。然而，如果一个人的接触和经历是培育和生成式的，那么对地方的依恋就会成为他在这个世界上身份的一个有意义的部分。

对自然环境的安全依恋并不总是等同于适应环境的需求或管理环境再生的能力。例如，在经历反复发生的气候灾难后，对自然环境有强烈依恋的人往往不愿听到科学家的论点，即全球变暖在他们的地区只会导致更加危险的气候灾难。他们也不想听到更好的出路，比如让居民搬迁并让这些地区在适当的环境管理下重新回归原生态。相反，他们抵制这些建议并继续在同一个地方以同样的方式不断地重复建设，因为这是他们熟悉的办法。它确实反映了对地域的深深依恋给人们带来的安全感，但它也可能对人们未来的福祉和所处的生态系统有害。

这种无法放下对地方和环境的依恋的做法往往表现为，哪怕自然环境已经遭到严重破坏，不能再提供谋生的机会，或者，哪怕工作的性质对自然环境具有破坏性，例如露天开采煤矿、砍伐森林等，人们也不愿学习新技能或不愿意到其他地方找工作。

其他情况甚至更复杂。同样对环境有安全的、密切的依恋，甚至可以说热爱自然的人，有可能会为是否应该将风力涡轮机安置在海上，或者是否应该在居住地附近建立自用规模的太阳能发电场等问题发生争执。反对者表达的担忧是，这些装置会破坏该地区的自然美景并损害环境。支持者则认为，从化石燃料向可再生能源的转变是阻止全球变暖、缓和气候变化并重建更具韧性的生态系统的唯一途径。在这些情况下，双方都表现出对自然环境的安全依恋，只不过在如何才能最好地保护自然环境上存在分歧，毕竟他们还是能找到许多共同点的。[16]

许多关于地域依恋的研究发现，联合承诺保护管理环境通常会激发公民的积极性和参与度，因为邻居们团结起来，要为他们的家庭和后代寻找一个大家都可以接受和满意的适应性方法，以实现一个富有韧性的未来。这预示着延伸了的分布式同行政治和公民议会与传统治理方法并行来共同管理当地生物区是一个不错的开端。

一个人对地域，特别是自然环境的安全依恋，不仅为他提供了一个安全的避风港和一个可以放置自我的生活世界，而且事实证明，它还发挥着另外两个同样至关重要的功能。对自然环境的安全依恋是实现个人幸福的方式，也是在共情作用延伸到包括自然在内的发展进程中显而易见的前进途径。

重新思考幸福

杰里米·边沁（Jeremy Bentham）关于幸福由什么构成的观点，在工业时代的大部分时间里基本上没有受到质疑。边沁是 19 世纪的哲学家，以其功利主义理论而闻名。他认为所有人类行为都是由体验快乐和避免痛苦的愿望驱动的。他认为，我们每个人在本质上都是享乐主义者和功利主义者，一生都在追求满足我们永无止境的欲望。广告界对边沁的理论断章取义，并利用它吸引一代又一代人来消费无穷无尽的新产品和服务，而这实质上是在消费地球上的宝贵资源。早在 20 世纪 50 年代，经济学家维克托·勒博（Victor Lebow）就曾在《零售月刊》上发表过赞美消费文化的文章，他说：

> 我们那生产力极高的经济，要求我们将消费作为一种生活方式，我们把购买和使用商品变成一种仪式，在消费中寻求精神满足并找到自我。我们需要以越来越快的速度消耗、燃烧、磨损、更换和丢弃物品。[17]

虽然没有人会说贫困使人们快乐，但在天平的另一端，过度的消费难道就是一件好事吗？

就在消费文化达到巅峰，即将把所有人推入万劫不复的债务深渊之际，出现了一些关于消费主义和不快乐具有一对一相关性的研究。心理学家、社会学家和人类学家对此进行了研究并做了计算，得出的结论几乎一致：消费主义就像毒品一样让人上瘾，消费行为越多就越痛苦。这就好比，我们拥有的越多，就越被财富羁绊。

可以想见，我们越是被自己的财产包围，就越是被困在人造物的世界中，越是与自然世界隔阂。近年来，科学家已经得出结论，接触大自然不仅是一种审美体验或休闲活动，而且有着更重要的作用，这一现实更令人沮丧。我们的身体功能，包括每个细胞的运作，以及我们的认知功能，都遵循自然界的节奏和律动。这种认识将我们带回了亲生命的状态：我们生命的力量之源对大自然的恩惠和危险都保持着警惕——体现为我们的亲生命本能和对某些生物的恐惧。

生活在城市中，我们常常意识不到自己的情绪、行为和身体机能会受到周围环境的影响，尤其是我们的身心健康。例如，对比一下在森林中散步与在城市环境中散步。在森林中散步可以使衡量压力的唾液皮质醇降低 13.4%，散步后降低 15.8%；心率降低 3.9%，散步后降低 6%，同时降低收缩压。副交感神经活动——放松的感觉——在散步后增加 102%，交感神经活动——压力的感觉——减少 19.4%。我们身体发生的这些变化，只是简单地在森林中散步的结果。[18]

自然与健康的联系成为 20 世纪 80 年代日本全国性辩论的话题之一。那时候，工作人群正因充满压力和高度压缩的城市生活而感到倦怠，这些感觉与无休止的工作有关。日本赢得了第一个 "24/7 社会" 的 "头衔"。虽然日本公众的享乐欲望得到了满足，但他们的返璞归真的需求却没有得到满足。大约在那个时候，一种名为 shinrin-yoku 的新文化现象开始在日本流行，这个词可翻译为 "树浴"，即在树林中散步，是一种恢复身体健康的疗养性运动。效果立竿见影，人们感觉自己焕然一新。科学家用 "健康修复" 这个新术语来描述这种体验。

为了确保这不仅仅是受试者的主观感觉，研究人员为在森林中悠闲地步行了3~6公里的受试者进行了血糖水平测试，发现受试者的血糖水平下降了39.7%。相比之下，在跑步机上跑步或游泳的人的血糖水平仅降低了21.2%。[19] 显然，环境起到了一定的作用。生态学家会争辩说，之所以不同是因为亲生物的联系。

几年前《环境与资源年度评论》上发表了一份题为《人类与自然：了解和体验大自然如何影响幸福感》的评估报告，内容涵盖了对幸福程度进行的10个类别的研究，目的是了解人的幸福感与其在大自然中生活的经验之间的关系。研究人员报告说："综合各种证据，最终表明了解和体验大自然通常会使我们更快乐、更健康。"[20] 研究人员从10个维度深入研究了大自然对人类幸福感产生的影响，发现它们之间是密切相关的。研究结果表明，人如果经常沉浸在大自然中，可以改善身体健康、减轻压力、增强自律性、恢复心理健康、培养灵性、增强注意力、提高学习能力、激发想象力、加深个人认同感并激发更强的归属感。[21]

人文主义心理学家埃里希·弗洛姆（Erich Fromm）创造了"亲生命"一词，用来描述被所有活着的现象所吸引的感觉。但其实是E. O. 威尔逊让人们明白，这种情感是深深植根于人类的生物组织中的。他指出，亲生命是一种与生俱来的特征，深深地融入我们的基因：它是一种原始的感觉，即我们是生命大家庭的一员，不论是个人的幸福还是集体的荣耀，在某种程度上都取决于我们与其他一切生命的深厚关系。我们共同的纽带是我们与所有生物共享的、要充分体现自己存在的驱动力。

这并不意味着它会减少我们对现实生活中的黑暗和不幸的感知。虽然我们在生物学上会感受到与其他生命的亲缘关系，但同时被写入我们基因的也包括对某些物种的恐惧，这些物种的繁荣发展可能会威胁我们自身。像其他哺乳动物一样，我们大多数人在蛇、蜘蛛和某些生物面前也会瑟瑟发抖。我们的基因里包含对它们可能给我们造成伤害的独特记忆。因此，虽然我们的生理和认知存在是亲生命驱动的，但也是谨慎的、对生物怀有恐惧心理的。从出生到死亡，亲生命和生物恐惧症都伴随着我们。

简而言之，威尔逊将亲生命定义为"关注生命和类生命过程的先天倾向"[22]。对威尔逊来说，亲生命的联系从物种的角度部分地改写了人类的故事。英国哲学家赫伯特·斯宾塞（Herbert Spencer）首次提出了"适者生存"的概念，这个词后来被达尔文采用并于1869年在《物种起源》第5版中出现，这让达尔文的论文或多或少有点蒙羞。这句话表明，自然之道是一场强者与弱者之间的斗争——它被用来强调"自然界的本质是弱肉强食"这一论点的正确性。应该指出的是，达尔文从未想过让这种含义成为主流。

威尔逊将生命进化的含义提升到了一个更高的境界，它表明我们这个物种的先天驱动力，就像其他所有物种一样，是繁荣而不是统治，亲生命正反映了我们与生俱来的共情其他生命、共情自然世界的倾向。他的一句话就使我们人类摆脱了企图掌控大自然的妄念，让我们找回了天生的与自然沟通的本能，这样我们人类才能蓬勃发展。

大自然的教室

培育亲生命意识要从孩子很小的时候就开始。意大利研究人员朱塞佩·巴尔别罗（Giuseppe Barbiero）和基娅拉·马尔科纳托（Chiara Marconato）认为，让儿童接触大自然应该遵循与实现有效的社会依恋相同的参与原则。由于亲生命意识是一种与大自然的情感联系，父母、哥哥姐姐或老师需要给孩子提供一个安全的地方，让他们在短时间内四处游荡并体验自然，而且让他们知道随时可以跑回看护人的身边。在进行更长时间的进一步探索并安全返回后，孩子会扩大认知的安全范围，拓宽家的感觉，这种感觉把自然环境本身也包括在内了。

关注时间/空间的动态变化有助于孩子拓展关系，超越与主要照顾者的关系，而扩展到其他丰富多样的生命的关系。这是一种让孩子走出"社会化"而做到"自然化"的方法，它消除了现代文明建立在人类与其他生物之间的人为隔膜。以这种方式，亲生命的关联成为人类意识最彻底的一次转变，基本上消除了最后剩下的那点儿"他者"认知。也就是说，我们感觉所有同伴生命——这个进化的大家庭——就像我们生活中的亲人，而大自然就是我们扩展的家园。[23]

这也不是一厢情愿的想法。一种新的教育现象正在全球悄然兴起——在媒体和公众当中基本上没有引起注意——正在将人们的世界观从社会化转变为自然化。它有不同的名称，例如森林学校、环境学校、灌木幼儿园、自然避风港等，正在德国、意大利、丹麦、瑞典、英国、美国、加拿大、澳大利亚、新西兰、中国和日本出现。它正在引导下一代儿童和青少年走上亲生命意识的道路，将来有望能够调和人类与其他生物的关系。

可能有怀疑者认为，这些自然学校只是边缘实验，但其实德国已经有2000多所森林学校。到2020年，美国将有近600个以自然教育为基础的学前班。[24]

老师会带领由4~6岁的儿童组成的小团体走入大自然，孩子们会由专门接受过亲生命教育学培训的老师指导。与在教室相比，老师和孩子们更像是一群平等的人。这个室外教室全年开放，无论风雨、温暖或严寒，这群人每天都会来学习。通常，这种课堂唯一可利用的是一间存放供给的小棚屋；这里没有厕所，孩子们要学会如何短暂离开老师去方便，但不能走得太远，要保持在老师的视线范围内。有了不超出成人看护范围的规则，孩子们被放到大自然中探索这个开放教室，自由地感受动植物，与自然环境互动，讲述他们的经历，提出问题并分享想法。

如果说2020年新冠肺炎疫情大流行和世界各地学校、学前班关闭带来了什么好消息，那就是人们对森林学校或自然学校的兴趣突然提高了。教育工作者和家长同时注意到了一种可以解除在线远程学习和接触病毒风险的两全其美的方法。由于学龄前和K-12学生无法与朋友进行任何面对面的社交活动，并且孩子在无休止的隔离期间脾气变得越来越暴躁，于是家长开始将森林学校视为一种务实的替代方案。儿科职业治疗师安杰拉·汉斯科姆（Angela Hanscom）和她的同事指出："越来越多的人转向户外活动，以应对新冠肺炎疫情带来的挑战。"她引用了最明显的事实说道："在户外更安全，因为在病毒户外的传播率要低得多。"她还补充说："孩子生来就不习惯在一天的大部分时间里（在屏幕前）坐着一动不动。这是基本的神经科学知识。他们需要活动。"[25]

加利福尼亚州伯克利市的特拉奇·莫伦（Traci Moren）是两个孩子（一个5岁，一个10岁）的母亲，她说："森林学校改变了游戏规则……如果没有森林学校，我觉得我们家都过不下去了……现在孩子们得到了享受，在大自然中平静下来了。当他们四处走动时，自然就学会了一些东西……他们回家时很开心。"伯克利森林学校的创始人利亚娜·查瓦林（Liana Chavarín）在风景秀丽的塞萨尔·查韦斯公园俯瞰旧金山湾，她说自然教育的好处在于"有助于培养适应能力……孩子们觉得这片土地是他们自己的"。[26]

森林学校的老师说，把大自然作为一种课堂学习体验，向孩子们介绍自然界中复杂的关系，尤其是在那种每时每刻都充满活力、充满新奇体验的系统中一直演变和适应的互动关系。奥克兰早期生态幼儿园的创始人乔安娜·费拉罗（Joanna Ferraro）的业务与旧金山东湾的各个公园都有联系。她介绍道："大自然是你的老师。你本来可能有一个计划，但这时一群瓢虫开始在空中飞舞，突然间这就变成了你的新课程。"或者，如果孩子们的兴趣被激起，我们可能就会改变课程内容，"只要我们愿意，就可以停下来观察蜘蛛"。[27]

把自然环境作为课堂的体验，与独自坐在电脑屏幕前沉浸于虚拟世界的体验是完全不同的。查瓦林说，大自然的教室里充满生命互动的故事，每时每刻都以新的方式展现，那是经验的宝库，每一个故事都值得探究。她指出："孩子们在大自然中偶然发现的任何东西都可以成为学习的引子。一只死鸟可以引发关于生命轮回的讨论；雾霭亲吻一个人的脸可以变成关于水循环的一课；泥泞的溪流可以成为黏土艺术项目的源泉，我们在小溪里收集泥浆来制作黏土……然后学习如何烧制陶器。"[28]

亲生命本能在幼儿和学龄前儿童中最为强烈，并随着孩子进入传统教育体系而逐渐减弱。在澳大利亚，新南威尔士大学教育学院的托尼·拉夫兰德（Tony Loughland）及其同事进行了一项关于"影响年轻人环境观念的因素"的研究。共有70所学校的2249名9~17岁的学生参与实验，他们被问到"'环境'这个词意味着什么"。研究人员将学生的答案概括为两种，比较局限的认识是把环境看作某种对象，而更综合些的认识是考虑到了人与环境存在某种关系。[29]

其中最有趣的发现是，年幼的学生可能更关注事物之间的关系，而年龄较大的学生则倾向于把环境视为一个对象。这表明孩子天生就具有亲生命意识，这与他的基因构成相关，但是经过传统的教育，他被灌输了如何思考和对待环境，那只会熄灭而不是培养这种亲生命意识。幼儿和儿童本能地会与其他动物建立联系，与它们交谈，并在情感上将它们视为大家庭中的成员……再一次，其他动物被融入我们的生物体。

研究表明，6岁以下孩子的梦境，超过80%是与动物有关的。[30]其他研究表明，幼儿对动物非常好奇，并主动表达他们的好奇心，尤其是对小动物。[31] 甚至在两岁以下的儿童身上也能观察到亲生命的意识。[32]

那么，让孩子们放弃上课而去接触大自然，是否会使这些孩子落后于同龄人呢？过去 4 年进行的研究得到的证据表明，结果恰恰相反。他们的口头表达能力、注意力持续时间、专注力、批判性思维能力和情感成熟度都普遍超过同龄人。

为什么要花这么多笔墨让大家知道，幼儿如何将大自然视为他们的最初家园，以及大自然是人天生依附的养育场所呢？因为孩子们的学校经历越来越多地让他们觉得，自然仅仅是一种可以征用和用来满足他们享乐主义消费冲动的资源，而这就消除或至少是抑制了本能的亲生命情感。让我们再回到描述自由的两种不同方式。非常年幼的孩子在描述他们在大自然中的经历时，反复描述他们的自由感觉，而这种自由总是以一种包容的形式表达，即对生命世界大家庭的亲密归属感。随着他们的成长，他们的学校教育越来越集中于客观地描述世界，同时培养学生将自由视为一种自主的能动性和一个自给自足的、自我的岛屿……也就是说，是一种排他性的自由。作为自治和排他的自由理念非常适合"进步时代"，其基本命题是，每个人都拥有不可剥夺的、上帝赋予的生命、自由和财产权，而财产就是幸福的代名词。这种说法已经走到了尽头，现在这种观念在一个再野化的地球上是致命的。在这个地球上，适应能力，而不是进步，才是与我们的自然社区重新建立联系的唯一正道。

为了重置人类的故事以适应韧性时代，我们需要重新思考教育孩子的方法——让嵌在孩子基因中的自然亲生命冲动在幼儿园就得到表达和蓬勃发展，并让它在整个学校教育阶段以及后来的职业生涯中继续成熟。让人感到欣慰的是，美国越来越多的 K-12 公立学校系统已经将环境课程正式化，这些课程的重点是可持续发展，目的是向学生介绍自然世界，并在教学过程中调整学生的亲生命意识敏感性。到

2016 年，美国 12 个最大的学区中有 8 个（包括在 5726 所学校就读的 360 万儿童）已将生态科学纳入课程。学生们学习气候变化并参与实践工作——通常作为他们学习要求的一部分——追踪野生动物、监测降雨变化、调查干旱和土壤状况、清理河流垃圾、测量碳足迹，以及振兴当地生态系统。[33]

斯坦福大学的研究人员对 20 年来在 K-12 课程中引入环境知识学习的影响进行了研究。他们调查了 100 多项类似的研究后发现，学生除了在课堂上学到环境知识、在社区中参与实践环境研究和管理，还获得了积极的影响，例如"增强了批判性思维能力，个人更加成熟，生活技能得到提高"，此外"信心和领导力也得到了增强"。[34] 研究还表明，课堂和社区的环境教育提高了学生的公民参与感，学生爱护环境的行为增加了。[35]

环境课程不会在 K-12 之后停止。美国的数百所大学开设了环境课程，通常跨学科教授，向学生介绍复杂的适应性社会/生态系统方法，并用它来研究和理解自然世界。

这是重点。若放在 50 年前，生态学研究充其量只是标准生物学课程中的一个微不足道的附加内容，也许一堂课就讲完了。今天，在美国和其他国家，生物学和其他学科的相关课程被越来越多地从生态学的角度去重新设计和讲授。

学校系统和大学正在加速教育学范式的转变，这将使年青一代把自己当作大自然中的一个物种来思考和行动——这是一种与他们的工作、生活紧密相伴的新身份。未来围绕生物圈管理和公民生活的事务会越来越多地需要他们参与同行议会的服务，并帮助治理当地的生物区。这种教育范式的转变将让他们为此做好准备。

一个新的科学分支正在开花。它被称为"公民科学"。全世界的民主国家有数以百万计的人自愿在 50 多万个地方团体中担任公民科学家。他们正在做的包括观察野生动物、调查生物多样性、测量空气污染和碳足迹、检查地下水位、恢复当地流域生态、重新造林和修复土壤、治疗受伤的野生动物、研究当地土壤的条件、准备气候灾难救援计划，以及许多其他举措。[36]

公民科学组织使公民在生态实践方面拥有更深入的实地经验，从而在整个生物区大力普及了科学知识和专业知识。这项实践工作使当代人和我们的后代能够更充分地参与区域生态系统的管理，并让大家拥有了专业技术知识和实践经验，为公民同行议会的立法行动和行政审查提供咨询和建议。

教育学的目标正朝着教导人们对自我的生态理解，以及对我们人类是自然界的一员的认识转变，这种转变正在使年青一代接触到亲生命意识。在新冠肺炎疫情大流行期间，这种变化出人意料地出现了。随着疫情的蔓延，人工环境和室内的隔离逐渐让人产生一种绝望的感觉。虚拟世界不再那么有趣和令人欣慰，它甚至成了一种诅咒。对千禧一代和Z世代来说，虚拟世界就是他们的大部分现实生活，而被困在模拟现实的网络空间中被迫蠕动的感觉似乎太卑微了。出乎意料地，越来越多的千禧一代和Z世代自发地放弃了一部分网络生活，来到了户外——感受吹到他们脸上的风，凝视穿过云层的太阳，聆听大自然的声音，呼吸大地的气息，体验到解脱。总之，对他们而言，这是一个惊喜，也是一种令人愉快的经历。

新冠肺炎疫情的第一年（2020年），游览美国国家公园的人有700万，其中大多数是年轻人。《纽约时报》的评论专栏作家蒂莫西·伊根（Timothy Egan）注意到人们似乎意外地重新发现了大自然，他评论说："户外挤满了从令人窒息的室内逃出来的'难民'。"伊根对这种转变进行了反思，他认为："为地球建一个恐怖的大厅通常始于获得宗教信仰——在那一刻，人造环境的灰色让位于自然世界的斑斓色彩（那不是人造的），那种感觉简直像坠入爱河。"[37]

伊根想知道，这种新的"恋情"是否可能标志着一个"过渡时刻"，即我们人类对原始家园——自然世界——的情感被重新唤醒了。

然而，泰勒·斯威夫特（Taylor Swift）道出了她内心和同代人内心涌现的另一种饥饿感。她出人意料地在疫情隔离期间创作并发行了两张专辑：《Folklore》和《Evermore》。这些专辑着重表达了她在成长过程中与自然的深厚联系。在新冠肺炎疫情下，她早年的亲生命意识被重新唤醒。2021 年，《Folklore》获得了格莱美最佳专辑奖。但更重要的是，她作为年青一代的代表，突然重新发现或者是第一次发现了大自然的气息，这或许标志着年轻人开始厌弃虚拟世界和电子产品，转而对自然世界觉醒。[38]

泰勒·斯威夫特表达拥抱自然的专辑出现得似乎很突兀。2017 年发表在《心理科学协会杂志》上的一篇科学论文指出，随着一代又一代人越来越多地把时间花在虚拟环境中——先是电视，然后是电脑——从 20 世纪 50 年代到现在，书籍、电影剧本，特别是歌曲，提及大自然的作品简直少而又少。研究人员"扫描了 6000 首歌曲的歌词（自 1950 年以来），发现以大自然为主题的歌曲出现的频率下降了 63%"。[39] 研究人员得出的结论是，随着一代又一代人退居室内，越来越多地在虚拟现实中互动，大自然离他们越来越遥远，甚至从他们的日常体验中消失了。

斯威夫特的回应是对她这一代人的一种平静的召唤，让他们感受吹在背上的风，体验参与自然生命力的甜蜜。她的歌曲是一首首温柔的颂歌，为她这一代人重新找到了回归一个充满生机和活力的星球的深深怀抱。

解决同理心悖论

威尔逊在《大西洋》杂志上以"道德的生物学基础"为主题撰文，特别提到了"同理心"和"依恋"这两个词。威尔逊思考了亲生命意识是不是印在我们物种基因中的天性。他提出:"在具有可遗传性的特征中,最接近道德能力的特征是对他人痛苦的'同情'以及婴儿与其照顾者之间的某些'依恋'过程。"[40] 但是威尔逊并没有进一步深入剖析。

其他科学家已经开始探索同理心和依恋行为之间的密切关系,以解释人类与其他动物之间的亲生命联系(并非一视同仁,而是有选择性的)。在这种情况下,人类的同理心是出现断层的或称为"非对称的同理心",因为它不同于人与人之间的同理心,人与人之间的同理心是一种共同的情感,而非对称的同理心是针对另一种生物的,它不能成为一种共同的体验,即使这种生物能够引起人的某种情绪反应。[41] 即使有的动物能够感知人类的情绪——尤其是狗,它们的体验也不尽相同。尽管如此,这并不妨碍我们人类共情的能力。我们能感受其他动物的痛苦和挣扎,仿佛我们自己在经受磨难一般,而且我们会通过关怀行为来表达我们的同情。

有这样一段视频:一只北极熊和她的幼崽被困在北冰洋的一小块浮冰上。它们是气候变化的受害者。这段视频触动了全世界数百万人。他们觉得北极熊所处的困境也是他们面临的困境。最近,在澳大利亚,因气候变化引发的一场山火烧伤了一只小考拉,人们营救这只烧秃了的小考拉的视频极富戏剧性,同时触动了数百万人。大多数人都有过类似的故事,无论是共情一只受到虐待的狗还是安慰一只受伤的鸟。亲生命意识是共情意识的一次升华。

虽然共情扩展是亲生命意识的核心,但有一个悖论深深植根于共情的演变。据我所知,多年来一直没有历史学家、人类学家和哲学家对此进行探索。我第一次遇到这个悖论是在2003—2010年,当时我将注意力转向同理心在人类历史发展中所扮演的角色。我在之前的几本书中写过关于同理心的内容,但30多年来从未深入讨论过。这一次,我决定详细地探讨同理心的演变,包括它的人类学含义和历史,以及它对社会最重要的方面——我们的家庭和社会生活、经济、治理模式和世界观——的影响。在研究的某个阶段,我开始意识到这个悖论并承认它让我感到震撼。以下是我发现并写在《共情文明》(*The Empathic Civilization*)中的内容:

> 人类故事的核心是同理心与熵之间的矛盾关系。纵观历史,越来越复杂的基础设施革命带来了更普及的通信形式、更密集的能源以及更快捷的移动和物流模式,创造了更复杂的社会。反过来,技术更先进的文明将不同的人聚集在一起,提高了共情敏感性,扩大了人类的认知范围。但这些日益复杂的环境需要征用并消耗更多的自然资源。具有讽刺意味的是,地球资源和其他资源的消耗越来越多,导致地球的环境状况急剧恶化,这反而可能促使我们形成更强的共情意识。我们现在面临着一个令人啼笑皆非的前景,即在一个高度能源密集、相互关联的世界中,不断升级的熵值和灾难性的气候变化几乎威胁到我们的生存,这个时候人类却产生了最普遍的同理心。如何解决"同理心-熵悖论"可能是对我们人类未来在地球上生存和繁荣能力的重大考验。这将需要我们从根本上重新思考哲学、经济和社会的模式。[42]

我们不必绝望。在进步时代,以化石燃料为基础的工业基础设施催生的意识形态已经耗尽,失去了它曾经占据的主导地位。亲生命意识正在赢得认同,尤其是在年轻的一代人中,它有望把共情作用的驱动力扩大并拥抱整个自然世界。但是,如此大规模的意识转变不会一帆风顺。旧意识形态的残余已经警觉,感觉到他们对人类故事的控制受到了威胁。亲生命意识的诞生和对其他生物的共情冲动的延伸超越了经济和政治的范畴,进入了人类如何看待自己的本质的核心。

我参与，所以我存在

如果说万物有灵意识的基础是血缘关系、祖先崇拜和永恒回归，神学意识的基础是天堂救赎，意识形态的基础是人类社会物质进步和技术不朽，那么亲生命意识的基础又是什么呢？亲生命意识的普及将人类叙事从对自主的执着转变为对关系的依恋。勒内·笛卡儿的经典名言"我思故我在"已经过时，因为在既虚拟又现实的世界中成长起来的年青一代受到横向嵌入的互联关系的制约，更倾向于"我参与，所以我存在"这一格言。在这个多方不断互动、不断适应的新时代，自主性的概念让位于关系性原则。如果我们居住的地球是一种相互联系的模式，而不是相互对抗的模式，那么"每个人都是一个自主的代理人，在一个相互竞争的世界中依靠强力来保护我们的主权"的想法几乎已经死亡和被埋葬……同样，我们在进步时代形成的关于平等的长期观念也已经过时。

在进步时代，平等只是自主的衍生物。如果不首先相信自主，就无法倡导平等。如果一个人相信自己是自主的，他就会要求平等。关于领土也是一样。如果每个人的基本天性都是寻求自主，那么被平等对待的愿望将不可避免地如影随形，而且会时刻保持警惕，以确保个人的自主权得到保障。

意识形态与自主密不可分。整个进步时代都建立在这个基础之上。因此，"人权"成为寻求和保障自主的标志，也就是说，每个人都主张拥有在身体、思想和精神上自主的权利，而且这是不可剥夺的。可以设想一下，如果人类大规模地享有人权，那么会有将近80亿人自主地、不受阻碍地、自由地追求他们的存在，只要他们认为合适，当然，前提是不损害他人的自主权。

但是，假如没有人是自主的，无论是在政治意义上，还是在更深层次——生物学意义上，我们在骨子里就不是自主的吗？我们在前几章中学到的是，虽然每个人、每个生物都是独一无二的，但我们没有一个人是自主的，至少从生物学的角度来看是这样。我们每个人从胚胎形成到死亡，一生都处于各种关系中。

探究自然和人的本质的方法，促使人们从根本上对进步时代的哲学和政治进行反思。如果现实在我们一生中的每时每刻都是一种深度参与的体验，那么一个人的自我体验只能建立在与另一个人的关系上。很自然地，关系越丰富、越多样、越深入，我们就越能充分地体现出所谓的"存在"。

亲生命意识能最深刻地表达平等这一概念——不是源于自主的平等，而是源于包容。最纯粹的平等表达不是来自法律章程和声明的认可，而是来自最简单的共情行为。深切感受到他人的奋斗，就好像是自己的经历一样，这会创造最亲密的纽带——生命旅程中的合而为一的感觉。关于这一点，哲学家马丁·布伯（Martin Buber）说得最到位。他说，在这样的时刻，没有"我的和你的"，只有"我和你"。[43] 同理心是最终的政治平衡器。它可以抛开一切差异化，只留下伙伴之间的关系。

同理心在历史上演变的特点是，不断地消除"他者"，直到达到"我为人人，人人为我"的境界。在这样的背景下，同理心的演变与平等概念的演变密不可分。我们作为"政治的个体"，在最基本的政治层面——我们所依附的社区——是融入彼此生活的。我们带着同理心——我们的亲生命意识——去参与。同理心让我们变得敏锐，通过它，我们是在协调，而不仅仅是在管理我们赖以生存的地球生物圈的那一小部分。

在进步时代，我们将个人主权视为民主的基础，尽管它并不适合。如果每个人都是真正的主权拥有者，是自己的国王，而不受制于他人，那么他们在什么地方需要民主？为什么要屈从于权威的意志？让民主充满活力的是在他人身上认识自我的能力。同理心是民主的制约因素。如果说同理心是平等概念最深层次的表达，那么它也是民主的情感火花。

在民主发展的每一个阶段，都有共情的影响伴随。文化越有共情性，它的价值观和管理方式就越民主。文化的共情性越低，其价值观和治理机构就越独裁。这一切似乎都是显而易见的，但是在社会治理中，人们对同理心与民主进程之间的关系的重视程度如此之低，实在令人费解。从代议制民主到分布式同行政治，以及从主权治理到扩展的生物区域治理，如果政治体包含了共情和亲生物意识，那么它们都可能会成功。

从共情的角度来看，韧性的概念也与我们过去对这个词的理解大不相同。值得再次强调的是，通常来说，"具有韧性"意味着具有从不幸和个人悲剧中振作起来并恢复自主权的能力和品质。换句话说，它意味着人在身体、精神和情感上拥有自我恢复的能力，而不是受制于他人或受困于生活环境，或者只是随波逐流。韧性意味着不受破坏稳定的外部环境因素的影响，无论其来源如何。韧性意味着坚强。

然而，对关系型自我而言，韧性来自对"他者"的开放和妥协，而不是自给自足和自主。分享见证生命的经历是开放的，它创造了一个丰富的关系网络，增强了一个人的韧性。亲生命意识将一个人的参与范围延伸到整个自然，让自然的生命力支撑着我们，带着我们随着生命的流逝而前进。

这个韧性的概念并不是最近才出现的。在威尔逊引入亲生命意识概念的两个世纪之前，伟大的德国哲学家和科学家歌德就提出了亲生命意识，作为对牛顿关于死亡、理性和宇宙的机械世界观的反驳。歌德认为，一个人的自我和韧性是一个人所经历的关系的综合，这些关系将他编织到生活的结构中。他写道："我们被她（大自然）包围和拥抱——无法脱离，也无法深入。"[44]

每个生物都是独一无二的，但又在一个统一体中相互联系，歌德对这样一个简单的事实感到敬畏。他指出:"她(大自然)创造出的每一件事物都有自己的特点……它们合为一体成为自然。"歌德体验到的自然是不断变化、不断发展、不断创造新事物的。与那个时期的理性科学家不同,歌德的性格不是一成不变的,而是充满新奇,充满欣喜和包容。简而言之,他是充满活力的。他观察到:

> 永恒之故,她(大自然)亦无为,她施诅咒于所有无生命之物。……她于虚无中创造生命,却未告诉他们从何而来,去往哪里。她让人们奔忙;她知道归途。[45]

在这种感觉被正式命名之前几个世纪,歌德就体验到了同理心。他写道,"找到体会他人境况的方法,感受到每个人存在的特定模式并愉快地参与其中"就是对生命的统一性的肯定。[46] 回顾自己的生活和时代,他总结道:"只有人类在一起时,才称得上真正的人,只有当一个人有勇气将自己当作一部分时,才能快乐和幸福。"[47]

对歌德来说,"成为一体"的概念并不是只针对我们人类,他把它延伸到了整个自然。歌德最早给我们解读了今天我们所说的亲生命意识——共情所有的生命。我们的韧性来自亲生命的本能。正是认识到这种坚不可摧的纽带,我们才能够抵御发生在身边的不幸。

请记住,同理心不仅仅是一种情感感受,也是一种认知体验,它是一个人对存在的本质以及与它的关系的思考。每个人都通过体验对方来了解自己的存在。如果没有其他人,就没有参照物进行比较,我们甚至无法理解一个人是活着的,是真实存在的。我们的存在只能被对方证实。

我们的共情神经环路不断地促使我们超越自我、体验生活,并利用这种体验来建立联系,适应我们周围的世界。我们知道同理心的重要性,因为如果神经回路中没有它,我们将无法感受另一个人生活的脆弱和他们蓬勃发展的动力。正是在这些时刻，我们开始理解存在的敬畏。没有敬畏，我们将无法产生好奇心；没有好奇心，我们将缺乏想象力；没有想象力，我们将无法体验超越；如果没有超越自己的能力，我们将无法共情他人，这场宏伟的互动奏鸣就是我们对自己存在的理解。这个合奏不是一种线性的体验，而是作为一个整体被我们体验到的。由共情冲动所带来的敬畏、惊奇、想象力和超越，让我们每个人不断超越自我，寻找存在的意义。这些是跟共情冲动密不可分的基本品质。它们是我们成为人类的原因。

从某种意义上说，无论是否意识到，我们生命的每一刻都在追寻意义。只要培养了共情冲动，一个人的生活就会变得更真切。我们知道这是真的，因为当在生命的尽头回顾人生时，我们脑海中浮现的最生动的经历，至少是那些赋予我们生活意义的经历，正是我们产生共情冲动的时刻——它们是我们寻找个人意义的标志。

不论是启蒙运动时期的还是现代的伟大哲学家，他们都认为肉体的体验再怎么美好也是过眼云烟，最后都会化为尘埃，他们更愿意用数学的确定性和纯粹的理性来决定自己的命运，他们相信阿尔法和欧米伽才能代表人类的存在，而不是超凡的共情。这种对人类本质的错误认识对大众的集体精神造成了难以估量的损害，甚至对自然界和其他生物的未来造成了更大的危害。

值得庆幸的是，这些关于人性本质的不正确观点正在迅速没落，因为我们正意识到它将把文明引向什么方向——这是一个明确的迹象，表明我们对人类何去何从的想法已经开始转变。我们可以从科学界目前正在进行的关于存在的意义以及我们的物种如何适应等问题的反思中看出这一点。从某种程度上来说，这种新的科学探索和解释的方法属于复杂的适应性社会/生态系统的范畴，它说明我们正在重新调整对认知的思考方式。最近，对具有系统性思考能力的人的研究发现，他们"在认知、同理心、关注他人等方面表现出更强的能力"[48]。

在韧性时代，我们将需要进一步激发人们的同理心，并将共情扩展到下一个阶段——一种将人类带回生命大家庭的亲生命意识。如何培养子孙后代，让他们做好准备并唤醒他们心中的敬畏感是检验我们的试金石，哪怕地球正变得越来越捉摸不定，越来越可怕。这种新的敬畏感具有潜在的解放作用。面对让我们敬畏的自然现象，它可以引发一种新的、更具包容性的奇迹感，激发我们的集体想象力，让我们准备好探索新的方法去适应自然的召唤，让我们变得有韧性——不仅要生存，而且要以意想不到的方式蓬勃发展，扩大我们的生态大家庭。

回家

我们是历史上伟大的流浪者，在穿越大陆和海洋的1001次旅程中颠沛流离，经历过险恶的气候变化和各种危险，不安分地寻找我们的位置，寻找着我们在世界上的依恋。那个长在我们身体上的脑袋，拥有超大的脑容量，这既是我们的祸，也是我们的福。如果地球上有任何物种可以被视为异常，那肯定是我们人类。就我们目前所知，其他物种不会被"事物为什么会这样"的问题困扰，尽管其他物种（我们物种的近亲）也具备"如何做"的能力。为什么共情冲动深深植根于我们的神经回路？为什么在所有生物中，只有我们能体验到敬畏和惊奇，并知道我们自己必死的结局？

我们已经开始相信，我们的身外之物就是简单的初期物质——资源，它们的存在和重要性只与我们的享乐主义和满足感有关。尽管如此，共情的脉搏仍然在我们的神经回路中顽固地跳动，在我们的一生中反复涌现，并在历史阶段上不断向外扩展，去拥抱我们人类不断增加的成员，但又再次倒退，将我们带入黑暗。

如果不是为了在这个世界上找到可以安全依恋的地方，还有什么事情能让我们继续前行？为这种焦虑所累有什么意义？如果外星人看到我们的困境，他们可能会认为我们最不寻常的特征就是在寻求普遍的亲密关系。"普遍的亲密关系"这个词可能看起来很矛盾。一个人怎么能同时体验到具有普遍性和深度的亲密关系呢？然而，这似乎就是我们要背负的"十字架"，或者，反过来看，也许是一份不可估量的超级大礼。

这段旅程漫长、令人振奋，有时又是曲折的。而现在，我们感觉到自己在地球上的存在可能即将结束，于是开始寻找回家的路。亲生命意识正在我们这个物种的体内觉醒，就是那种普遍亲密的感觉和体验，是与地球的生命力合而为一的感觉。

20世纪的英国哲学家欧文·巴菲尔德（Owen Barfield）抓住了人类历史的本质和戏剧性。他将其分为三个决定性阶段，每个阶段都标志着人类意识的一次根本性变化和新世界观的诞生。

我们的原始人类祖先感觉自己与其他动物几乎没有区别。他们深度参与到自然世界中，过着自己的生活，不断适应地球的节奏、季节和周期。原始人类共同生活，以群体而非等级来组织社交生活。他们用万物有灵论的眼光看世界。他们认为其他生物也一样有灵魂，它们的存在与自己的存在几乎没有区别，甚至认为所有生命的命运都深深地交织在一起。万物有灵论者的意识并不被后来人看作"历史"，因为他们满足于年度和季节的周期性变化，那是永久的轮回。

由于原始人几乎没有角色的区别，他们的生活是共享的，也没有多余的东西可以储存，这就避免了人与人之间产生差别，也不会产生等级制度，他们的自我身份在很大程度上仍未得到发展。他们是作为一个整体的"我们"生活，而不是个体化"自我"的集合，用当今心理学家的话来说就是，他们可能处于"未分化的海洋统一体"状态①。

---

① 罗曼·罗兰在1927年给弗洛伊德的信中创造了"海洋感觉"一词，用来指代"一种'永恒'的感觉"，一种"与整个外部世界融为一体"的感觉。——译者注

他们的意识处于深度参与自然时所具有的既想亲近生物又对生物怀有恐惧的矛盾中。

人类从那以后的旅程就进入了以原始农业和畜牧业为主的新石器时代，接下来是伟大的水利农业文明和最近的工业时代，最终我们人类与大自然渐行渐远。自然资源被认为是属于人类的储备，在它被我们的双手转化为有用的商品之前，这些资源几乎是没有价值的。今天，我们人类生活在一个相互融合的社会中。基础设施中包含的差异化的技能和分工越来越明显，这些基础设施为数十亿人提供服务。所有人聚在一起生活，与大自然越来越隔绝。目前，美国人平均每天有 90% 的时间在室内度过——通常是在有电灯和人工控制温度的环境中——远离我们祖先生活的自然世界。从人类出现到现在，我们有 95% 以上的时间一直把这个自然世界称为"家园"。[49]

生活在一个人为自己设计的第二人工环境，甚至现在的虚拟世界和元宇宙中，所得到的安全感毕竟是一种幻觉。我们疏远了祖先曾经居住的环境，自欺欺人地相信我们已经获得了自主生存的能力，结果却为我们的愚蠢付出了代价——全球温室气体排放带来的熵增加和地球历史上第六次生命大灭绝。还是那句话，这就是教训。

气候变化和日益严重的全球性疫情告诉我们，我们在这个世界上所做的一切都会深刻影响其他事物，反之亦然。我们已经意识到，没有人是孤立存在的，没有人可以单独对世界造成影响，人类都是以某种方式依赖于其他生命体和地球圈层的动态平衡来维持生存。这种无可辩驳的现实一直是扩展亲生命意识的动力——与其他生命产生深刻的同理心和共鸣的感觉——然而，我们的未来面临着危机。

巴菲尔德认为，我们正处于人类意识的第三个伟大阶段的关键时期——重申我们与自然世界的亲缘关系。但这一次，亲生命的共情飞跃是"一种主动地、有意识地选择重新参与"，完全地、毫无保留地与地球上的其他生命一起……体验普遍的亲密关系。这不是出于盲目的迷信，而是出于深刻的同理心、细心、执着和我们对生活的认知理解。这是一段史诗般的漫长旅程，它将我们这个物种再次引领回家，让我们扎根并有希望获得新生，让我们准备好迎接眼前这场重振生机的伟大斗争。地球母亲在召唤我们。

致　谢

我于 2013 年开始研究本书的关键主题，在 8 年中的大部分时间里，我都沉浸在这项研究中。书籍总是一种合作的冒险。在这方面，我要特别感谢担任各项工作总顾问的克劳迪娅·萨尔瓦多编辑。克劳迪娅的贡献是不可估量的。从研究、分类和整理数以千计的期刊文章、研究论文和报告，到复核大量注释，她明智而富有洞察力的建议贯穿全书，并最终帮助我完善了作品。

感谢我们办公室的前任总顾问丹尼尔·克里斯滕森在本书早期阶段的贡献。感谢乔伊·比利克在我写作最后阶段的协助。我还要感谢乔恩·考克斯对文档编辑的深入工作以及他为精简本书所提出的编辑建议。

感谢我的国内文学经纪人梅格·汤普森，感谢她在整个过程中给予我的支持和明智的建议，并让本书走上了正轨。另外，我要感谢我的外国文学经纪人桑迪·霍奇曼，她与外国出版商保持良好关系，并确保本书在全球有广泛的读者群。

非常感谢凯文·赖利，他在本书出版前的各个编辑阶段对书稿内容进行了细致的指导，消除障碍并提出建议，使本书趋于完善。此外，还要感谢里玛·温伯格在本书出版前的最后阶段对书稿内容进行的细致入微的编辑。

我还要感谢我的编辑——圣马丁出版社的蒂姆·巴特利特，感谢他对本书的热情支持，以及他将努力把本书的关键主题呈现给读者的承诺。在我们人类历史上这一开创性的时刻，有这样一位深切关注人类所面临的生存危机的编辑实乃一件幸事。

最后，一如既往，我要感谢我的妻子卡萝尔·格鲁内瓦尔德，最要感谢她对故事情节和内容的贡献，以及多年来她跟我分享的众多对话，这有助于我在进行这项研究时形成自己的想法。

后　记

吴昌华

里夫金办公室中国/亚洲事务主任，亚太水论坛执委会副主席

　　这是我第一次承担审核一部英文著作中文译稿的任务，恰是导师、美国未来学家里夫金的这部新著《韧性时代》。从 2021 年年底对英文初稿那种精神亢奋的泛读，到现在对照中英文再次对书中的知识和观点更成体系地精读，坦诚而言，至少感觉是又完成了一次不能以某个专业学科来定义的学习，因为它纵贯历史长河，跨越自然科学、社会政治经济学、科技、哲学、宗教等，对人类发展和文明做了一次全方位的反思与反省，系统而透彻地揭示了人与自然矛盾冲突的根源。

　　在审核译稿的过程中，我们有幸邀请到国内一些学科的著名专家、学者参与了预读，他们不仅对译稿中的语言与专业术语等细节给出了精辟而严谨的指导，也对阅读过程的感受提出了一些独到而宝贵的反馈。某种程度上，就像新书发布前的"推荐语"，在这里与大家分享一些摘要，希望可以激发更多的读者阅读这本新著。

　　科技部原副部长、国务院参事刘燕华先生说："人类文明正在从

'以生态环境为代价的发展模式'进入'生态自觉'时代。我们已经明白，人类需要地球，而地球上可以没有人类。"

北京大学教授傅军说："气候变化、环境恶化、资源匮乏、病毒肆虐、系统崩溃……种种迹象显示，人类发展或正在步入一个大变革的新时代，急需人们重新审视自然、生命、人性、真理、幸福以及彼此之间的关系。人们应该如何在哲学上、思维上、心理上做好新的准备，以便更好地在各种非线性、不确定、未知的条件下重新认识存在的本质，迎接新的挑战？承前启后，温故知新，杰里米·里夫金的新作横跨并集成了多个学科，指出了单一学科往往看不到的许多知识漏洞和盲区；站在人类发展的转折点上，它敲响了新的警钟，提出了新的问题，提供了新的视野，引发了新的思索。纵横驰骋，引人入胜。"

中国科学院互联网实验室主任、清华大学互联网治理研究中心主任李晓东博士指出："里夫金先生用他特有的恢宏的历史视角和深邃的洞察能力，给我们带来了一本可以触发我们深度思考的著作，其思维的深度和知识的宽度让我叹为观止，十分震撼。在如此复杂多变的国际局势和危机四伏的人类命运面前，里夫金先生是一个清醒的人，他也希望带给人类清醒的头脑，因为他的心中有一个韧性的世界！"

这是一本"脍炙人口"之作，虽然在一些领域的确考验读者的知识背景，但恰如国务院发展研究中心高级研究员周宏春博士在阅读完译稿后的感受，这本著作"以小说的风格写出了韧性时代的议题，十分难得；给人以历史的纵深，详细介绍了相关技术进步及其对经济社会发展的影响，并且提出了新的概念"。

未来学家的一个"职能"就是看懂和清晰阐述未来。北京国际能源专家俱乐部总裁陈新华博士说："如果您看过尤瓦尔·赫拉利的《人类简史》和《未来简史》并对人类的未来充满疑虑，您可以在里夫金的《韧性时代》中找到答案。"里夫金通过这本著作提出人类发展的趋势，启发今日的决策者把握趋势，激发改革者和创新者引领未来。在这个时代，人类作为地球自然界的一个物种，面临着前所未有的生存危机，需要齐心合力来消除人类对作为生命支撑系统的自然生态安全的威胁。这个未来是我们人类共同的未来。

此外，我还要代表里夫金先生感谢中国科学院科技战略研究院副院长王毅博士一如既往的支持与指导，感谢北京大学环境科学与工程学院张世秋教授在右手骨折的情况下对译稿的校对和指正，感谢刘燕华参事的得力助手王文涛的支持。

注 释

前　言

1. Vivek V. Venkataraman, Thomas S. Kraft, and Nathaniel J. Dominy, "Hunter-Gatherer Residential Mobility and the Marginal Value of Rainforest Patches," *Proceedings of the National Academy of Sciences* 114, no. 12 (March 6, 2017): 3097, https://doi.org/10.1073/pnas.1617542114.

2. Marie-Jean-Antoine-Nicolas Caritat, Marquis de Condorcet, *Outlines of an Historical View of the Progress of the Human Mind* (Philadelphia: M. Carey, 1796), https://oll.libertyfund.org/titles/1669%20 (accessed May 11, 2019).

3. *The Bible: Authorized King James Version with Apocrypha* (Oxford: Oxford University Press Oxford World Classics, 2008), 2.

4. Nicholas Wade, "Your Body Is Younger Than You Think," *New York Times*, August 2, 2005, https://www.nytimes.com/2005/08/02/science/your-body-is-younger-than-you-think.html; Ron Milo and Robert B. Phillips, *Cell Biology by the Numbers* (New York: Garland Science, 2015), 279.

5. Wade, "Your Body Is Younger Than You Think."

6. Helmut Haberl, Karl-Heinz Erb, Fridolin Krausmann, Veronika Gaube, Alberte Bondeau, Christoph Plutzar, Simone Gingrich, Wolfgang Lucht, and Marina Fischer-Kowalski, "Quantifying and Mapping the Human Appropriation of Net Primary Production in Earth's Terrestrial Ecosystems," *Proceedings of the National Academy of Sciences* 104, no. 31 (2007): 12942–12947, https://www.pnas.org/doi/pdf/10.1073/pnas.0704243104; Fridolin Krausmann et al., "Global Human Appropriation of Net Primary Production Doubled in the 20th Century," *Proceedings of the National Academy of Sciences* 110, no. 25 (June 2013): 10324–10329, https://doi.org/10.1073/pnas.1211349110.

7. Krausmann et al., "Global Human Appropriation of Net Primary Production Doubled in the 20th Century."

第一章　口罩、呼吸机和卫生纸：适应性如何胜过效率

1. Adam Smith, *An Inquiry into the Nature and Causes of the Wealth of Nations* (Oxford: Oxford University Press, 1976) (original work published 1776), 454.

2. Alex T. Williams, "Your Car, Toaster, Even Washing Machine, Can't Work Without Them. And There's a Global Shortage," *New York Times*, May 14, 2021, https://www

.nytimes.com/2021/05/14/opinion/semicondctor-shortage-biden-ford.html?referringSource =articleShare.

3. "Enhanced Execution, Fresh Portfolio of Exciting Vehicles Drive Ford's Strong Q1 Profitability, As Trust in Company Rises," Ford Motor Company, April 28, 2021, https://s23.q4cdn.com/799033206/files/doc_financials/2021/q1/Ford-1Q2021-Earnings -Press-Release.pdf.

4. Williams, "Your Car, Toaster, Even Washing Machine, Can't Work Without Them."

5. William Galston, "Efficiency Isn't the Only Economic Virtue," *Wall Street Journal*, March 10, 2020.

6. Ibid.

7. Marco Rubio, "We Need a More Resilient American Economy," *New York Times*, April 20, 2020.

8. Ibid.

9. "Rethinking Efficiency," *Harvard Business Review*, 2019, https://hbr.org/2019/01 /rethinking-efficiency.

10. Roger Martin, "The High Price of Efficiency," *Harvard Business Review* (January– February 2019), 42–55.

11. Ibid.

12. Annette McGivney, "'Like Sending Bees to War': The Deadly Truth Behind Your Almond Milk Obsession," *The Guardian*, January 8, 2020, https://www.theguardian .com/environment/2020/jan/07/honeybees-deaths-almonds-hives-aoe; Selina Bruckner, Nathalie Steinhauer, S. Dan Aurell, Dewey Caron, James Ellis, et al., "Loss Management Survey 2018–2019 Honey Bee Colony Losses in the United States: Preliminary Results," Bee Informed Partnership, https://beeinformed.org/wp-content/uploads/2019 /11/2018_2019-Abstract.pdf (accessed June 23, 2021).

13. Tom Philpott and Julia Lurie, "Here's the Real Problem with Almonds," *Mother Jones*, April 15, 2015, https://www.motherjones.com/environment/2015/04/real-problem-almonds/; Almond Board of California, About Almonds and Water, n.d., https://www.almonds.com/sites /default/files/content/attachments/about_almonds_and_water_-_september_2015_1.pdf.

14. Almond Board of California, California Almond Industry Facts, 2016, https:// www.almonds.com/sites/default/files/2016_almond_industry_factsheet.pdf.

15. Hannah Devlin and Ian Sample, "Yoshinori Ohsumi Wins Nobel Prize in Medicine for Work on Autophagy," *The Guardian*, October 3, 2016, https://www.theguardian .com/science/2016/oct/03/yoshinori-ohsumi-wins-nobel-prize-in-medicine.

16. "The Nobel Prize in Physiology or Medicine 2016," Nobel Assembly at Karolinska Institutet, 2016, https://www.nobelprize.org/uploads/2018/06/press-34.pdf.

17. Pat Lee Shipman, "The Bright Side of the Black Death," *American Scientist* 102, no. 6 (2014): 410, https://doi.org/10.1511/2014.111.410.

第二章　泰勒主义和热力学定律

1. Charlie Chaplin, *Modern Times* (United Artists, 1936).

2. Samuel Haber, *Efficiency and Uplift: Scientific Management in the Progressive Era, 1890–1920* (Chicago: University of Chicago Press, 1965), 62; Martha Bensley Bruère and Robert W. Bruère, *Increasing Home Efficiency* (New York: Macmillan, 1912), 291.

3. Christine Frederick, "The New Housekeeping: How It Helps the Woman Who Does Her Own Work," *Ladies' Home Journal*, September–December 1912, 13, 23.

4. Christine Frederick, *The New Housekeeping: Efficiency Studies in Home Management* (Doubleday, Page, 1913), 30.

5. Mary Pattison, *The Business of Home Management: The Principles of Domestic Engineering* (New York: R. M. McBride, 1918); Haber, *Efficiency and Uplift*, 62.

6. Haber, *Efficiency and Uplift*, 62.

7. William Hughes Mearns, "Our Medieval High Schools: Shall We Educate Children for the Twelfth or the Twentieth Century?" *Saturday Evening Post*, March 12, 1912; Raymond E. Callahan, *Education and the Cult of Efficiency: A Study of the Social Forces That Have Shaped the Administration* (Chicago: University of Chicago Press, 1964), 50.

8. Maude Radford Warren, "Medieval Methods for Modern Children," *Saturday Evening Post*, March 12, 1912; Callahan, *Education and the Cult of Efficiency*, 50.

9. Wayne Au, "Teaching Under the New Taylorism: High-Stakes Testing and the Standardization of the 21st Century Curriculum," *Journal of Curriculum Studies* 43, no. 1 (2011): 25–45, https://doi.org/10.1080/00220272.2010.521261.

10. Samuel P. Hays, *Conservation and the Gospel of Efficiency: The Progressive Conservation Movement, 1890–1920* (Pittsburgh: University of Pittsburgh Press, 1999), 127.

11. "Open for Business and Not Much Else: Analysis Shows Oil and Gas Leasing Out of Whack on BLM Lands." Wilderness Society, n.d., https://www.wilderness.org/articles/article/open-business-and-not-much-else-analysis-shows-oil-and-gas-leasing-out-whack-blm-lands.

12. "In the Dark: The Hidden Climate Impacts of Energy Development on Public Lands," Wilderness Society, n.d., https://www.wilderness.org/sites/default/files/media/file/In%20the%20Dark%20Report_FINAL_Feb_2018.pdf (accessed April 16, 2021); Matthew D. Merrill, Benjamin M. Sleeter, Philip A. Freeman, Jinxun Liu, Peter D. Warwick, and Bradley C. Reed, "Federal Lands Greenhouse Gas Emissions and Sequestration in the United States: Estimates for 2005–14. Scientific Investigations Report 2018–5131," U.S. Geological Survey, U.S. Department of the Interior, 2018.

13. Chris Arsenault, "Only 60 Years of Farming Left If Soil Degradation Continues," *Scientific American*, December 5, 2014, https://www.scientificamerican.com/article/only-60-years-of-farming-left-if-soil-degradation-continues/.

14. "Fact Sheet: What on Earth Is Soil?" Natural Resources Conservation Service, 2003, https://www.nrcs.usda.gov/Internet/FSE_DOCUMENTS/nrcs144p2_002430.pdf.

15. Robin McKie, "Biologists Think 50 Percent of Species Will Be Facing Extinction by the End of the Century," *The Guardian*, February 25, 2017, https://www.theguardian.com/environment/2017/feb/25/half-all-species-extinct-end-century-vatican-conference (accessed August 22, 2020).

16. Yadigar Sekerci and Sergei Petrovskii, "Global Warming Can Lead to Depletion of Oxygen by Disrupting Phytoplankton Photosynthesis: A Mathematical Modelling Approach," *Geosciences* 8, no. 6 (June 2018): 201, https://doi.org/10.3390/geosciences8060201; "Research Shows Global Warming Disaster Could Suffocate Life on Planet Earth," University of Leicester, December 1, 2015, https://www2.le.ac.uk/offices/press/press-releases/2015/december/global-warming-disaster-could-suffocate-life-on-planet-earth-research-shows.

17. Abrahm Lustgarten, "The Great Climate Migration," *New York Times Magazine*,

July 23, 2020, https://www.nytimes.com/interactive/2020/07/23/magazine/climate-migration.html (accessed August 22, 2020).

18. James E. M. Watson et al., "Protect the Last of the Wild," *Nature* 563 (2018): 27–40, http://dx.doi.org/10.1038/d41586-018-07183-6.

19. John Herman Randall, *The Making of the Modern Mind* (Cambridge: Houghton Mifflin, 1940), 241; quotation by René Descartes in René Descartes, *Rules for the Direction of the Mind* (1684).

20. Ibid., 241–242.

21. René Descartes, *Treatise of Man*, translated by Thomas Steele Hall (Cambridge, MA: Harvard University Press, 1972).

22. Daniel Everett, "Beyond Words: The Selves of Other Animals," *New Scientist*, July 8, 2015, https://www.newscientist.com/article/dn27858-beyond-words-the-selves-of-other-animals/ (accessed July 31, 2020).

23. Gillian Brockwell, "During a Pandemic, Isaac Newton Had to Work from Home, Too. He Used the Time Wisely," *Washington Post*, March 12, 2020, https://www.washingtonpost.com/history/2020/03/12/during-pandemic-isaac-newton-had-work-home-too-he-used-time-wisely/ (accessed July 20, 2020).

24. "Philosophiæ Naturalis Principia Mathematica (MS/69)" (University of Cambridge Digital Library, n.d.), https://cudl.lib.cam.ac.uk/view/MS-ROYALSOCIETY-00069/7.

25. National Aeronautics and Space Administration, "More on Newton's Law of Universal Gravitation," *High Energy Astrophysics Science Archive Research Center*, May 5, 2016, https://imagine.gsfc.nasa.gov/features/yba/CygX1_mass/gravity/more.html (accessed July 20, 2020).

26. Isaac Newton, *Newton's Principia: The Mathematical Principles of Natural Philosophy* (New York: Daniel Adee, 1846).

27. Norriss S. Hetherington, "Isaac Newton's Influence on Smith's Natural Laws in Economics," *Journal of the History of Ideas* 44, no. 3 (1983): 497–505, http://www.jstor.com/stable/2709178.

28. Martin J. Klein, "Thermodynamics in Einstein's Thought: Thermodynamics Played a Special Role in Einstein's Early Search for a Unified Foundation of Physics," *Science* 157, no. 3788 (August 4, 1967): 509–513, https://doi.org/10.1126/science.157.3788.509.

29. Mark Crawford, "Rudolf Julius Emanuel Clausius," ASME, April 11, 2012, https://www.asme.org/topics-resources/content/rudolf-julius-emanuel-clausius.

30. National Aeronautics and Space Administration, "Meteors & Meteorites," *NASA Science*, December 19, 2019, https://solarsystem.nasa.gov/asteroids-comets-and-meteors/meteors-and-meteorites/in-depth/ (accessed August 23, 2020).

31. Brian Greene, "That Famous Equation and You," *New York Times*, September 30, 2005.

32. Nahid Aslanbeigui, "Pigou, Arthur Cecil (1877–1959)," in *The New Palgrave Dictionary of Economics*, edited by Steven N. Durlauf and Lawrence E. Blume (London: Palgrave Macmillan, 2008).

33. Erwin Schrödinger, *What Is Life?* (New York: Macmillan, 1947), 72–75.

34. G. Tyler Miller, *Energetics, Kinetics and Life: An Ecological Approach* (Belmont: Wadsworth, 1971), 293.

35. Ibid., 291.

36. Elias Canetti, *Crowds and Power* (London: Gollancz, 1962), 448.

37. "James Watt," *Encyclopedia Britannica*, https://www.britannica.com/biography/James-Watt (accessed August 23, 2020).

38. Margaret Schabas, "Alfred Marshall, W. Stanley Jevons, and the Mathematization of Economics," *Isis, A Journal of the History of Science Society* 80, no. 1 (March 1989): 60–72, http://www.jstor.com/stable/234344.

39. William Stanley Jevons, *The Progress of the Mathematical Theory of Political Economy* (J Roberts, 1875), https://babel.hathitrust.org/cgi/pt?id=ien.35556020803433&view=1up&seq=22&skin=2021 (accessed July 25, 2022).

40. William Stanley Jevons, *The Theory of Political Economy*, 3rd ed. (London: Macmillan, 1888).

41. Ibid., vii.

42. Frederick Soddy, *Matter and Energy* (New York: H. Holt, 1911), 10–11.

43. Ilya Prigogine, "Only an Illusion," *Tanner Lectures on Human Values*, December 18, 1982, https://tannerlectures.utah.edu/_resources/documents/a-to-z/p/Prigogine84.pdf (accessed August 23, 2020).

44. Ibid., 46.

45. Ibid., 50.

46. Ibid.

第三章　真实世界：自然资本

1. "Historical Estimates of World Population," U.S. Census Bureau, July 5, 2018, https://www.census.gov/data/tables/time-series/demo/international-programs/historical-est-worldpop.html (accessed August 24, 2020).

2. Helmut Haberl, Karl-Heinz Erb, Fridolin Krausmann, Veronika Gaube, Alberte Bondeau, Christoph Plutzar, Simone Gingrich, Wolfgang Lucht, and Marina Fischer-Kowalski, "Quantifying and Mapping the Human Appropriation of Net Primary Production in Earth's Terrestrial Ecosystems," *Proceedings of the National Academy of Sciences* 104, no. 31 (2007), https://www.pnas.org/doi/pdf/10.1073/pnas.0704243104.

3. Fridolin Krausmann, Karl-Heinz Erb, Simone Gingrich, Helmut Haberl, Alberte Bondeau, Veronika Gaube, Christian Lauk, Christoph Plutzar, and Timothy D. Searchinger, "Global Human Appropriation of Net Primary Production Doubled in the 20th Century," *Proceedings of the National Academy of Sciences* 110, no. 25 (June 13, 2013), https://doi.org/10.1073/pnas.1211349110.

4. "What on Earth Is Soil?" United States Department of Agriculture Natural Resources Conservation Service, n.d., https://www.nrcs.usda.gov/wps/PA_NRCSConsumption/download?cid=nrcseprd994617&ext=pdf (accessed August 25, 2020).

5. Prabhu L. Pingali and Mark W. Rosegrant, "Confronting the Environmental Consequences of the Green Revolution in Asia," International Food Policy Research Institute, August 1994, http://citeseerx.ist.psu.edu/viewdoc/download?doi=10.1.1.80.3270&rep=rep1&type=pdf (accessed August 25, 2020).

6. Anju Bala, "Green Revolution and Environmental Degradation," *National Journal of Multidisciplinary Research and Development* 3, no. 1 (January 2018), http://www.nationaljournals.com/archives/2018/vol3/issue1/2-3-247.

7. "The Hidden Costs of Industrial Agriculture," Union of Concerned Scientists,

August 24, 2008, https://www.ucsusa.org/resources/hidden-costs-industrial-agriculture (accessed August 25, 2020).

8. Ibid.

9. Boyd A. Swinburn et al., "The Global Syndemic of Obesity, Undernutrition, and Climate Change: *The Lancet* Commission Report," *The Lancet* 393 (2019): 791–846, https://doi.org/10.1016/S0140-6736(18)32822-8.

10. Ibid.

11. Ibid.

12. Ibid.

13. Ibid.

14. Kevin E. Trenberth, "Changes in Precipitation with Climate Change," *Climate Research* 47 (March 2011): 123, https://doi.org/10.3354/cr00953.

15. Kim Cohen et al., "The ICS International Chronostratigraphic Chart," *Episodes* 36, no. 3 (September 1, 2013): 200–201, https://doi.org/10.18814/epiiugs/2013/v36i3/002.

16. "Healthy Soils Are the Basis for Healthy Food Production," Food and Agriculture Organization of the United Nations, March 26, 2015, http://www.fao.org/3/a-i4405e.pdf (accessed August 25, 2020).

17. David Wallinga, "Today's Food System: How Healthy Is It?" *Journal of Hunger and Environmental Nutrition* 4, no. 3–4 (December 2009): 251–281, https://doi.org/10.1080/19320240903336977.

18. Ibid.

19. Peter Dolton and Mimi Xiao, "The Intergenerational Transmission of Body Mass Index Across Countries," *Economics and Human Biology* 24 (February 2017): 140–152, https://doi.org/10.1016/j.ehb.2016.11.005.

20. Michelle J. Saksena et al., "America's Eating Habits: Food Away from Home," U.S. Department of Agriculture, September 2018, https://www.ers.usda.gov/webdocs/publications/90228/eib-196_ch8.pdf?v=3344.

21. Ibid.

22. "Antibiotic Resistance Threats in the United States, 2019," Centers for Disease Control and Prevention (2019), 18, http://dx.doi.org/10.15620/cdc:82532.

23. Ibid., vii.

24. Susan Brink, "Why Antibiotic Resistance Is More Worrisome Than Ever," NPR, May 14, 2020, https://www.npr.org/sections/goatsandsoda/2020/05/14/853984869/antibiotic-resistance-is-still-a-top-health-worry-its-a-pandemic-worry-too (accessed August 25, 2020).

25. "Drug-Resistant Infections: A Threat to Our Economic Future," World Bank, March 2017, viii, http://documents1.worldbank.org/curated/en/323311493396993758/pdf/final-report.pdf.

26. Ibid., 18.

27. Ibid.

28. "Bacterial Pneumonia Caused Most Deaths in 1918 Influenza Pandemic," U.S. National Institutes of Health, August 19, 2008, https://www.nih.gov/news-events/news-releases/bacterial-pneumonia-caused-most-deaths-1918-influenza-pandemic#:~:text=Bacterial%20Pneumonia%20Caused%20Most%20Deaths%20in%201918%20Influenza%20Pandemic,-Implications%20for%20Future&text=The%20majority%20of%20

deaths%20during,the%20National%20Institutes%20of%20Health (accessed August 25, 2020).

29. Morgan McFall-Johnsen, "These Facts Show How Unsustainable the Fashion Industry Is," World Economic Forum, January 31, 2020, https://www.weforum.org/agenda/2020/01/fashion-industry-carbon-unsustainable-environment-pollution/ (accessed August 31, 2020).

30. Kirsi Niinimäki et al., "The Environmental Price of Fast Fashion," *Nature Reviews* 1 (April 2020): 189–200, https://doi.org/10.1038/s43017-020-0039-9.

31. Ibid., 190.

32. "How Much Do Our Wardrobes Cost to the Environment?" World Bank, September 23, 2019, https://www.worldbank.org/en/news/feature/2019/09/23/costo-moda-medio-ambiente (accessed September 1, 2020); Rep. *Pulse of the Fashion Industry 2017*. Global Fashion Agenda & The Boston Consulting Group, 2017.

33. Niinimäki et al., "The Environmental Price of Fast Fashion."

34. Ibid., 191–193; "Chemicals in Textiles—Risks to Human Health and the Environment," Report from a Government Assignment, KEMI Swedish Chemicals Agency, 2014, https://www.kemi.se/download/18.6df1d3df171c243fb23a98f3/1591454110491/rapport-6-14-chemicals-in-textiles.pdf.

35. Ibid., 195; Ellen MacArthur Foundation and Circular Fibres Initiative, "A New Textiles Economy: Redesigning Fashion's Future" (2017), https://emf.thirdlight.com/link/2axvc7eob8zx-za4ule/@/preview/1?o.

第四章　大颠覆：地球的时空闭合

1. "What Hath God Wrought?" Library of Congress, May 24, 2020, https://www.loc.gov/item/today-in-history/may-24 (accessed September 1, 2020).

2. Sebastian de Grazia, *Of Time, Work, and Leisure* (New York: Century Foundation, 1962), 41.

3. Ibid.

4. Reinhard Bendix, *Max Weber: An Intellectual Portrait* (Garden City: Anchor-Doubleday, 1962), 318.

5. Lewis Mumford, *Technics and Civilization* (New York: Harbinger, 1947), 13–14.

6. Daniel J. Boorstin, *The Discoverers* (New York: Random House, 1983), 38.

7. Mary Bellis, "The Development of Clocks and Watches over Time," *ThoughtCo.*, February 6, 2019, https://www.thoughtco.com/clock-and-calendar-history-1991475.

8. Jonathan Swift, *Gulliver's Travels: The Voyages to Lilliput and Brobdingnag* (Ann Arbor: University of Michigan Press, 1896) (original work published 1726), 48.

9. Alfred W. Crosby, *The Measure of Reality: Quantification in Western Europe, 1250–1600* (Cambridge: Cambridge University Press, 1996), 171.

10. Encyclopedia Britannica, "Linear Perspective," https://www.britannica.com/art/linear-perspective (accessed April 30, 2021).

11. Galileo Galilei, "The Assayer," in *Discoveries and Opinions of Galileo* (New York: Anchor Books, 1957) (original work published 1623).

12. Philipp H. Lepenies, *Art, Politics, and Development* (Philadelphia: Temple University Press, 2013), 48–50.

13. Walter J. Ong, *Orality and Literacy* (London: Routledge, 1982), 117.
14. Eric J. Hobsbawm, *Nations and Nationalism Since 1780: Programme, Myth, Reality* (Cambridge: Cambridge University Press, 1990), 60.
15. Tullio De Mauro, *Storia Linguistica Dell'Italia Unita* (Rome: Laterza, 1963).
16. Charles Killinger, *The History of Italy* (Westport, CT: Greenwood Press, 2002), 1; Massimo D'Azeglio, *I Miei Ricordi* (1891), 5.
17. Bob Barton, "The History of Steam Trains and Railways," Historic UK, n.d., https://www.historic-uk.com/HistoryUK/HistoryofBritain/Steam-trains-railways/ (accessed September 1, 2020).
18. Eric J. Hobsbawm, *The Age of Revolution, 1789–1848* (New York: Vintage Books, 1996), 298.
19. Warren D. TenHouten, *Time and Society* (Albany: State University of New York Press, 2015), 62.

第五章　终极掠夺：商品化地球各圈、基因库和电磁频谱

1. John Locke, *Two Treatises on Civil Government* (London: George Routledge and Sons, 1884) (original work published 1689), 207.
2. Ibid.
3. "The Critical Zone: National Critical Zone Observatory," The Critical Zone | National Critical Zone Observatory, https://czo-archive.criticalzone.org/national/research/the-critical-zone-1national/ (accessed April 30, 2021).
4. Renee Cho, Joan Angus, Sarah Fecht, and Shaylee Packer, "Why Soil Matters," State of the Planet, May 1, 2012, https://news.climate.columbia.edu/2012/04/12/why-soil-matters/.
5. Ibid.
6. Food and Agriculture Organization of the United Nations, *Livestock and Landscapes*, 2012, http://www.fao.org/3/ar591e/ar591e.pdf (accessed March 23, 2019), 1.
7. Ibid.
8. Geoff Watts, "The Cows That Could Help Fight Climate Change," BBC Future, August 6, 2019, https://www.bbc.com/future/article/20190806-how-vaccines-could-fix-our-problem-with-cow-emissions (accessed July 12, 2021).
9. Nicholas LePan, "This Is What the Human Impact on the Earth's Surface Looks Like," World Economic Forum, December 4, 2020, https://www.weforum.org/agenda/2020/12/visualizing-the-human-impact-on-the-earth-s-surface/ (accessed April 30, 2021).
10. "What's Driving Deforestation?" Union of Concerned Scientists, February 2016, https://www.ucsusa.org/resources/whats-driving-deforestation.
11. *USDA Coexistence Fact Sheets: Soybeans*. U.S. Department of Agriculture, 2015.
12. Wannes Hubau et al., "Asynchronous Carbon Sink Saturation in African and Amazonian Tropical Forests," *Nature* 579 (March 2020): 80–87.
13. Ibid.
14. Ibid.
15. Ibid.
16. Research and Markets, *World—Beef (Cattle Meat)—Market Analysis, Forecast, Size, Trends and Insights*, 2021.

17. Reportlinker, *Forestry and Logging Global Market Report 2021: COVID-19 Impact and Recovery to 2030,* 2020.

18. IMARC Group, *Soy Food Market: Global Industry Trends, Share, Size, Growth, Opportunity and Forecast 2021–2026,* 2021; Reportlinker, *Palm Oil Market Size, Share & Trends Analysis Report by Origin (Organic, Conventional), by Product (Crude, RBD, Palm Kernel Oil, Fractionated), by End Use, by Region, and Segment Forecasts, 2020–2027,* 2020.

19. M. Garside, "Topic: Mining," Statista, https://www.statista.com/topics/1143/mining/ (accessed April 30, 2021).

20. Marvin S. Soroos, "The International Commons: A Historical Perspective," *Environmental Review* 12, no. 1 (Spring 1988): 1–22, https://www.jstor.org/stable/3984374.

21. Sir Walter Raleigh, "A Discourse of the Invention of Ships, Anchors, Compass, &c.," in *Oxford Essential Quotations*, edited by Susan Racliffe (2017), https://www.oxfordreference.com/view/10.1093/acref/9780191843730.001.0001/q-oro-ed5-00008718.

22. "The United Nations Convention on the Law of the Sea (A historical perspective)," United Nations, 1998, https://www.un.org/depts/los/convention_agreements/convention_historical_perspective.htm.

23. R. R. Churchill and A. V. Lowe, *The Law of the Sea*, vol. 1 (Oxford: Oxford University Press, 1983), 130; U.S. maritime limits & amp; Boundaries, https://nauticalcharts.noaa.gov/data/us-maritime-limits-and-boundaries.html#general-information (accessed August 21, 2021). Continental Shelf (Tunis. v. Libya) (International Court of Justice February 24, 1982). http://www.worldcourts.com/icj/eng/decisions/1982.02.24_continental_shelf.htm (accessed July 25, 2022).

24. Clive Schofield and Victor Prescott, *The Maritime Political Boundaries of the World* (Leiden: Martinus Nijhoff, 2004), 36; Food and Agriculture Organization of the United Nations, "The State of World Fisheries and Aquaculture 2020. Sustainability in Action," 2020, 94; "United Nations Convention on the Law of the Sea (UNCLOS)," Encyclopedia.com, https://www.encyclopedia.com/environment/energy-government-and-defense-magazines/united-nations-convention-law-sea-unclos (acessed May 20, 2021).

25. "Ocean Governance: Who Owns the Ocean?" *Heinrich Böll Stiftung: Brussels,* June 2, 2017, https://eu.boell.org/en/2017/06/02/ocean-governance-who-owns-ocean.

26. Enric Sala et al., "The Economics of Fishing the High Seas," *Science Advances* 4, no. 6 (June 2018); David Tickler, Jessica J. Meeuwig, Maria-Lourdes Palomares, Daniel Pauly, and Dirk Zeller, "Far from Home: Distance Patterns of Global Fishing Fleets," *Science Advances* 4, no. 8 (August 2018), https://doi.org/10.1126/sciadv.aar3279.

27. "Trawling Takes a Toll," *American Museum of Natural History*, n.d., https://www.amnh.org/explore/videos/biodiversity/will-the-fish-return/trawling-takes-a-toll (accessed September 4, 2020).

28. Ibid. Andy Sharpless and Suzannah Evans, "Net Loss: How We Continually Forget What the Oceans Really Used to Be Like [Excerpt]," *Scientific American,* May 24, 2013, https://www.scientificamerican.com/article/shifting-baselines-in-ocean-fish-excerpt/ (accessed July 25, 2022).

29. Hilal Elver. "The Emerging Global Freshwater Crisis and the Privatization of Global Leadership." Essay. In *Global Crises and the Crisis of Global Leadership*, edited by Stephen Gill (Cambridge: Cambridge University Press, 2011).

30. Ibid.
31. Maude Barlow, *Whose Water Is It, Anyway?* (Toronto: ECW Press, 2019), 18.
32. "1 in 3 People Globally Do Not Have Access to Safe Drinking Water—UNICEF, WHO," World Health Organization, June 18, 2019, https://www.who.int/news/item/18–06–2019–1-in-3-people-globally-do-not-have-access-to-safe-drinking-water-unicef-who (accessed September 3, 2020).
33. "Water Privatization: Facts and Figures," Food and Water Watch, August 31, 2015, https://www.foodandwaterwatch.org/print/insight/water-privatization-facts-and-figures (accessed September 3, 2020).
34. Ibid.
35. Diamond v. Chakrabarty, 447 U.S. 3030 (1980).
36. Ibid.
37. Ibid.
38. "Genentech Goes Public." Genentech: Breakthrough Science, April 28, 2016, https://www.gene.com/stories/genentech-goes-public.
39. Keith Schneider, "Harvard Gets Mouse Patent, A World First," *New York Times*, April 13, 1988, A1.
40. Association for Molecular Pathology et al. v. Myriad Genetics, US 12–398 (2013).
41. Kelly Servick, "No Patent for Dolly the Cloned Sheep, Court Rules, Adding to Industry Jitters," *Science*, May 14, 2014, https://www.sciencemag.org/news/2014/05/no-patent-dolly-cloned-sheep-court-rules-adding-industry-jitters.
42. "Monsanto v. U.S. Farmers," a report by the Center for Food Safety (2005), 11, https://www.centerforfoodsafety.org/files/cfsmonsantovsfarmerreport11305.pdf.
43. Sheldon Krimsky, James Ennis, and Robert Weissman, "Academic-Corporate Ties in Biotechnology: A Quantitative Study," *Science, Technology, & Human Values* 16, no. 3 (July 1991).
44. Association for Molecular Pathology et al. v. Myriad Genetics.
45. Sergio Sismondo, "Epistemic Corruption, the Pharmaceutical Industry, and the Body of Medical Science," *Frontiers in Research Metrics and Analytics* 6 (2021), https://doi.org/10.3389/frma.2021.614013; Bernard Lo and Marilyn J. Field, *Conflict of Interest in Medical Research, Education, and Practice* (Washington, D.C.: National Academies Press, 2009), 84; Sharon Lerner, "The Department of Yes: How Pesticide Companies Corrupted the EPA and Poisoned America," *The Intercept*, June 30, 2021, https://theintercept.com/2021/06/30/epa-pesticides-exposure-opp/; Jack T. Pronk, S. Lee, J. Lievense, et al., "How to Set Up Collaborations Between Academia and Industrial Biotech Companies," *Nature Biotechnology* 33 (2015): 237–240, https://doi.org/10.1038/nbt.3171.
46. Carolyn Brokowski and Mazhar Adli, "CRISPR Ethics: Moral Consideration for Applications of a Powerful Tool," *Journal of Molecular Biology* 431, no. 1 (January 2019), https://www.ncbi.nlm.nih.gov/pmc/articles/PMC6286228/pdf/nihms973582.pdf.
47. Jon Cohen, "CRISPR, the Revolutionary Genetic 'Scissors,' Honored by Chemistry Nobel," *Science*, October 7, 2020, https://www.sciencemag.org/news/2020/10/crispr-revolutionary-genetic-scissors-honored-chemistry-nobel#:~:text=This%20year's%20Nobel%20Prize%20in,wheat%20to%20mosquitoes%20to%20humans (accessed October 12, 2020); Martin Jinek, Krzysztof Chylinski, Ines Fonfara, Jennifer A. Doudna,

and Emmanuelle Charpentier, "A Programmable Dual-RNA–Guided DNA Endonuclease in Adaptive Bacterial Immunity," *Science* 337, no. 6096 (2012): 816–821, https://doi.org/10.1126/science.1225829.

48. Cohen, "CRISPR, the Revolutionary Genetic 'Scissors' Honored by Chemistry Nobel."

49. Dennis Normille, "Chinese Scientist Who Produced Genetically Altered Babies Sentenced to 3 Years in Jail," *ScienceMag*, December 30, 2019, https://www.sciencemag.org/news/2019/12/chinese-scientist-who-produced-genetically-altered-babies-sentenced-3-years-jail.

50. Katelyn Brinegar, Ali K. Yetisen, Sun Choi, Emily Vallillo, Guillermo U. Ruiz-Esparza, Anand M. Prabhakar, Ali Khademhosseini, and Seok-Hyun Yun, "The Commercialization of Genome-Editing Technologies," *Critical Reviews in Biotechnology* 37, no. 7 (2017): 924–932.

51. Brokowski and Adli, "CRISPR Ethics: Moral Considerations."

52. Mauro Salvemini, "Global Positioning System," in *International Encyclopedia of the Social & Behavioral Sciences*, 2nd ed., edited by James D. Wright (Amsterdam: Elsevier, 2015), 174–177.

53. Greg Milner, *Pinpoint: How GPS Is Changing Technology, Culture, and Our Minds* (New York: W. W. Norton, 2016).

54. Ibid.

55. Thomas Alsop, "Global Navigation Satellite System (GNSS) Device Installed Base Worldwide in 2019 and 2029," Statista, 2020, https://www.statista.com/statistics/1174544/gnss-device-installed-base-worldwide/#statisticContainer.

56. "Global Navigation Satellite System (GNSS) Market Size," Fortune Business Insights, 2020, https://www.fortunebusinessinsights.com/global-navigation-satellite-system-gnss-market-103433.

57. Ashik Siddique, "Getting Lost: What Happens When the Brain's 'GPS' Mapping Malfunctions," *Medical Daily*, May 1, 2013, https://www.medicaldaily.com/getting-lost-what-happens-when-brains-gps-mapping-malfunctions-245400 (accessed November 1, 2020).

58. Ibid.

59. Milner, *Pinpoint*.

60. Patricia Greenfield et al., "Technology and Informal Education: What Is Taught, What Is Learned," *Science* 323, no. 69 (2009).

61. Stuart Wolpert, "Is Technology Producing a Decline in Critical Thinking and Analysis?" *UCLA Newsroom*, January 27, 2009, https://newsroom.ucla.edu/releases/is-technology-producing-a-decline-79127.

62. Ibid.

63. Joseph Firth, John Torous, Brendon Stubbs, Josh A. Firth, Genevieve Z. Steiner, Lee Smith, Mario Alvarez-Jimenez, John Gleeson, Davy Vancampfort, Christopher J. Armitage, and Jerome Sarris, "The Online Brain: How the Internet May Be Changing Our Cognition," *World Psychiatry* 18 (2019): 119–129.

64. Ibid., 119.

65. Ibid., 121.

66. Ibid.

67. Firth et al., "The Online Brain," 123; N. Barr, G. Pennycook, J. A. Stolz, et al., "The Brain in Your Pocket: Evidence That Smartphones Are Used to Supplant Thinking," *Computers in Human Behavior* 48 (2015): 473–480.

68. Donald Rumsfeld, "Press Conference by U.S. Secretary of Defense, Donald Rumsfeld," NATO HQ, June 6, 2002, https://www.nato.int/docu/speech/2002/s020606g.htm.

69. John Cheney-Lippold, "A New Algorithmic Identity: Soft Biopolitics and the Modulation of Control," *Theory, Culture and Society* 28, no. 6 (2011): 164–181.

70. Lee Rainie and Janna Anderson, "Code-Dependent: Pros and Cons of the Algorithm Age," Pew Research Center, February 8, 2017.

71. Ibid., 9.

72. Ibid.

73. Ibid., 12.

74. George W. Bush, "President Bush Delivers Graduation Speech at West Point," The White House, June 1, 2002, https://georgewbush-whitehouse.archives.gov/news/releases/2002/06/20020601-3.html.

75. Svati Kirsten Narula, "The Real Problem with a Service Called Ghetto Tracker," *The Atlantic*, September 6, 2013, https://www.theatlantic.com/technology/archive/2013/09/the-real-problem-with-a-service-called-ghetto-tracker/279403/.

76. Ian Kerr and Jessica Earle, "Prediction, Preemption, Presumption: How Big Data Threatens Big Picture Privacy," *Stanford Law Review*, Symposium 2013—Privacy and Big Data, https://www.stanfordlawreview.org/online/privacy-and-big-data-prediction-preemption-presumption/.

第六章　资本主义的第 22 条军规：提高了效率，减少了工人，消费者负债累累

1. Bennett Harrison and Barry Bluestone, *The Great U-Turn: Corporate Restructuring and the Polarizing of America* (New York: HarperCollins, 1990), 38.

2. Isadore Lubin, "The Absorption of the Unemployed by American Industry," In *Brookings Institution Pamphlet Series* 1, no. 3 (Washington, D.C.: Brookings Institution, 1929); Isadore Lubin, "Measuring the Labor Absorbing Power of American Industry," *Journal of the American Statistical Association* 24, no. 165 (1929): 27–32, https://www.jstor.org/stable/2277004.

3. Henry Ford, *My Life and Work* (London: William Heinemann, 1923), 72.

4. Charles Kettering, "Keep the Consumer Dissatisfied," *Nation's Business* 17, no. 1 (January 1929): 30–31.

5. Committee on Recent Economic Change, "Report of the Committee on Recent Economic Changes of the President's Conference on Unemployment," in *Recent Economic Changes in the United States*, Volumes 1 and 2 (Cambridge, MA: National Bureau of Economic Research, 1929), xviii.

6. Will Slayter, *The Debt Delusion: Evolution and Management of Financial Risk* (Boca Raton: Universal Publishers, 2008), 29.

7. Christopher Lasch, *The Culture of Narcissism: American Life in an Age of Diminishing Expectations* (New York: W. W. Norton, 1979).

8. Frederick C. Mills, *Employment Opportunities in Manufacturing Industries in the United States* (Cambridge, MA: National Bureau of Economic Research, 1938), 10–15.

9. Benjamin Kline Hunnicutt, "Kellogg's Six-Hour Day: A Capitalist Vision of Liberation Through Managed Work Reduction," *Business History Review* 66, no. 3 (Autumn 1992): 475, https://www.jstor.org/stable/3116979.

10. Robert Higgs, "The Two-Price System: U.S. Rationing During World War II Price Controls and Rationing Led to Law-Breaking and Black Markets," *Foundation for Economic Education*, April 24, 2009, https://fee.org/articles/the-two-price-system-us-rationing-during-world-war-ii/ (accessed August 21, 2020).

11. Louis Hyman, *Debtor Nation: The History of America in Red Ink* (Princeton, NJ: Princeton University Press, 2011), 136.

12. "Number of TV Households in America: 1950–1978," *American Century*, November 15, 2014, https://americancentury.omeka.wlu.edu/items/show/136 (accessed August 21, 2020).

13. "Television and Health," California State University Northridge Internet Resources, https://www.csun.edu/science/health/docs/tv&health.html (accessed June 24, 2021).

14. Hyman, *Debtor Nation*, 156–70.

15. Ibid., 270; Michael A. Turner, Patrick Walker, and Katrina Dusek, "New to Credit from Alternative Data," *PERC*, March 2009, https://www.perc.net/wp-content/uploads/2013/09/New_to_Credit_from_Alternative_Data_0.pdf.

16. Norbert Wiener, *The Human Use of Human Beings: Cybernetics and Human Beings* (New York: Avon Books, 1954), 278.

17. Ibid., 162.

18. Betty W. Su, "The Economy to 2010: Domestic Growth with Continued High Productivity, Low Unemployment Rates, and Strong Foreign Markets Characterize the Expected Outlook for the Coming Decade (Employment Outlook: 2000–10)," *Monthly Labor Review* 124, no. 11 (November 2001): 4, https://www.bls.gov/opub/mlr/2001/11/art1full.pdf.

19. Michael Simkovic, "Competition and Crisis in Mortgage Securitization," *Indiana Law Journal* 88, no. 213 (2013): 227, https://dx.doi.org/10.2139/ssrn.1924831.

20. Stefania Albanesi et al., "Credit Growth and the Financial Crisis: A New Narrative," National Bureau of Economic Research Working Paper 23740 (2017), 2, http://www.nber.org/papers/w23740.

21. "Median Sales Price for New Houses Sold in the United States," U.S. Census Bureau, July 1, 2020, https://fred.stlouisfed.org/series/MSPNHSUS (accessed September 17, 2020).

22. Susanna Kim, "2010 Had Record 2.9 Million Foreclosures," ABC News, January 12, 2011, https://abcnews.go.com/Business/2010-record-29-million-foreclosures/story?id=12602271 (accessed August 21, 2020).

23. Meta Brown et al., "The Financial Crisis at the Kitchen Table: Trends in Household Debt and Credit," *Federal Reserve Bank of New York Current Issues in Economics and Finance* 19, no. 2 (2013), https://www.newyorkfed.org/medialibrary/media/research/current_issues/ci19-2.pdf.

24. "GDP-United States," n.d. World Bank National Accounts Data, and OECD National Accounts Data Files, https://data.worldbank.org/indicator/NY.GDP.MKTP.CD?locations=US (accessed August 23, 2021).

25. Felix Richter, "Pre-Pandemic Household Debt at Record High," Statista, July 22, 2020, https://www.statista.com/chart/19955/household-debt-balance-in-the-united

-states/ (accessed August 21, 2020); Jeff Cox, "Consumer Debt Hits New Record of $14.3 Trillion," *CNBC*, May 5, 2020, https://www.cnbc.com/2020/05/05/consumer-debt-hits-new-record-of-14point3-trillion.html.

26. James Womack et al., *The Machine That Changed the World: The Story of Lean Production—Toyota's Secret Weapon in the Global Car Wars That Is Now Revolutionizing World Industry* (New York: Harper Perennial, 1991), 11.

27. Charles House and Raymond Price, "The Return Map: Tracking Product Teams," *Harvard Business Review* (January–February 1991), https://hbr.org/1991/01/the-return-map-tracking-product-teams#.

28. Christopher Huxley, "Three Decades of Lean Production: Practice, Ideology, and Resistance," *International Journal of Sociology* 45, no. 2 (August 2015): 140, https://doi.org/10.1080/00207659.2015.1061859; Satoshi Kamata, Ronald Philip Dore, and Tatsuru Akimoto, *Japan in the Passing Lane: An Insider's Account of Life in a Japanese Auto Factory* (New York: Pantheon Books, 1982); Mike Parker and Jane Slaughter, *Choosing Sides: Unions and the Team Concept* (Boston: South End Press, 1988).

29. Ibid., 140.

30. Ibid.

31. Hayley Peterson, "Amazon's Delivery Business Reveals Staggering Growth as It's on Track to Deliver 3.5 Billion Packages Globally This Year," *Business Insider*, December 19, 2019, https://www.businessinsider.com/amazon-package-delivery-business-growth-2019-12#:~ (accessed August 20, 2020).

32. "Forbes 400: #1 Jeff Bezos," *Forbes* (September 2020), https://www.forbes.com/profile/jeff-bezos/?sh=1d26aa0a1b23; "The World's Real-Time Billionaires," *Forbes*, 2022, https://www.forbes.com/real-time-billionaires/#3bfb2bde3d78 (accessed March 8, 2022).

33. Áine Cain and Hayley Peterson, "Two Charts Show Amazon's Explosive Growth as the Tech Giant Prepares to Add 133,000 Workers Amid Record Online Sales," *Business Insider*, September 15, 2020, https://markets.businessinsider.com/news/stocks/amazon-number-of-employees-workforce-workers-2020-9-1029591975 (accessed August 20, 2020).

34. Jodi Kantor and David Streitfeld, "Inside Amazon: Wrestling Big Ideas in a Bruising Workplace," *New York Times*, August 15, 2015.

35. Ibid.

36. Jay Greene and Chris Alcantara, "Amazon Warehouse Workers Suffer Serious Injuries at Higher Rates Than Other Firms," *Washington Post*, June 1, 2021, https://www.washingtonpost.com/technology/2021/06/01/amazon-osha-injury-rate/.

37. Emily Guendelsberger, *On the Clock: What Low-Wage Work Did to Me and How It Drives America Insane* (Boston: Little, Brown, 2019).

38. Esther Kaplan, "The Spy Who Fired Me: The Human Costs of Workplace Monitoring," *Harper's Magazine*, March 2015, https://harpers.org/archive/2015/03/the-spy-who-fired-me/ (accessed August 21, 2020).

39. Johan Huizinga, "Homo Ludens: A Study of the Play-Element in Culture" (Boston: Beacon Press, 1950), 46.

40. Jennifer deWinter et al., "Taylorism 2.0: Gamification, Scientific Management and the Capitalist Appropriation of Play," *Journal of Gaming & Virtual Worlds* 6, no. 2 (June 2014): 109–127, http://dx.doi.org/10.1386/jgvw.6.2.109_1.

41. Ibid., 113.

42. "Stone City: Learn the Relationship Portion Sizes and Profitability in an Ice Cream Franchise," Cold Stone Creamery Inc., http://persuasivegames.com/game/coldstone.

43. Anna Blake and James Moseley, "Frederick Winslow Taylor: One Hundred Years of Managerial Insight," *International Journal of Management* 28, no. 4 (December 2011): 346–353, https://www.researchgate.net/profile/Anne_Blake/publication/286930119_Frederick_Winslow_Taylor_One_Hundred_Years_of_Managerial_Insight/links/5670846c08aececfd5532970/Frederick-Winslow-Taylor-One-Hundred-Years-of-Managerial-Insight.pdf.

44. Jill Lepore, "Not So Fast: Scientific Management Started as a Way to Work. How Did It Become a Way of Life?" *New Yorker*, October 5, 2009, https://www.newyorker.com/magazine/2009/10/12/not-so-fast (accessed August 21, 2020).

45. Edward Cone and James Lambert, "How Robots Change the World: What Automation Really Means for Jobs and Productivity," *Oxford Economics*, June 26, 2019, https://www.oxfordeconomics.com/recent-releases/how-robots-change-the-world; Susan Lund, Anu Madgavkar, James Manyika, Sven Smit, Kweilin Ellingrud, and Olivia Robinson, "The Future of Work After COVID-19," McKinsey and Company, 2019, https://www.mckinsey.com/featured-insights/future-of-work/the-future-of-work-after-covid-19; John Hawksworth, Richard Berriman, and Saloni Noel, "Will Robots Really Steal Our Jobs? An International Analysis of the Potential Long-Term Impact of Automation," PricewaterhouseCoopers, 2018, https://www.pwc.co.uk/economic-services/assets/international-impact-of-automation-feb-2018.pdf.

46. Henry Blodget, "CEO of Apple Partner Foxconn: 'Managing One Million Animals Gives Me a Headache,'" *Business Insider*, January 12, 2012, https://www.businessinsider.com/foxconn-animals-2012-1 (accessed August 21, 2020).

47. Cone and Lambert, "How Robots Change the World."

第七章　生态自我：我们每个人都是一种耗散模式

1. Erich Kahler, *Man the Measure: A New Approach to History* (Cleveland: Meridian Books, 1967).

2. Lewis Mumford, *Technics and Human Development* (New York: Harcourt Brace Jovanovich/Harvest Books, 1966), 101.

3. Mircea Eliade, *The Myth of the Eternal Return* (Princeton, NJ: Princeton Classics, 2019), originally published in English in 1954.

4. Jeremy Rifkin, "The Risks of Too Much City," *Washington Post*, December 17, 2006, https://www.washingtonpost.com/archive/opinions/2006/12/17/the-risks-of-too-much-city/db5c3e65-4daf-465f-8e58-31b47ba359f8/.

5. Ludwig von Bertalanffy, *Problems of Life* (New York: Harper and Brothers, 1952), 134.

6. Norbert Wiener, *The Human Use of Human Beings: Cybernetics and Society* (New York: Da Capo Press, 1988), 96.

7. Alfred North Whitehead, *Science and the Modern World* (Cambridge: Cambridge University Press, 1926), 22.

8. Ronald Desmet and Andrew David Irvine, "Alfred North Whitehead," Stan-

ford *Encyclopedia of Philosophy*, September 4, 2018, https://plato.stanford.edu/entries/whitehead/.

9. Alfred North Whitehead, *Science and the Modern World: Lowell Lectures 1925* (Cambridge: Cambridge University Press, London 1929), 61; Alfred North Whitehead, *Nature and Life* (Chicago: Chicago University Press, 1934) and reprinted (Cambridge: Cambridge University Press, 2011).

10. Whitehead, *Nature and Life*, 65.

11. Robin G. Collingwood, *The Idea of Nature* (Oxford: Oxford University Press, 1945), 146.

12. Ibid.

13. Fritjof Capra, *The Tao of Physics: An Exploration of the Parallels Between Modern Physics and Eastern Mysticism* (Berkeley: Shambhala Publications, 1975), 138.

14. Whitehead, *Nature and Life*, 45–48.

15. Ernst Haeckel, *The Wonders of Life: A Popular Study of Biological Philosophy* (London: Watts, 1904), 80.

16. Whitehead, *Nature and Life*, 61.

17. Water Science School, "The Water in You: Water and the Human Body," U.S. Geological Survey, May 22, 2019, https://www.usgs.gov/special-topic/water-science-school/science/water-you-water-and-human-body?qt-science_center_objects=0#qt-science_center_objects.

18. H. H. Mitchell, T. S. Hamilton, F. R. Steggerda, and H. W. Bean, "The Chemical Composition of the Adult Human Body and Its Bearing on the Biochemistry of Growth," *Journal of Biological Chemistry* 158, no. 3 (May 1, 1945): 625–637, https://doi.org/10.1016/S0021-9258(19)51339-4.

19. "What Does Blood Do?" Institute for Quality and Efficiency in Health Care, InformedHealth.org, U.S. National Library of Medicine, August 29, 2019, https://www.ncbi.nlm.nih.gov/books/NBK279392/.

20. Water Science School, "The Water in You."

21. Alison Abbott, "Scientists Bust Myth That Our Bodies Have More Bacteria Than Human Cells," *Nature*, January 8, 2016, https://doi.org/10.1038/nature.2016.19136; Ron Sender, Shai Fuchs, and Ron Milo, "Revised Estimates for the Number of Human and Bacteria Cells in the Body," *PLOS Biology*, August 19, 2016, https://doi.org/10.1371/journal.pbio.1002533.

22. Kirsty L. Spalding, Ratan D. Bhardwaj, Bruce A. Buchholz, Henrik Druid, and Jonas Frisén, "Retrospective Birth Dating of Cells in Humans," *Cell* 122, no. 1 (July 15, 2005): 133–143, https://doi.org/10.1016/j.cell.2005.04.028.

23. Nicholas Wade, "Your Body Is Younger Than You Think," *New York Times*, August 2, 2005, https://www.nytimes.com/2005/08/02/science/your-body-is-younger-than-you-think.html.

24. Ibid.

25. Ibid.; Spalding et al., "Retrospective Birth Dating of Cells in Humans"; Stavros Manolagas, "Birth and Death of Bone Cells: Basic Regulatory Mechanisms and Implications for the Pathogenesis and Treatment of Osteoporosis," *Endocrine Reviews* 21, no. 2 (April 1, 2000): 116, https://doi.org/10.1210/edrv.21.2.0395; Ron Milo and Robert B. Phillips, *Cell Biology by the Numbers* (New York: Garland Science, 2015), 279.

26. Curt Stager, *Your Atomic Self: The Invisible Elements That Connect You to Everything Else in the Universe* (New York, 2014), 212; Bente Langdahl, Serge Ferrari, and David W. Dempster, "Bone Modeling and Remodeling: Potential as Therapeutic Targets for the Treatment of Osteoporosis," *Therapeutic Advances in Musculoskeletal Disease* 8, no. 6 (October 5, 2016), https://dx.doi.org/10.1177%2F1759720X16670154; Elia Beniash et al., "The Hidden Structure of Human Enamel," *Nature Communications* 10, no. 4383 (2019), https://www.nature.com/articles/s41467-019-12185-7.

27. Brian Clegg, "20 Amazing Facts About the Human Body," *The Guardian*, January 26, 2013, https://www.theguardian.com/science/2013/jan/27/20-human-body-facts-science.

28. J. Gordon Betts et al., *Anatomy and Physiology* (Houston: Rice University, 2013), 43; Curt Stager, *Your Atomic Self*, 197.

29. Ethan Siegel, "How Many Atoms Do We Have in Common with One Another?" *Forbes*, April 30, 2020, https://www.forbes.com/sites/startswithabang/2020/04/30/how-many-atoms-do-we-have-in-common-with-one-another/?sh=75adfe6a1b38 (accessed November 1, 2020).

30. Ibid.

31. Amit Shraga, "The Body's Elements," Davidson Institute of Science Education, April 1, 2020, https://davidson.weizmann.ac.il/en/online/orderoutofchaos/body%E2%80%99s-elements; Davey Reginald, "What Chemical Elements Are Found in the Human Body?" *News Medical Life Sciences*, May 19, 2021, https://www.news-medical.net/life-sciences/What-Chemical-Elements-are-Found-in-the-Human-Body.aspx#:~:text=The%20human%20body%20is%20approximately,carbon%2C%20calcium%2C%20and%20phosphorus. Body.aspx#:~:text=The%20human%20body%20is%20approximately,carbon%2C%20calcium%2C%20and%20phosphorus.

32. Elizabeth Pennisi, "Plants Outweigh All Other Life on Earth," *Science*, May 21, 2018, https://doi.org/10.1126/science.aau2463; Yinon M. Bar-On, Rob Phillips, and Ron Milo, "The Biomass Distribution on Earth," *Proceedings of the National Academy of Sciences* 115, no. 25 (May 21, 2018), https://doi.org/10.1073/pnas.1711842115.

33. Sender, Fuchs, and Milo, "Revised Estimates for the Number of Human and Bacteria Cells in the Body."

34. Anne E. Maczulak, *Allies and Enemies: How the World Depends on Bacteria* (FT Press, 2010); Molika Ashford, "Could Humans Live Without Bacteria?" *Live Science*, August 12, 2010, https://www.livescience.com/32761-good-bacteria-boost-immune-system.html.

35. Anil Kumar and Nikita Chordia, "Role of Microbes in Human Health," *Applied Microbiology: Open Access* 3, no. 2 (April 2017): 131, https://www.longdom.org/open-access/role-of-microbes-in-human-health-2471-9315-1000131.pdf; Ana Maldonado-Contreras, "A Healthy Microbiome Builds a Strong Immune System That Could Help Defeat COVID-19," University of Massachusetts Medical School, January 25, 2021, https://www.umassmed.edu/news/news-archives/2021/01/a-healthy-microbiome-builds-a-strong-immune-system-that-could-help-defeat-covid-19/.

36. Patrick C. Seed, "The Human Mycobiome," *Cold Spring Harbor Perspectives in Medicine* 5, no. 5 (2015), https://dx.doi.org/10.1101%2Fcshperspect.a019810.

37. Gary B. Huffnagle and Mairi C. Noverr, "The Emerging World of the Fungal

Microbiome," *Trends in Microbiology* 21, no. 7 (2013): 334–341, https://doi.org/10.1016/j.tim.2013.04.002.

38. Mahmoud A. Ghannoum, Richard J. Jurevic, Pranab K. Mukherjee, Fan Cui, Masoumeh Sikaroodi, Ammar Naqvi, and Patrick M. Gillevet, "Characterization of the Oral Fungal Microbiome (Mycobiome) in Healthy Individuals," *PLOS Pathogens*, January 8, 2010, https://doi.org/10.1371/journal.ppat.1000713; Bret Stetka, "The Human Body's Complicated Relationship with Fungi," MPR News, April 16, 2016, https://www.mprnews.org/story/2016/04/16/npr-the-human-bodys-complicated-relationship-with-fungi.

39. Kaisa Koskinen, Manuela R. Pausan, Alexandra K. Perras, Michael Beck, Corinna Bang, Maximillian Mora, Anke Schilhabel, Ruth Schmitz, and Christine Moissl-Eichinger, "First Insights into the Diverse Human Archaeome: Specific Detection of Archaea in the Gastrointestinal Tract, Lung, and Nose and on Skin," *mBio* 8, no. 6 (November 14, 2017), http://dx.doi.org/10.1128/mBio.00824-17.

40. Mor N. Lurie-Weinberger and Uri Gophna, "Archaea in and on the Human Body: Health Implications and Future Directions," *PLOS Pathogens* 11, no. 6 (2015), https://doi.org/10.1371/journal.ppat.1004833.

41. Graham P. Harris, *Phytoplankton Ecology: Structure, Function and Fluctuation* (London: Chapman and Hall, 1986); Yadigar Sekerci and Sergei Petrovskii, "Global Warming Can Lead to Depletion of Oxygen by Disrupting Phytoplankton Photosynthesis: A Mathematical Modelling Approach," *Geosciences* 8, no. 6 (June 3, 2018), doi:10.3390/geosciences8060201.

42. John Corliss, "Biodiversity and Biocomplexity of the Protists and an Overview of Their Significant Roles in Maintenance of Our Biosphere," *Acta Protozoologica* 41 (2002): 212.

43. Karin Mölling, "Viruses More Friends Than Foes," *Electroanalysis* 32, no. 4 (November 26, 2019): 669–673, https://doi.org/10.1002/elan.201900604.

44. David Pride, "Viruses Can Help Us as Well as Harm Us," *Scientific American*, December 1, 2020, https://www.scientificamerican.com/article/viruses-can-help-us-as-well-as-harm-us/#.

45. David Pride and Chandrabali Ghose, "Meet the Trillions of Viruses That Make Up Your Virome," *The Conversation*, October 9, 2018, https://theconversation.com/meet-the-trillions-of-viruses-that-make-up-your-virome-104105#:~:text=It%20has%20been%20estimated%20that,infections%20like%20Ebola%20or%20dengue (accessed November 1, 2020).

46. James Gallagher, "More Than Half Your Body Is Not Human," BBC News, April 10, 2018, https://www.bbc.com/news/health-43674270 (accessed November 1, 2020).

47. Ibid.

48. Prabarna Ganguly, "Microbes in Us and Their Role in Human Health and Disease," National Human Genome Research Institute, May 29, 2019, https://www.genome.gov/news/news-release/Microbes-in-us-and-their-role-in-human-health-and-disease.

49. "Biome," *Lexico: Powered by Oxford*, https://www.lexico.com/en/definition/biome (accessed November 20, 2021).

50. "Ecosystem," *Lexico: Powered by Oxford*, https://www.lexico.com/en/definition/ecosystem (accessed November 20, 2021).

51. Peter Turnbaugh, Ruth Ley, Micah Hamady, Claire M. Fraser-Liggett, Rob Knight, and Jeffrey Gordon, "The Human Microbiome Project," *Nature* 449 (October 2007): 804, https://www.nature.com/articles/nature06244.pdf.

52. Gallagher, "More Than Half Your Body Is Not Human."

53. Ibid.

54. Bertalanffy, *Problems of Life*, 134.

55. Dominique Frizon de Lamotte, Brendan Fourdan, Sophie Leleu, François Leparmentier, and Philippe de Clarens, "Style of Rifting and the Stages of Pangea Breakup," *Tectonics* 34, no. 5 (2015): 1009–1029, https://doi.org/10.1002/2014tc003760.

56. Stager, *Your Atomic Self*, 193–194.

第八章 一个新的起源故事：生物钟和电磁场助力同步和塑造生命

1. James D. Watson, *The Double Helix: A Personal Account of the Discovery of the Structure of DNA* (New York: Simon & Schuster, 1968).

2. Patricia J. Sollars and Gary E. Pickard, "The Neurobiology of Circadian Rhythms," *Psychiatric Clinics of North America* 38, no. 4 (2015): 645–65, https://doi.org/10.1016/j.psc.2015.07.003.

3. Joseph Zubin and Howard F. Hunt, *Comparative Psychopathology: Animal and Human* (New York: Grune & Stratton, 1967), https://www.gwern.net/docs/psychology/1967-zubin-comparativepsychopathology.pdf.

4. Ueli Schibler, "The Mammalian Circadian Timekeeping System," in *Ultradian Rhythms from Molecules to Mind: A New Vision of Life*, edited by David Lloyd and Ernest Rossi (Heidelberg: Springer Netherlands, 2008), 261–279.

5. J. O'Neill and A. Reddy, "Circadian Clocks in Human Red Blood Cells," *Nature* 469 (January 26, 2011): 498–503.

6. Michelle Donahue, "80 Percent of Americans Can't See the Milky Way Anymore," *National Geographic*, June 10, 2016, https://www.nationalgeographic.com/science/article/milky-way-space-science.

7. Abraham Haim and Boris A. Portnov, *Light Pollution as a New Risk Factor for Human Breast and Prostate Cancers* (New York: Springer Nature, 2013).

8. A. L. Baird, A. N. Coogan, A. Siddiqui, R. M. Donev, and J. Thome, "Adult Attention Deficit Hyperactivity Disorder Is Associated with Alterations in Circadian Rhythms at the Behavioural, Endocrine and Molecular Levels," *Molecular Psychiatry* 17, no. 10 (2012): 988–995.

9. Elaine Waddington Lamont, Daniel L. Coutu, Nicolas Cermakian, and Diane B. Bolvin, "Circadian Rhythms and Clock Genes in Psychotic Disorders," *Israel Journal of Psychiatry and Related Sciences* 47, no. 1 (2010), 27–35.

10. Russell Foster, "Waking Up to the Link Between a Faulty Body Block and Mental Illness," *The Guardian*, July 22, 2013.

11. G. J. Whitrow, *The Natural Philosophy of Time* (Oxford: Oxford University Press, 1980), 146.

12. E. T. Pengelley and K. C. Fisher, "The Effect of Temperature and Photoperiod on the Yearly Hibernating Behavior of Captive Golden-Mantled Ground Squirrels," *Canadian Journal of Zoology* 41 (1963): 1103–1120.

13. David Lloyd, "Biological Timekeeping: The Business of a Blind Watchmaker," *Science Progress* 99, no. 2 (2016): 113–132.

14. Ibid., 124.

15. Grace H. Goh, Shane K. Maloney, Peter J. Mark, and Dominique Blache, "Episodic Ultradian Events—Ultradian Rhythms," *Biology* 8, no. 1 (March 2019): 12.

16. Ibid.

17. B. P. Tu, A. Kudlicki, M. Rowicka, and S. L. McKnight, "Logic of the Yeast Metabolic Cycle: Temporal Compartmentalization of Cellular Processes," *Science* 310, no. 5751 (November 2005), and B. P. Tu and S. L. McKnight, "Metabolic Cycles as an Underlying Basis of Biological Oscillations," *Nature Reviews Molecular Cell Biology* 7, no. 9 (2006).

18. Maximilian Moser, Matthias Frühwirth, Reiner Penter, and Robert Winker, "Why Life Oscillates—From a Topographical Towards a Functional Chronobiology," *Cancer Causes & Control* 17, no. 4 (June 2006): 591–599.

19. Thomas A. Wehr, "Photoperiodism in Humans and Other Primates: Evidence and Implications," *Journal of Biological Rhythms* 16, no. 4 (August 2001): 348–364.

20. Ibid., 349.

21. Nicola Davis and Ian Sample, "Nobel Prize for Medicine Awarded for Insights into Internal Biological Clock," *The Guardian*, October 2, 2017, https://www.theguardian.com/science/2017/oct/02/nobel-prize-for-medicine-awarded-for-insights-into-internal-biological-clock.

22. Ian Sample, "Nobel Prizes 2017: Everything You Need to Know About Circadian Rhythms," *The Guardian*, October 2, 2017.

23. Gina Kolata, "2017 Nobel Prize in Medicine Goes to 3 Americans for Body Clock Studies," *New York Times*, October 2, 2017.

24. Michael A. Persinger and Rütger Wever, "ELF-Effects on Human Circadian Rhythms," Essay, in *ELF and VLF Electromagnetic Field Effects* (New York: Plenum Press, 1974), 101–144.

25. R. A. Wever, "Basic Principles of Human Circadian Rhythm," *Temporal Variations of the Cardiovascular System* (1992).

26. Richard H. W. Funk, Thomas Monsees, and Nurdan Ozkucur, "Electromagnetic Effects—From Cell Biology to Medicine," *Progress in Histochemistry and Cytochemistry* 43, no. 4 (2009): 177–264; R. Wever, "Effects of Electric Fields on Circadian Rhythmicity in Men," *Life Sciences in Space Research* 8 (1970): 177–187.

27. James Clerk Maxwell, "Inaugural Lecture at King's College London" (1860), http://www.michaelbeeson.com/interests/GreatMoments/MaxwellDiscoversLightIsElectromagnetic.pdf.

28. "Earth's Magnetic Field and Its Changes in Time," NASA, n.d., https://image.gsfc.nasa.gov/poetry/tour/AAmag.html#:~:text=The%20magnetic%20field%20of%20earth%20actually%20changes%20its%20polarity%20over,years%20according%20to%20geological%20evidence.

29. Karen Fox, "Earth's Magnetosphere," NASA, January 28, 2021, https://www.nasa.gov/magnetosphere; "Magnetospheres," NASA Science, https://science.nasa.gov/heliophysics/focus-areas/magnetosphere-ionosphere (accessed August 26, 2021).

30. Ronald Desmet, "Alfred North Whitehead," *Stanford Encyclopedia of Philosophy*.

31. Alfred North Whitehead, *Nature and Life* (London: Cambridge University Press, 1934), 15.

32. Ibid., 86.

33. "Morphogenesis," Encyclopædia Britannica, https://www.britannica.com/science/morphogenesis (accessed April 16, 2021).

34. A. G. Gurwitsch, *A Biological Field Theory* (Moscow: Sovetskaya Nauka, 1944); Daniel Fels, Michal Cifra, and Felix Scholkmann, *Fields of the Cell* (Kerala: Research Signpost, 2015), 274.

35. Paul A. Weiss, *The Science of Life: The Living System—A System for Living* (Mount Kisco, NY: Futura, 1973), 19.

36. Ibid., 45.

37. Ibid., 47.

38. Harold Saxton Burr, *Blueprint for Immortality* (London: Neville Spearman, 1972), 30.

39. Ibid., 107.

40. Ibid.

41. Mats-Olof Mattsson and Myrtill Simkó, "Emerging Medical Applications Based on Non-Ionizing Electromagnetic Fields from 0 Hz to 10 THz," *Dovepress* (September 12, 2019), 347–368, https://doi.org/10.2147/MDER.S214152.

42. Daniel Fels, "The Double-Aspect of Life," *Biology (Basel)* 7, no. 2 (May 2018): 28

43. "The Face of a Frog: Time-Lapse Video Reveals Never-Before-Seen Bioelectric Pattern," *Tufts Now*, July 18, 2011, https://now.tufts.edu/news-releases/face-frog-time-lapse-video-reveals-never-seen#:~:text=%2D%2DFor%20the%20first%20time,where%20eyes%2C%20nose%2C%20mouth%2C.

44. Ibid.

45. Ibid.

46. Denis Noble, Eva Jablonka, Michael J. Joyner, Gerd B. Müller, and Stig W. Omholt, "Evolution Evolves: Physiology Returns to Centre Stage," *Journal of Physiology* 592 (Pt. 11) (June 2014): 2237–2234.

47. Charles Darwin, "Difficulties of Theory—The Eye," in *On the Origin of Species*, https://www.theguardian.com/science/2008/feb/09/darwin.eye.

48. Patrick Collins, "Researchers Discover That Changes in Bioelectric Signals Trigger Formation of New Organs," *Tufts Now* December 8, 2011, https://now.tufts.edu/news-releases/researchers-discover-changes-bioelectric-sign.

49. Ibid.

50. Ibid.

51. Vaibhav P. Pai, Sherry Aw, TaI Shomrat, Joan M. Lemire, and Michael Levin, "Transmembrane Voltage Potential Controls Embryotic Eye Patterning in *Xenopus laevis*," *Development* 139, no. 2 (January 2012): 313–323; Collins, "Researchers Discover That Changes in Bioelectric Signals Trigger Formation of New Organs."

第九章　超越科学方法：复杂适应性社会 / 生态系统建模

1. Francis Bacon, as quoted in John Randall Herman Jr., *The Making of the Modern Mind* (Cambridge, MA: Houghton Mifflin, 1940), 223.

2. Francis Bacon, *The New Atlantis: A Work Unfinished* (London: Printed by Tho. Newcomb, 1983).

3. Donald Worster, *Nature's Economy* (Cambridge: Cambridge University Press, 1977), 30.

4. James Spedding, Robert Leslie Ellis, and Douglas Denon Heath, eds., *The Works of Francis Bacon,* vol. 3, *Philosophical Works* (Cambridge: Cambridge University Press, 2011), doi:10.1017/CBO9781139149563.

5. Francis Bacon, "Novum Organum," in *The Works of Francis Bacon*, vol. 4 (London: W. Pickering, 1850), 114.

6. "Pioneering the Science of Surprise," Stockholm Resilience Centre, https://www.stockholmresilience.org/research/research-news/2019-08-23-pioneering-the-science-of-surprise-.html (accessed April 4, 2021).

7. "Case," *Merriam-Webster*, n.d., https://www.merriam-webster.com/dictionary/cases?utm_campaign=sd&utm_medium=serp&utm_source=jsonld.

8. C. S. Holling, "Resilience and Stability of Ecological Systems," *Annual Review of Ecology and Systematics* 4 (November 1973): 1–23

9. Ibid., 17–21.

10. Lance H. Gunderson, "Ecological Resilience—In Theory and Application," *Annual Review of Ecology and Systematics* 31 (November 2000): 425–439

11. Fiona Miller et al., "Resilience and Vulnerability: Complementary or Conflicting Concepts?" *Ecology and Society* 15, no. 3 (2010).

12. Hanne Andersen and Brian Hepburn, "Scientific Method," in *The Stanford Encyclopedia of Philosophy* (Winter 2020), edited by Edward Zalta, https://plato.stanford.edu/archives/win2020/entries/scientific-method/

13. Cynthia Larson, "Evidence of Shared Aspects of Complexity Science and Quantum Phenomena," *Cosmos and History: The Journal of Natural and Social Philosophy* 12, no. 2 (2016).

14. Rika Preiser, Reinette Biggs, Alta De Vos, and Carl Folke, "Social-Ecological Systems as Complex Adaptive Systems: Organizing Principles for Advancing Research Methods and Approaches," *Ecology and Society* 23, no. 4 (December 2018): 46.

15. "Where Is Frozen Ground?" National Snow and Ice Data Center, https://nsidc.org/cryosphere/frozenground/whereis_fg.html (accessed July 25, 2021).

16. Richard Field, "John Dewey (1859–1952)," *Internet Encyclopedia of Philosophy*, n.d., https://iep.utm.edu/john-dewey/.

17. "Adaptation and Survival," *National Geographic Magazine*, April 23, 2020.

18. Martin Reeves and Mike Deimler, "Adaptability: The New Competitive Advantage," *Harvard Business Review* (July–August 2011).

19. Ibid.

20. J. H. Barkow, L. Cosmides, and J. Tooby, *The Adapted Mind: Evolutionary Psychology and the Generation of Culture* (Oxford: Oxford University Press, 1992), 5.

21. Susan C. Anton, Richard Potts, and Leslie C. Aiello, "Evolution of Early *Homo*: An Integrated Biological Perspective," *Science* 345, no. 6192 (July 4, 2014).

22. Ibid.

23. Ibid.

24. Mohi Kumar, "Ability to Adapt Gave Early Humans the Edge over Other Homi-

nins," *Smithsonian Magazine* (July 4, 2014), https://www.smithsonianmag.com/science-nature/ability-to-adapt-gave-early-humans-edge-hominin-180951959/.

25. "Quaternary Period," *National Geographic*, https://www.nationalgeographic.com/science/prehistoric-world/quaternary/#close.

26. Nathaniel Massey, "Humans May Be the Most Adaptive Species," *Scientific American* (September 25, 2013), https://www.scientificamerican.com/article/humans-may-be-most-adaptive-species/#:~:text=In%20the%205%20million%20years,climate%20has%20grown%20increasingly%20erratic.

27. Ibid.

28. World Bank Group, *Piecing Together the Poverty Puzzle* (Washington, D.C.: World Bank, 2018), 7.

29. Deborah Hardoon, "An Economy for the 99%," Oxfam International Briefing Paper, January 2017, https://www-cdn.oxfam.org/s3fs-public/file_attachments/bp-economy-for-99-percent-160117-en.pdf (accessed March 12, 2019), 1.

30. Indu Gupta, "Sustainable Development: Gandhi Approach," *OIDA International Journal of Sustainable Development* 8, no. 7 (2015).

第十章　韧性革命的基础设施建设

1. "Global 500," *Fortune* (August–September 2020), https://fortune.com/global500/; Brian O'Keefe and Nicolas Rapp, "These 18 Big Companies Made More Than $250,000 in Profit Per Employee Last Year," *Fortune*, August 10, 2020, https://fortune.com/longform/global-500-companies-profits-employees/.

2. "Number of Smartphone Subscriptions Worldwide from 2016 to 2027," Statista, February 23, 2022, https://www.statista.com/statistics/330695/number-of-smartphone-users-worldwide/; David R. Scott, "Would Your Mobile Phone Be Powerful Enough to Get You to the Moon?" *The Conversation*, July 1, 2019, https://theconversation.com/would-your-mobile-phone-be-powerful-enough-to-get-you-to-the-moon-115933.

3. Mark Muro et al., "Advancing Inclusion Through Clean Energy Jobs," Brookings Institution, 2019, https://www.brookings.edu/wp-content/uploads/2019/04/2019.04_metro_Clean-Energy-Jobs_Report_Muro-Tomer-Shivaran-Kane.pdf.

4. TIR Consulting Group, "America 3.0: The Resilient Society: A Smart Third Industrial Revolution Infrastructure and the Recovery of the American Economy," Office of Jeremy Rifkin, July 28, 2021, https://www.foet.org/about/tir-consulting-group/.

5. Harriet Festing et al., "The Case for Fixing the Leaks: Protecting People and Saving Water While Supporting Economic Growth in the Great Lakes Region," Center for Neighborhood Technology, 2013, https://cnt.org/sites/default/files/publications/CNT_CaseforFixingtheLeaks.pdf.

第十一章　生物区域治理的优越

1. Karla Schuster, "Biden Widens Lead, But Voter Mistrust of Process Runs Deep: Kalikow School Poll," Hofstra College of Liberal Arts and Sciences, September 29, 2020, https://news.hofstra.edu/2020/09/29/biden-widens-lead-but-voter-mistrust-of-process-runs-deep-kalikow-school-poll/.

2. Christopher Keating, "Quinnipiac Poll: 77% of Republicans Believe There Was Widespread Fraud in the Presidential Election; 60% Overall Consider Joe Biden's Victory Legitimate," *Hartford Courant*, December 10, 2020, https://www.courant.com/politics/hc-pol-q-poll-republicans-believe-fraud-20201210-pcie3uqqvrhyvnt7geohhsyepe-story.html.

3. Mario Carpo, "Republics of Makers," e-flux, https://www.e-flux.com/architecture/positions/175265/republics-of-makers/ (accessed January 20, 2021).

4. Frank Newport, "Americans Big on Idea of Living in the Country," Gallup, December 7, 2018, https://news.gallup.com/poll/245249/americans-big-idea-living-country.aspx.

5. Robert Bonnie, Emily Pechar Diamond, and Elizabeth Rowe, "Understanding Rural Attitudes Toward the Environment and Conservation in America," Nicholas Institute for Environmental Policy Solutions, February 2020.

6. "Ford to Lead America's Shift to Electric Vehicles with New Mega Campus in Tennessee and Twin Battery Plants in Kentucky; $11.4B Investment to Create 11,000 Jobs and Power New Lineup of Advanced EVS," Ford Media Center, September 27, 2021, https://media.ford.com/content/fordmedia/fna/us/en/news/2021/09/27/ford-to-lead-americas-shift-to-electric-vehicles.html.

7. Kyle Johnson, "Ford F-Series Made $42 Billion in Revenue in 2019," *News Wheel*, June 25, 2020, https://thenewswheel.com/ford-f-series-42-billion-revenue-2019/.

8. "Ford to Lead America's Shift to Electric Vehicles with New Mega Campus in Tennessee and Twin Battery Plants in Kentucky."

9. Bill Howard, "Vehicles and Voting: What Your Car Might Say About How You'll Vote," *Forbes*, October 1, 2020, https://www.forbes.com/wheels/news/what-your-car-might-say-about-how-you-vote/.

10. Craig Mauger, "Whitmer: Michigan Lacked 'Real Opportunity' to Compete for Ford Plants," *Detroit News*, September 29, 2021, https://www.detroitnews.com/story/news/politics/2021/09/29/whitmer-michigan-lacked-real-opportunity-compete-ford-plants/5917610001/.

11. E. Dinerstein et al., "A Global Deal for Nature: Guiding Principles, Milestones, and Targets," *Science Advances* 5 (2019): 1.

12. Ibid.

13. Ibid.

14. Sarah Gibbens, "The U.S. Commits to Tripling Its Protected Lands. Here's How It Could Be Done," *National Geographic*, January 27, 2021, https://www.nationalgeographic.com/environment/article/biden-commits-to-30-by-2030-conservation-executive-orders; "Fact Sheet: President Biden Takes Executive Actions to Tackle the Climate Crisis at Home and Abroad, Create Jobs, and Restore Scientific Integrity Across Federal Government," The White House, January 27, 2021, https://www.whitehouse.gov/briefing-room/statements-releases/2021/01/27/fact-sheet-president-biden-takes-executive-actions-to-tackle-the-climate-crisis-at-home-and-abroad-create-jobs-and-restore-scientific-integrity-across-federal-government/.

15. Matt Lee-Ashley, "How Much Nature Should America Keep?" Center for American Progress, August 6, 2019, https://www.americanprogress.org/issues/green/reports/2019/08/06/473242/much-nature-america-keep/.

16. Sandra Diaz, Josef Settele, and Eduardo Brondizio, "Summary for Policymakers of the Global Assessment Report on Biodiversity and Ecosystem Services of the

Intergovernmental Science-Policy Platform on Biodiversity and Ecosystem Services," *Intergovernmental Science-Policy Platform on Biodiversity and Ecosystem Services* (2019), https://www.ipbes.net/sites/default/files/downloads/spm_unedited_advance_for_posting_htn.pdf

17. Lee-Ashley, "How Much Nature Should America Keep?"

18. "Federal Land Ownership: Overview and Data," Congressional Research Center, February 21, 2020, https://sgp.fas.org/crs/misc/R42346.pdf; Lee-Ashley, "How Much Nature Should America Keep?"; Robert H. Nelson, "State-Owned Lands in the Eastern United States: Lessons from State Land Management Practice," Property and Environment Research Center, March 2018, https://www.perc.org/2018/03/13/state-owned-lands-in-the-eastern-united-states/; Ryan Richards and Matt Lee-Ashley, "The Race for Nature," Center for American Progress, June 23, 2020, https://www.americanprogress.org/article/the-race-for-nature/.

19. "Forests Programs," U.S. Department of Agriculture, National Institute of Food and Agriculture, https://www.nifa.usda.gov/grants/programs/forests-programs.

20. A. R. Wallace, "What Are Zoological Regions?" *Nature* 49 (April 26, 1894): 610–613.

21. Karl Burkart, "Bioregions 2020," *One Earth*, n.d., https://www.oneearth.org/bioregions-2020/.

22. "Ecoregions," World Wildlife Fund, n.d., https://www.worldwildlife.org/biomes.

23. Peter Berg and Raymond Dasmann, "Reinhabiting California," *The Ecologist* 7, no. 10 (1977); Cheryll Glotfelty and Eve Quesnel, *The Biosphere and the Bioregion: Essential Writings of Peter Berg* (London: Routledge, 2015), 35.

24. David Bollier, "Elinor Ostrom and the Digital Commons," *Forbes*, October 13, 2009.

25. Kirkpatrick Sale, "Mother of All: An Introduction to Bioregionalism," in *Third Annual E. F. Schumacher Lectures*, edited by Hildegarde Hannum (October 1983); Regional Factors in National Planning and Development, 1935.

26. "Bioregions of the Pacific U.S.," USGS, https://www.usgs.gov/centers/werc/science/bioregions-pacific-us?qt-science_center_objects=0#qt-science_center_objects (accessed June 30, 2021).

27. "Ecoregions and Watersheds," Cascadia Department of Bioregion, n.d., https://cascadiabioregion.org/ecoregions-and-watersheds/.

28. "The Cascadia Bioregion: Facts & Figures," Cascadia Department of Bioregion, n.d., https://cascadiabioregion.org/facts-and-figures.

29. Ibid.

30. "About PNWER," Pacific Northwest Economic Region, n.d., http://www.pnwer.org/about-us.html.

31. P. Mote, A. K. Snover, S. Capalbo, S. D. Eigenbrode, P. Glick, J. Littell, R. Raymondi, and S. Reeder, "Northwest," in *Climate Change Impacts in the United States: The Third National Climate Assessment*, edited by J. M. Melillo, Terese Richmond, and G. W. Yohe for the U.S. Global Change Research Program (2014), 487–513, 488.

32. Alan Steinman, Bradley Cardinale, Wayne Munns Jr., et al., "Ecosystem Services in the Great Lakes," *Journal of Great Lakes Research* 43, no. 3 (June 2017): 161–68, https://www.ncbi.nlm.nih.gov/pmc/articles/PMC6052456/pdf/nihms976653.pdf.

33. Jeff Desjardins, "The Great Lakes Economy: The Growth Engine of North

America," *Visual Capitalist*, August 16, 2017, https://www.visualcapitalist.com/great-lakes-economy/.

34. Tim Folger, "The Cuyahoga River Caught Fire 50 Years Ago. It Inspired a Movement," *National Geographic*, June 21, 2019, https://www.nationalgeographic.com/environment/article/the-cuyahoga-river-caught-fire-it-inspired-a-movement.

35. Erin Blakemore, "The Shocking River Fire That Fueled the Creation of the EPA," *History Channel*, April 22, 2019, edited December 1, 2020, https://www.history.com/news/epa-earth-day-cleveland-cuyahoga-river-fire-clean-water-act.

36. "When Our Rivers Caught Fire," Michigan Environmental Council, July 11, 2011, https://www.environmentalcouncil.org/when_our_rivers_caught_fire; John H. Hartig, *Burning Rivers: Revival of Four Urban Industrial Rivers That Caught on Fire* (Burlington, Ontario: Aquatic Ecosystem Health and Management Society, 2010).

37. Rachel Carson, *Silent Spring* (Boston: Houghton Mifflin, 1962).

38. *Strategic Plan for the Great Lakes Commission 2017–2022*, Great Lakes Commission.

39. "An Assessment of the Impacts of Climate Change on the Great Lakes," *Environmental Law & Policy Center*, n.d., https://elpc.org/wp-content/uploads/2020/04/2019-ELPCPublication-Great-Lakes-Climate-Change-Report.pdf.

40. Tom Perkins, "'Bigger Picture, It's Climate Change': Great Lakes Flood Ravages Homes and Roads," *The Guardian*, September 3, 2019.

第十二章　代议制民主让位于分布式同行治理制度

1. James Madison, "Federalist No. 10: The Same Subject Continued: The Union as a Safeguard Against Domestic Faction and Insurrection," Library of Congress from the *New York Packet*, November 23, 1787.

2. John Adams to John Taylor, No. 18, December 17, 1814, National Archives, https://founders.archives.gov/documents/Adams/99-02-02-6371.

3. *The Candidate*, Redford-Ritchie Productions and Wildwood Enterprises, 1972.

4. Claudia Chwalisz, *Innovative Citizen Participation and New Democratic Institutions: Catching the Deliberative Wave*, Organisation for Economic Co-operation and Development, June 10, 2020.

5. "Edelman Trust Barometer 2020," Daniel J. Edelman, https://www.edelman.com/sites/g/filcs/aatuss191/files/2020–01/2020%20Edelman%20Trust%20Barometer%20Executive%20Summary_Single%20Spread%20without%20Crops.pdf.

6. "Beyond Distrust: How Americans View Their Government," Pew Research Center, November 23, 2015, https://www.pewresearch.org/politics/2015/11/23/1-trust-in-government-1958-2015/.

7. Ibid.

8. William Davies, "Why We Stopped Trusting Elites," *The Guardian*, November 29, 2018, https://www.theguardian.com/news/2018/nov/29/why-we-stopped-trusting-elites-the-new-populism.

9. Chwalisz, *Innovative Citizen Participation and New Democratic Institutions*.

10. "Case Study: Porto Alegre, Brazil," Local Government Association, December

12, 2016, https://www.local.gov.uk/case-studies/case-study-porto-alegre-brazil; Valeria Lvovna Gelman and Daniely Votto, "What if Citizens Set City Budgets? An Experiment That Captivated the World—Participatory Budgeting—Might Be Abandoned in Its Birthplace," *World Resources Institute*, June 13, 2018, https://www.wri.org/blog/2018/06/what-if-citizens-set-city-budgets-experiment-captivated-world-participatory-budgeting.

11. William W. Goldsmith, "Participatory Budgeting in Brazil," Planners Network, 1999, http://www.plannersnetwork.org/wp-content/uploads/2012/07/brazil_goldsmith.pdf.

12. Peter Yeung, "How Paris's Participatory Budget Is Reinvigorating Democracy," *City Monitor*, January 8, 2021, https://citymonitor.ai/government/civic-engagement/how-paris-participatory-budget-is-reinvigorating-democracy; "World," Participatory Budgeting World Atlas, https://www.pbatlas.net/world.html (accessed February 4, 2022).

13. "New Research on Participatory Budgeting Highlights Community Priorities in Public Spending," New York University, July 22, 2020, https://www.nyu.edu/about/news-publications/news/2020/july/new-research-on-participatory-budgeting-highlights-community-pri.html; Carolin Hagelskamp, Rebecca Silliman, Erin B. Godfrey, and David Schleifer, "Shifting Priorities: Participatory Budgeting in New York City Is Associated with Increased Investments in Schools, Street and Traffic Improvements, and Public Housing," *New Political Science* 42, no. 2 (2020): 171–196, https://doi.org/10.1080/07393148.2020.1773689.

14. New York University, "New Research on Participatory Budgeting Highlights Community Priorities in Public Spending."

15. Lester M. Salamon and Chelsea L. Newhouse, "2020 Nonprofit Employment Report," Johns Hopkins Center for Civil Society Studies, http://ccss.jhu.edu/wp-content/uploads/downloads/2020/06/2020-Nonprofit-Employment-Report_FINAL_6.2020.pdf.

16. Lester M. Salamon, Chelsea L. Newhouse, and S. Wojciech Sokolowski, "The 2019 Nonprofit Employment Report," Johns Hopkins Center for Civil Society Studies, 2019, https://philanthropydelaware.org/resources/Documents/The%202019%20Nonprofit%20Employment%20Report%20-%20Nonprofit%20Economic%20Data%20Bulletin%20-%20John%20Hopkins%20Center%20for%20Civil%20Society%20Studies%20_1.8.2019.pdf.

17. Brice S. McKeever and Sarah L. Pettijohn, "The Nonprofit Sector in Brief 2014," Urban Institute, October 2014, https://www.urban.org/sites/default/files/publication/33711/413277-The-Nonprofit-Sector-in-Brief—.PDF.

18. "The Nonprofit Sector in Brief 2019," Urban Institute, 2020, https://nccs.urban.org/publication/nonprofit-sector-brief-2019#the-nonprofit-sector-in-brief-2019; "Table 1.3.5., Gross Value Added by Sector at 'National Income and Product Accounts: National Data: Section 1-Domestic Product and Income,'" Bureau of Economic Analysis, n.d.

19. NCCS Team, "The Nonprofit Sector in Brief 2019."

20. Karin Chenoweth and Catherine Brown, "A Few Unique Facts About Chicago Public Schools," Center for American Progress, 2018, https://www.americanprogress.org/article/unique-things-chicago-public-schools/.

21. Dorothy Shipps, Joseph Kahne, and Mark Smylie, "The Politics of Urban School Reform: Legitimacy, City Growth, and School Improvement in Chicago," *Educational Policy* 13, no. 4 (1999): 518–545, https://doi.org/10.1177/0895904899013004003.

22. Chenoweth and Brown, "A Few Unique Facts About Chicago Public Schools"; Sean F. Reardon and Rebecca Hinze-Pifer, "Test Score Growth Among Chicago Public School Students, 2009–2014," Center for Education Policy Analysis, November 2, 2017, https://cepa.stanford.edu/content/test-score-growth-among-chicago-public-school-students-2009-2014.

23. Denisa R. Superville, "Chicago's Local School Councils 'Experiment' Endures 25 Years of Change," *Education Week*, October 7, 2021, https://www.edweek.org/leadership/chicagos-local-school-councils-experiment-endures-25-years-of-change/2014/10.

24. "City of Los Angeles Open Budget," City of Los Angeles, http://openbudget.lacity.org/#!/year/2021/operating/0/source_fund_name/General+Fund/0/department_name/Police/0/program_name.

25. Abby Narishkin et al., "The Real Cost of the Police, and Why the NYPD's Actual Price Tag Is $10 Billion a Year," *Business Insider*, August 12, 2020, https://www.businessinsider.com/the-real-cost-of-police-nypd-actually-10-billion-year-2020-8#:~:text=In%202020%2C%20the%20NYPD%20had,billion%20dollars%20off%20of%20that.

26. Juliana Feliciano Reyes, "Philly Plans to Increase Police Funding While Cutting City Services. Critics Say That's a Mistake," *Philadelphia Inquirer*, June 2, 2020.

27. Scott Neuman, "Police Viewed Less Favorably, But Few Want to 'Defund' Them, Survey Finds," National Public Radio, July 9, 2020, https://www.npr.org/sections/live-updates-protests-for-racial-justice/2020/07/09/889618702/police-viewed-less-favorably-but-few-want-to-defund-them-survey-finds; "Majority of Public Favors Giving Civilians the Power to Sue Police Officers for Misconduct," Pew Research Center, July 2020.

28. Archon Fung and Erik Olin Wright, *Deepening Democracy: Institutional Innovations in Empowered Participatory Governance* (London: Verso, 2003), 120.

29. "Recommendations for Reform: Restoring Trust between the Chicago Police and the Communities They Serve," Police Accountability Task Force, 2016.

30. "Can Chicago Restore Public Trust in Police?" Institute for Policy Research, April 26, 2016, https://www.ipr.northwestern.edu/news/2016/skogan-chicago-police-task-force-accountability.html.

31. City of Chicago, Office of the Mayor, "Mayor Lori E. Lightfoot and Empowering Communities for Public Safety Pass Proposal for Civilian Oversight of Chicago's Police Department and Accountability Agencies," July 21, 2021, https://www.chicago.gov/content/dam/city/depts/mayor/Press%20Room/Press%20Releases/2021/July/CivilianOversightChicagoPoliceDepartmentAccountabilityAgencies.pdf.

32. Janelle Griffith, "Is Chicago's New Layer of Police Oversight as 'Unique' as Sponsors Say?" NBC News, July 30, 2021, https://www.nbcnews.com/news/us-news/chicago-s-new-layer-police-oversight-unique-sponsors-say-n1275414.

33. Fung and Wright, *Deepening Democracy*, 137.

34. Claire Mellier and Rich Wilson, "Getting Climate Citizens' Assemblies Right," Carnegie Europe, November 5, 2020, https://carnegieeurope.eu/2020/11/05/getting-climate-citizens-assemblies-right-pub-83133 (accessed August 20, 2021).

第十三章　亲生命意识的兴起

1. Lauretta Bender, "An Observation Nursery: A Study of 250 Children on the Psychiatric Division of Bellevue Hospital," *American Journal of Psychiatry* (1941).

2. John Broadus Watson, *Psychological Care of Infant and Child* (New York: W. W. Norton, 1928).

3. Robert Karen, *Becoming Attached; First Relationships and How They Shape Our Capacity to Love* (New York: Oxford University Press, 1988), 19.

4. Harry Bakwin, "Loneliness in Infants," *American Journal of Diseases of Children* 63 (1942): 31.

5. Karen, *Becoming Attached*, 20.

6. John Bowlby, foreword in M. D. S. Ainsworth, Infancy in Uganda: *Infant Care and the Growth of Love* (Baltimore: Johns Hopkins University Press, 1967), v.

7. John Bowlby, *The Making and Breaking of Affectional Bonds* (London: Routledge, 2015), 133.

8. Ibid., 136.

9. M Mikulincer, O. Gillath, V. Halevy, N. Avihou, S. Avidan, and N. Eshkoli, "Attachment Theory and Reactions to Others' Needs: Evidence That Activation of the Senses of Attachment Security Promotes Empathetic Responses," *Journal of Personality and Social Psychology* 81, no. 6 (2001).

10. Sophie Moullin, Jane Waldfogel, and Elizabeth Washbrok, "Baby Bonds: Parenting, Attachment and a Secure Base for Children," Sutton Trust, March 2014.

11. Huber, B. Rose. "Four in 10 Infants Lack Strong Parental Attachments." Princeton University, March 27, 2014. https://www.princeton.edu/news/2014/03/27/four-10-infants-lack-strong-parental-attachments#:~:text=March%2027%2C%202014%2C%201%3A,according%20to%20a%20new%20report.

12. Ibid.

13. Nelli Ferenczi and Tara Marshall, "Exploring Attachment to the 'Homeland' and Its Association with Heritage Culture Identification," *PLOS One* (January 2013).

14. Ibid.

15. Pernille Darling Rasmussen, Ole Jakob Storebø, Trine Løkkeholt, Line Gaunø Voss, Yael Shmueli-Goetz, Anders Bo Bojesen, Erik Simonsen, and Niels Bilenberg, "Attachment as a Core Feature of Resilience: A Systematic Review and Meta-Analysis," *Psychological Reports* 122, no. 4 (August 2019).

16. Giuseppe Carrus, Massimiliano Scopelliti, Ferdinando Fornara, Mirilia Bonnes, and Marino Bonaiuto, "Place Attachment, Community Identification, and Pro-Environment Engagement," in *Advances in Theory, Methods and Application,* edited by Lynne C. Manzo and Patrick Devine-Wright (London: Routledge, 2014).

17. Victor Lebow, "Price Competition," *Journal of Retailing* (Spring 1955).

18. Bum Jin Park, Yuko Tsunetsugu, Tamami Kasetani, Takahide Kagawa, and Yoshifumi Miyazaki, "The Physiological Effects of *Shinrin-yoku* (Taking in the Forest of Forest Bathing): Evidence from Field Experiments in 24 Forests Across Japan," *Environmental Health and Preventative Medicine* 15, no. 1 (2010): 21.

19. Yoshinori Ohtsuka, Noriyuki Yabunaka, and Shigeru Takayama, "Shinrin-yoku

(Forest-Air Bathing and Walking) Effectively Decreases Blood Glucose Levels in Diabetic Patients," *International Journal of Biometeorolgy* 41, no. 3 (February 1998).

20. Roly Russell, Anne D. Guerry, Patricia Balvanera, Rachelle K. Gould, Xavier Basurto, Kai M. A. Chan, Sarah Klain, Jordan Levine, and Jordan Tam, "Humans and Nature: How Knowing and Experiencing Nature Affect Well-Being," *Annual Review of Environmental Resources* 38 (2013): 43.

21. Ibid.

22. Edward O. Wilson, *Biophilia* (Cambridge, MA: Harvard University Press, 1984).

23. Giuseppe Barbiero and Chiara Marconato, "Biophilia as Emotion," *Visions for Sustainability* 6 (2016).

24. Karen D'Souza, "Outdoor Classes and 'Forest Schools" Gain New Prominence amid Distance Learning Struggles," *EdSource*, October 1, 2020, https://edsource.org/2020/outdoor-classes-and-forest-schools-gain-new-prominence-amid-distance-learning-struggles/640853; Tina Deines, "Outdoor Preschools Grow in Popularity but Most Serve Middle Class White Kids," Hechinger Report, February 26, 2021, https://hechingerreport.org/outdoor-preschools-grow-in-popularity-but-most-serve-middle-class-white-kids/.

25. Ibid.

26. Ibid.

27. Ibid.

28. Ibid.

29. Tony Loughland, Anna Reid, Kim Walker, and Peter Petocz, "Factors Influencing Young People's Conception of Environment," *Environmental Education Research* 9 (February 2003).

30. Daniel Acuff, *What Kids Buy and Why: The Psychology of Marketing to Kids* (New York: Simon & Schuster, 2010).

31. David Sobel, *Beyond Ecophobia: Reclaiming the Heart in Nature Education* (Great Barrington, MA: Orion Society, 1999); Mary Renck Jalongo, *The World's Children and Their Companion Animals: Developmental and Educational Significance of the Child/Pet Bond* (Association for Childhood Education International, 2014).

32. Robin C. Moore and Clare Cooper Marcus, "Healthy Planet, Healthy Children: Designing Nature into Childhood," in *Biophilic Design: The Theory, Science, and Practice of Bringing Buildings to Life*, edited by Stephen R. Kellert, Judith Heerwagen, and Martin L. Mador (Hoboken, NJ: John Wiley, 2008), 163.

33. Veronique Pittman, "Large School Districts Come Together to Prioritize Sustainability," *Huffington Post*, February 22, 2016, https://www.huffpost.com/entry/large-school-districts-co_b_9279314.

34. "Stanford Analysis Reveals Wide Array of Benefits from Environmental Education," North American Association for Environmental Education, n.d., https://cdn.naaee.org/sites/default/files/eeworks/files/k-12_student_key_findings.pdf.

35. Nicole Ardoin, Alison Bowers, Noelle Wyman Roth, and Nicole Holthuis, "Environmental Education and K–12 Student Outcomes: A Review and Analysis of Research," *Journal of Environmental Education* 49, no. 1 (2018).

36. Cathy Conrad and Krista Hilchey, "A Review of Citizen Science and Community-Based Environmental Monitoring Issues and Opportunities," *Environmental Monitoring and Assessment* 176 (2011).

37. "2021 Outdoor Participation Trends Report," Outdoor Foundation, 2021, https://ip0o6y1ji424m0641msgjlfy-wpengine.netdna-ssl.com/wp-content/uploads/2015/03/2021-Outdoor-Participation-Trends-Report.pdf.

38. Jeff Opperman, "Taylor Swift Is Singing Us Back to Nature," *New York Times*, March 12, 2021.

39. Opperman, "Taylor Swift Is Singing Us Back to Nature"; Selin Kesebir and Pelin Kesebir, "A Growing Disconnection from Nature Is Evident in Cultural Products," *Perspectives on Psychological Science* 12, no. 2 (March 27, 2017): 258–269, https://doi.org/10.1177/1745691616662473.

40. Edward O. Wilson, "The Biological Basis of Morality," *The Atlantic*, April 1998, https://www.theatlantic.com/magazine/archive/1998/04/the-biological-basis-of-morality/377087/.

41. Giuseppe Barbiero, "Biophilia and Gaia: Two Hypotheses for an Affective Ecology," *Journal of Biourbanism* 1 (2011).

42. Jeremy Rifkin, *The Empathic Civilization* (New York: TarcherPerigee, 2009), 2.

43. Martin Buber, *I and Thou*, (1923).

44. Johann Wolfgang von Goethe, *Werke, Briefe und Gespräche. Gedenkausgabe*. 24 vols. *Naturwissneschaftliche Schriften*, Vols. 16–17, edited by Ernst Beutler (Zurich: Artemis, 1948–53), 921–923.

45. Ibid.

46. Goethe, *Werke, Briefe und Gespräche. Dichtung und Wahrheit*, vol. 10, 168.

47. Ibid., 425.

48. Adam C. Davis et al., "Systems Thinkers Express an Elevated Capacity for the Allocentric Components of Cognitive and Affective Empathy," *Systems Research and Behavioral Science* 35, no. 2 (July 19, 2017): 216–229.

49. U.S. Environmental Protection Agency, Report to Congress on indoor air quality: Volume 2, EPA/400/1–89/001C, Washington, D.C., 1989; Kim R. Hill et al., "Co-Residence Patterns in Hunter-Gatherer Societies Show Unique Human Social Structure," *Science* 331, no. 6022 (March 11, 2011): 1286–1289.